Georg Ruhrmann
Rezipient und Nachricht

Georg Ruhrmann

Rezipient und Nachricht

Struktur und Prozeß der Nachrichtenrekonstruktion

Westdeutscher Verlag

CIP-Titelaufnahme der Deutschen Bibliothek

Ruhrmann, Georg:
Rezipient und Nachricht: Struktur und Prozesse
der Nachrichtenrekonstruktion / Georg Ruhrmann. –
Opladen: Westdt. Verl., 1989
   ISBN 3-531-11906-0

Der Westdeutsche Verlag ist ein Unternehmen der Verlagsgruppe Bertelsmann.

Alle Rechte vorbehalten
© 1989 Westdeutscher Verlag GmbH, Opladen

Das Werk einschließlich aller seiner Teile ist urheberrechtlich geschützt. Jede Verwertung außerhalb der engen Grenzen des Urheberrechtsgesetzes ist ohne Zustimmung des Verlags unzulässig und strafbar. Das gilt insbesondere für Vervielfältigungen, Übersetzungen, Mikroverfilmungen und die Einspeicherung und Verarbeitung in elektronischen Systemen.

Umschlaggestaltung: Horst Dieter Bürkle, Darmstadt
Druck und buchbinderische Verarbeitung: Lengericher Handelsdruckerei, Lengerich
Printed in Germany

ISBN 3-531-11906-0

Inhaltsverzeichnis

Vorwort 10

1. Einleitung 11

TEIL I: BESTANDSAUFNAHME 13

2. Ansätze der Nachrichtentheorie 14
2.1 Wesensmerkmale der Nachrichtenerzeugung (Kommunikator) 14
    2.1.1 Nachrichtenfaktoren 14
    2.1.2 Aktualität 18
    2.1.3 Nachrichtenschemata 21
2.2 Nachricht und Rezipient 24
    2.2.1 Nachrichtenfaktoren erinnerter Nachrichten 26
    2.2.2 Aktualität und Aufmerksamkeit der Rezipienten 27
    2.2.3 Schemata der Informations- und Nachrichtenverarbeitung 28
2.3 Zusammenfassung und Ausblick 29

3. Selektivität der Nachrichtenrezeption 30
3.1 Wahrnehmung und Informationsverarbeitung 30
3.2 Aufmerksamkeit 33
3.3 Zusammenfassung und Ausblick 35

4. Relevanz 36
4.1 Fünf Relevanzprozesse der Nachrichtenrezeption 36
4.2 Persönliche und allgemeine Relevanz von Nachrichten 38
4.3 Vertrautheit und Vertrauen 39
4.4 Emotionale und kognitive Komponenten 40
4.5 Zusammenfassung und Ausblick 42

5. Schemata: Verstehen und Erinnern von Nachrichten 43
5.1 Zur Entstehung der "Schema-Theorie" 43
5.2 Funktionen 45
5.3 Struktur 46
5.4 Hintergrundwissen 49
5.5 Inhaltliche Dimensionen der Nachrichtenerinnerung 50
5.6 Bildung und Schicht der Rezipienten 53
5.7 Evaluation der "Schema-Theorie" 53

6. Re-Rekonstruktion sozialer Wirklichkeit durch Nachrichtenrezipienten .. 57
6.1 Drei Typen sozialer Wirklichkeit 57
6.2 Exkurs: Zum Begriff der Konstruktion 59
6.3 Strategien der Nachrichtenrekonstruktion 63
6.4 Phasen der Rekonstruktion 64
6.5 Erzählen, Kontext und Realitätsbezug bei der Nachrichtenwiedergabe .. 65
6.6 Paralinguistische Merkmale der Nachrichtenwiedergabe 70
6.7 Zusammenfassung 71

TEIL II: EMPIRISCHE ERGEBNISSE 72

7. Methodische Fragen 73
7.1 Überlegungen zum methodologischen Vorgehen 73
7.2 Operationalisierung von Nachrichtenrekonstruktion 73
7.3 Methodisches Design 77
7.4 Repräsentativität 80
7.5 Validitätsprüfung für die Inhaltsanalyse 82
7.6 Verwendung der Erinnerungsmethode 85
7.7 Zur Psychologie von Frage und Antwort 86
7.8 Aufbau und Verknüpfung der Dateien 88

8. Selektivität der Nachrichtenrezeption 90
8.1 Effektiver Wirkungsgrad von Fernsehnachrichten: ein Selektionsmodell . 90
8.2 Vergleich erinnerter und nicht erinnerter Nachrichten 93
8.3 Selektivität nach Alter und sozialer Schicht 97
8.4 Relevanzstrukturen und soziale Schicht der Rezipienten 100

9. Prozeß und Struktur der Nachrichtenwiedergabe 106
9.1 Phasen der Nachrichtenrekonstruktion 106
9.2 Kontext und Wirklichkeitsbezug 108
9.3 Paralinguistische und stilistische Merkmale 113

10. Typologisierung der Nachrichtenrekonstruktion 118
10.1 Aufgabe und Verlauf der Profil-Clusteranalyse 118
10.2 Ergebnisse der Profil-Clusteranalyse 120
   10.2.1 Beschreibung der Cluster 123
   10.2.2 Formulierung von Profilhypothesen 127
   10.2.3 Stellenwert einzelner Variablen für die Clusterbildung 128

11. Resümee 130

TEIL III: ANHANG **134**

Induktive Hypothesen **135**

Anmerkungen **138**

Die Erhebungsinstrumente **168**
1. Codierung von Nachrichten (INPUT) 169
2. Codierung der erinnerten Items (ITEM) 179
3. Codierung der transkribierten Item-Rekonstruktionen (NEU) 183
4. Befragung der Rezipienten (BEFRA) (Auszug) 195

Literaturverzeichnis **208**

Sachregister **255**

Abbildungsverzeichnis

Abb. 1: Modell der Informationsverarbeitung 32

Abb. 2: Modell der erfolgreichen "Instantiation" des Schemas "P - O - F" für die Interpretation der Nachricht "U - P - O - F" 47

Abb. 3: Kategorisierung von Hintergrundwissen bei der Nachrichten rezeption 49

Abb. 4: Wirklichkeitsmodell 58

Abb. 5: Interpretative Re-Rekonstruktion von Wirklichkeit durch den Rezipienten 59

Abb. 6: Anfangs- und Endkontext der Nachrichtenwiedergabe 67

Abb. 7: Re-Rekonstruktion sozialer Wirklichkeit als Wiedergabe von Nachrichten und/ oder fiktiver Inhalte 69

Abb. 8: Re-Rekonstruktion sozialer Wirklichkeit als mehrfach gestaffelter Selektionsprozeß 71

Abb. 9: Entwicklung eines Schichtenmodells 75

Abb. 10: Mehrmethodendesign zur relationalen Input-Output-Analyse der Nachrichtenrekonstruktion 78

Abb. 11: Vergleich des Samples mit der Grundgesamtheit in Bezug auf die demographischen Variablen Alter und Geschlecht 81

Abb. 12: Kognitive und motivationale Prozesse bei der Beantwortung von Fragen 87

Abb. 13: Design und Datenorganisation 89

Abb. 14: Selektionsmodell zur Darstellung der Reichweite, des Nutzungs- und des Verstehensfaktors von Nachrichten 91

Abb. 15: Chronologisches Ordnungsprinzip von Rezipienten in der Ablaufschilderung einer Nachrichtensendung 108

Abb. 16: Scree-Test mit Eigenwerten zur Bestimmung der Zahl der Faktoren 114

Tabellenverzeichnis

Tab. 1: Untersuchungen zur Erinnerungsleistung bei der TV-Nachrichtenrezeption (Beispiele) 25
Tab. 2: Verteilung der Variable Schulbildung in der Stichprobe 82
Tab. 3: Reliabilitätsprüfungen für 3 Typen von Codierentscheidungen 84
Tab. 4: Effektiver Wirkungsgrad von Fernsehnachrichten nach 5 Selektionsstufen 92
Tab. 5: Mittelwertvergleich formaler Variablen erinnerter und nicht-erinnerter Nachrichten 93
Tab. 6: Mittelwertvergleich inhaltlicher Variablen erinnerter und nicht erinnerter Nachrichten 94
Tab. 7: Überhöhung bestimmter Inhalte (Nachrichtenschema) in der Erinnerung von Nachrichten 97
Tab. 8: Selektionsleistungen nach Alter der Rezipienten 98
Tab. 9: Selektionsleistungen nach sozialer Schicht der Rezipienten 99
Tab. 10: Relevanzeinschätzung der wichtigsten Themen durch Rezipienten 100
Tab. 11: Nachrichtenrelevanz und Relevanzeinschätzung des Rezipienten 101
Tab. 12: Interesse an politischen Fernsehprogrammen und Wiedergabe relevanter Entwicklungen 102
Tab. 13: Korrelationsmatrix zwischen Schicht, Verständlichkeit, aktivierbarem Hintergrundwissen und Qualität der Nachrichtenwiedergabe 104
Tab. 14: Erzählbeginn bei der Nachrichtenrekonstruktion 106
Tab. 15: Redefluß bei der ersten freien Nachrichtenwiedergabe 107
Tab. 16: Reduzierter und komplexer Anfangs- und Endkontext der Nachrichtenrekonstruktion 109
Tab. 17: Kontextübergänge in Abhängigkeit von Schulbildung 110
Tab. 18: Fiktiver Anteil der Nachrichtenrekonstruktion 111
Tab. 19: Qualität der Fiktion und Gesamtverständnis 112
Tab. 20: Eigenwerte und Anteil der erklärten Gesamtvarianz von fünf Faktoren 114
Tab. 21: Rotierte Faktor-Matrix verschiedener Wiedergabemerkmale 115
Tab. 22: Clusteranalyse der Nachrichtenrekonstruktion 121

Vorwort

Die vorliegende Untersuchung über Struktur und Prozeß der Nachrichtenrekonstruktion stellt den Versuch dar, den Zusammenhang zwischen Fernsehnachrichten, Nachrichtenrezeption und Wirkungen von Nachrichten zu bestimmen. Aus Erkenntnissen der Nachrichtentheorie, der Kognitionspsychologie und der Wissenssoziologie wird zunächst ein allgmeines Rezeptionsmodell entwickelt, das dann - gestützt auf ein Mehrmethodendesign - empirisch analysiert wird.

Den entscheidenden Anstoß zu dieser Arbeit gab Prof. Dr. Klaus Merten, der mich im Sommer 1984 einlud, an einem Forschungsprojekt über Nachrichtenrezeption im Auftrag der ARD/ZDF-Medienkommission mitzuarbeiten und mich ermutigte, das Thema grundsätzlicher zu behandeln.

Zur Arbeitsgruppe gehörten auch Brigitte Schäfer, Jochen Melzian und Raimund Ukas (Universität Bielefeld), Bernd Kötter und Bettina Nickel (Universität Gießen), Anne Wiengarn, Petra Hobbold, Astrid Gelzleichter und Sylvia Peetz (Universität Münster), die sachkundig die Inhaltsanalysen und Interviews codiert und transkribiert haben. Wertvolle Hinweise zur Durchführung von Faktoren- und Clusteranalyse hat Priv. Doz. Dr. Helmut Giegler (Universität Gießen) gegeben. Konstruktive Kritik an meiner Dissertation zum Thema Nachrichtenrezeption übten die Gutachter Prof. Dr. Bernhard Kroner, Prof. Dr. Helmut Willke, Priv. Doz. Dr. Jürgen Markowitz (Universität Bielefeld) und Prof. Dr. Klaus Merten (Universität Münster).

Hinweise und Anregungen erhielt ich außerdem von: Dr. Günter Bentele (Freie Universität Berlin), Dr. Michael Buß (Süddeutscher Rundfunk, Stuttgart), Prof. Dr. Teun van Dijk (University of Amsterdam), Dr. Olle Findahl (Schwedischer Rundfunk, Stockholm), Prof. Dr. Klaus Bruhn Jensen (University of Copenhagen), Dr. Arnulf Kutsch (Universität Münster), Prof. Dr. Steen F. Larsen (University of Aarhus), Dr. Benedikt Lutz (z. Z. Siemens AG, Wien), Prof. Dr. Siegfried Weischenberg, Priv. Doz. Dr. Jochen Westerbarkey (Universität Münster), Dr. Jochen Wissinger (Universität Bamberg) und Prof. Dr. Ruth Wodak (Universität Wien). Reinhild Lücking, Paul Preikschas und Thomas Kochan (Universität Münster) haben aus einer nicht einfachen Vorlage mit viel Engagement und Umsicht eine lesbare Fassung erstellt.

Allen Genannten danke ich für ihre wertvolle Hilfe; ohne diese wäre die Durchführung und Publikation dieser Arbeit nicht möglich gewesen.

Münster, im Juli 1988   Georg Ruhrmann

1. Einleitung

Richtet sich der 'wohlinformierte' Bürger eigentlich nach Nachrichten? Oder sind Nachrichten nicht einfach zum Vergessen da? Journalisten unterstellen den Rezipienten pauschal Aufmerksamkeit, die sie allerdings gar nicht aufbringen können. Internationale Studien belegen zwar, daß Nachrichtenrezipienten ungefähr zwanzig Prozent der gesendeten Meldungen erinnern können; unbekannt hingegen bleibt, *welche* Nachrichten überhaupt rezipiert und *wie* sie verarbeitet werden. Fernsehanstalten ändern Aufmachungen und Formen, in denen sie Nachrichten präsentieren, und folgerichtig dominiert eine 'experimentelle' Forschung, wobei die tatsächlichen Rezeptionsbedingungen und -leistungen der Zuschauer aber zuverlässig ignoriert werden.

Eine wissenschaftliche Theorie der Nachrichtenrezeption fehlt. Die vorliegende Arbeit analysiert, *wie* Rezipienten mit Hilfe selektiver Strukturen und Prozesse die Nachrichten aufnehmen und verarbeiten.

Die forschungsleitenden Fragen lauten:

- Welche Nachrichteninhalte werden rezipiert?
- Wie verarbeitet der Rezipient die aufgenommenen Nachrichten?
- Welchen Stellenwert haben soziale, personale und situationale Faktoren der Nachrichtenrekonstruktion?

Theoretisch gehaltvolle Aussagen zur Nachrichtenproduktion und -rezeption werden in Kapitel 2 erörtert. Ziel der folgenden Kapitel ist es dann, Aufmerksamkeitsprozesse (vgl. Kapitel 3), Relevanzprozesse (vgl. Kapitel 4) und Verarbeitungsschemata (vgl. Kapitel 5) zu beschreiben, mit denen die Rezipienten einzelne Nachrichten verarbeiten. Die Selektionsprozesse des Nachrichtenrezipienten lassen sich in einen größeren theoretischen Zusammenhang stellen, der mit dem Begriff der *Re*-Rekonstruktion sozialer Wirklichkeit zu umschreiben ist (vgl. Kapitel 6).

Im zweiten Teil der Arbeit wird empirisch untersucht, *wie* Zuschauer unter den vertrauten häuslichen Bedingungen (natural setting) Fernsehnachrichten rezipieren und rekonstruieren. Die Studie kombiniert innerhalb eines Mehrmethodendesigns eine Inhaltsanalyse der gesendeten Nachrichten, eine Befragung von Nachrichtenrezipienten und eine Inhaltsanalyse ihrer Nachrichtenwiedergaben. Damit verbunden sind methodologische Fragen der Operationalisierung, der Repräsentativität, der Validität und der Datenorganisation (vgl. Kapitel 7). Mit Hilfe eines Selektionsmodells werden Wirkungen von Fernsehnachrichten bestimmt (vgl. Kapitel 8) und die Nachrichtenwiedergaben der Rezipienten analysiert (vgl. Kapitel 9). Eine komplex angelegte Clusteranalyse erlaubt es schließlich, die Rezipienten anhand ihrer Nachrichtenrekonstruktionen zu typologisieren (vgl. Kapitel 10).

Die Ergebnisse der Arbeit (vgl. Kap. 11) verifizieren keine deduktiven Thesen einer fertigen Rezeptionstheorie, sie können und sollen aber heuristische Mittel aktivieren, mit denen sich weitere Erkenntnisse über Medienwirkungen und Nachrichtenrezeption provozieren lassen.

Im dritten Teil werden die induktiven Hypothesen, die Anmerkungen zu den einzelnen Kapiteln und die Erhebungsinstrumente dokumentiert. Die Literaturliste versteht sich als umfangreiche Bibliographie zur Nachrichten- und Rezeptionsforschung.

Teil I: Bestandsaufnahme

Die Rolle des **Kommunikators** bei der Auswahl und Präsentation von Ereignissen als Nachrichten ist intensiv erforscht worden. Hingegen interessierte man sich kaum für die Aufnahme- und Verstehensprozesse der **Rezipienten**, denn stillschweigend ging man davon aus, daß die Selektionskriterien der Produzenten und Rezipienten von Nachrichten identisch seien.
Im ersten Teil der vorliegenden Arbeit soll beschrieben werden, wie Rezipienten mit bestimmten Selektionskriterien und -strategien die Nachrichten verarbeiten. Nachrichtenrezeption wird dabei in einen größeren theoretischen Zusammenhang gestellt, der sich mit dem Begriff der sozialen Wirklichkeit umschreiben läßt.

2. Ansätze der Nachrichtentheorie

Kernproblem der Nachrichtentheorie ist es, Muster selektiven Handelns von Journalisten einerseits und von Rezipienten andererseits zu erklären.
Zunächst geht es in diesem Kapitel um die Beschreibung von Faktoren, an denen sich Journalisten bei der Auswahl von Ereignissen und ihrer Präsentation als Nachricht orientieren. In einem zweiten Schritt wird dann versucht, anhand theoretischer Konzepte der Nachrichten- und Rezeptionsforschung Merkmale von Nachrichten zu benennen, die für die Aufnahme, aber auch für das Verstehen und Behalten der Meldungen durch den Rezipienten wichtig sind.

2.1 Wesensmerkmale der Nachrichtenerzeugung (Kommunikator)

Der Versuch, diejenigen Eigenschaften zu spezifizieren, die ein Ereignis haben muß, um als Nachricht in die Medien zu gelangen, hat drei bedeutsame, sich wechselseitig beeinflussende Forschungstraditionen hervorgebracht:

1. GALTUNG/RUGE 1965 entwickeln in ihrem Ansatz der Nachrichtenfaktoren zwölf Ereignis-Kriterien,[1] mit denen Journalisten Ereignisse[2] als Nachrichten 'wahrnehmen'.
2. Ausgehend von der Informationsfunktion der Nachrichten und dem Konzept der Selektivität (vgl. LUHMANN 1971a) kommt MERTEN (1973) zu der Feststellung, daß Ereignisse sowohl neu als auch relevant d.h. aktuell sein müssen. Nur Ereignisse, die dem Kriterium der Aktualität genügen, sind als Nachrichten berichtenswert.
3. Mit Hilfe des Ansatzes der Nachrichtenschemata (van DIJK 1985) schließlich wird versucht, journalistische Verstehens- und Wiedergaberegeln bei der Nachrichtenproduktion zu klassifizieren.

2.1.1 Nachrichtenfaktoren

Welche Ereignisse werden zu Nachrichten? In Anlehnung an eine 'nachrichtentechnische' Theorie der Wahrnehmung nennen GALTUNG/RUGE (1965, 66 ff.) zwölf Ereigniskriterien:

1. **Frequency (Ereignisentwicklung)**
    Die Häufigkeit bzw. die Dauer, mit der ein sich entwickelndes Ereignis auftritt bzw. die es braucht, um zu reifen. Zur Nachricht werden punktuelle und/

oder sich schnell entwickelnde bzw. sich dramatisch zuspitzende Ereignisse. Je mehr die Periodizität der Ereignisse dem Aufnahme- und Wiedergaberhythmus der Nachrichten entspricht, desto eher können die Ereignisse zur Meldung werden.

2. **Threhold (Außergewöhnlichkeit)**

Je größer, außergewöhnlicher und wichtiger das Ereignis ist,[3] desto wahrscheinlicher ist seine Aufnahme in den Kanon potentieller Nachrichten (vgl. GALTUNG/RUGE 1965, 7, 70). Dabei ist zu unterscheiden zwischen einem Absolutbetrag von Außergewöhnlichkeit und einer Steigerung der schon vorhandenen Außergewöhnlichkeit.[4]

3. **Unambiguity (Eindeutigkeit)**

Je eindeutiger ein Ereignis zu zu verstehen ist, desto eher kann es zur Nachricht werden. Mehrdeutige Ereignisse erfordern mehr Interpretation (vgl. KLAPP 1978, 75 ff.).

4. **Meaningfullness (Bezug, Interesse)**

"Meaningfullness" bezieht sich auf die Relevanz des Ereignisses (GALTUNG/RUGE 1965; PETERSON 1981, 146). Je relevanter, je folgenreicher ein Ereignis ist, desto größer ist seine Chance, zur Nachricht zu werden. Relevanz kann sich dabei beziehen auf

- die Wichtigkeit einer Person (Politiker) oder einer Organisation,
- die kulturelle Nähe des Ereignisses (Ethnozentrismus).[5]
- Zahl der von der Nachricht potentiell Betroffenen (Bezugsgruppenrelevanz),[6]

GALTUNG/RUGE (1965) sprechen in diesem Zusammenhang auch von Identifikation als gemeinsamem Faktor unterschiedlicher Relevanzdimensionen.[7]

5. **Consonance (Erwartungstreue)**

Je mehr ein Ereignis mit Erwartungen übereinstimmt, desto wahrscheinlicher wird es zur Nachricht. Dabei ist zu unterscheiden zwischen einer subjektiven Wahrscheinlichkeit und dem subjektiven Wunsch, das Ereignis möge eintreten.[8]

6. **Unexpectedness (Überraschung)**

Je unerwarteter das Geschehen, desto größer ist sein Nachrichtenwert.[9] Dieses Kriterium stellt ein Korrektiv zu den Faktoren 4 und 5 dar.

7. **Continuity (Themenkarriere)**

    Je eher ein Thema das Nachrichtenbild prägt, desto wahrscheinlicher ist es, daß dieses Thema auch weiterhin Nachrichtenwert besitzt. Die Größe dieses Wertes hängt von der Verständlichkeit (Faktor 3) und Vertrautheit dieses Themas ab.

8. **Composition (Relative Themenvarianz)**

    Je ähnlicher Themen sind, desto größer ist die Chance für andere Themen, zur Nachricht zu werden.

9. **Reference to elite nations (Bezug zu Elitenationen)**

    Je mehr sich ein Ereignis auf eine Elitenation bezieht, desto größer ist seine Chance, als Nachricht in den Medien zu erscheinen (vgl. HICKS/GORDON 1974, 643). Bereits nur angedeutete Aktivitäten von Elitenationen haben möglicherweise weitreichende Konsequenzen für alle anderen Staaten (vgl. EDELMANN 1976; PETERSON 1981, 145; KARIEL/ROSENVALL 1984, 509 ff.).

10. **Reference to elite people (Bezug auf Elitepersonen)**

    Je mehr Elitepersonen am Ereignis beteiligt sind, desto größer ist sein Nachrichtenwert. Spitzenpolitiker, aber auch Prominenz aus Wirtschaft, Kultur und Sport tauchen im Kontext vieler Ereignisse auf, so daß dieser Faktor fast immer wirksam ist. Damit ist wiederum das Problem der Identifikation angesprochen (vgl. SCHRAMM 1964, 59 ff.).

11. **Reference to persons (Personenbezug)**

    Je stärker Personen im Vordergrund stehen, desto größer ist die Chance derartiger Ereignisse, zur Nachricht zu werden. Personalisierung ist die vielleicht die wichtigste Form der Reduktion von Ereignis-Komplexität: "Organizing information by candidates as issues is more effective political decision making" (BYBEE 1980, 624).

    Für den Faktor Personalisierung sprechen

    - die Tatsache, daß Handlungen leichter auf Personen als etwa auf Strukturen (wie z.B. Märkte) projizierbar sind,
    - Bedürfnisse nach Identifikation mit Personen (vgl. SANDE 1971, 229; ALLPORT/POSTMAN 1948, 38),
    - bessere (technische) Präsentationsmöglichkeiten: Arbeitslose sind beispielsweise leichter darzustellen als Arbeitslosigkeit.

12. **Reference to something negative (Negativität)**

    Je negativer das Ereignis ist, desto größer ist seine Chance, zur Nachricht zu werden (vgl. GIEBER 1955, 311 ff.; COHEN 1963, 98 ff; ADAMS 1978,

21 f.; COMSTOCK/COBBEY 1978, 55 f.; STONE/GRUSIN 1984, 517 ff.). Empirisch ist dieses Ereigniskriterium kaum erforscht worden (vgl. CARROLL 1985). Folgende Überlegungen für den Faktor Negativität sind bisher maßgebend gewesen:

- Man geht von einer "Basis-Asymmetrie" zwischen dem schwierig erreichbaren 'Positivem' und dem leichter (und schneller) zu realisierenden 'Negativem' aus (vgl. LUHMANN 1984, 587). Negative Ereignisse sind eher kompatibel mit dem Faktor "Frequenz". Organisatorische und technische Zwängen der Nachrichtenproduktion begünstigen die Selektion negativer Ereignisse (vgl. EPSTEIN 1973, 262 f.).
- Negative Nachrichten sind eindeutiger und generieren einen höheren Konsens (vgl. DAVIS/WALTON 1983, 8-49).
- Negative Nachrichten entsprechen eher den dominanten Ängsten und Erwartungen der Bevölkerung (vgl. ROSNOW/FINE 1976, 53 f.).
- Negative Nachrichten sind unerwarteter als positive Nachrichten (vgl. MOLOTCH/LESTER 1974, 109).

Aus diesen 12 Faktoren lassen sich nach GALTUNG/RUGE (1965) fünf allgemeine Hypothesen entwickeln (vgl. auch SCHULZ 1976):

1. **"Selektivität"**
Je mehr das Ereignis den erwähnten Kriterien entspricht, desto wahrscheinlicher wird es als Nachricht registriert.

2. **"Verzerrung"**
Sobald ein Ereignis selegiert worden ist, werden die Merkmale, die seinen Nachrichtenwert bestimmen, akzentuiert.

3. **"Replikation"**
Selektivität und Verzerrung charakterisieren den gesamten Nachrichtenprozeß. Je länger dieser ist, desto verstärkter wird selegiert und verzerrt.

4. **"Additivität"**
Je mehr Nachrichtenfaktoren für ein Ereignis zutreffen, desto größer ist die Wahrscheinlichkeit, daß dieses Ereignis zur Nachricht wird.

5. **"Komplementarität"**
Wenn ein Ereignis durch bestimmte Faktoren einen niedrigen Nachrichtenwert hat, so kann ein hoher Nachrichtenwert aufgrund anderer Faktoren dies ausgleichen.

SANDE (1971) kann die Selektivitäts- und Additivitätshypothese für alle Faktoren, die Komplementaritätshypothese für die Faktoren Elitenation, Eliteperson und

Negativität bestätigen. Hingegen finden SALMORE/BUTLER (1978) keine empirische Bestätigung für die Komplementaritäts- und Additivitätshypothese.
Von einer "Nachrichtentheorie" (vgl. SCHULZ 1976, 21) kann man aufgrund der Qualität vorliegender empirischer Ergebnisse noch nicht sprechen (vgl. HUR 1984). Auch läßt sich nicht ohne weiteres behaupten, daß für alle Gesellschaftstypen diese Selektionskriterien gültig sind (vgl. JENSEN 1986, 54 f.).
Problematisch bleiben ferner in neueren Studien der Nachrichtenforschung (vgl. SCHULZ 1982; EMMERICH 1984):

- die *psychologischen Grundlagen* der implizit entwickelten 'nachrichtentechnischen Theorie der Wahrnehmung';
- die *Unabhängigkeit* und wechselseitige Exklusivität der Nachrichtenfaktoren;
- die *Verallgemeinerbarkeit* der Faktoren für unterschiedliche Typen von Nachrichten;
- die *ausschließliche* Betrachtung der *westlichen* Kultur;[10]
- der *Verzicht* auf *multivariate Analyse* der Nachrichtenfaktoren.

Im Hinblick auf diese Schwierigkeiten ist ein zweites weiterführendes Konzept zur Nachrichtenerzeugung von Interesse.

2.1.2 Aktualität

Die **Informations**funktion der Nachrichten besteht darin, *"ungewöhnliche* Ereignisse" (vgl. PARK 1940, 676, 678), *"neue* Sachverhalte" (NOELLE-NEUMANN 1971, 195) bzw. *"unexpected events"* (TUCHMAN 1973, 111) mitzuteilen. **Aktualität** wird dabei als das entscheidende journalistische Auswahlkriterium für potentielle Nachrichtenereignisse bezeichnet.

In der deutschen Publizistik (vgl. DOVIFAT 1976) gilt Aktualität als ein zentrales Kriterium für Ereignisse, die Grundlage oder Thema von Nachrichten werden sollen. Man versteht unter Aktualität die Neuigkeit eines Ereignisses.

MERTEN (1973) diskutiert Ergebnisse der frühen Gerüchteforschung (vgl. ALLPORT/POSTMAN 1948) sowie der Sozialpsychologie (vgl. HOFSTAETTER 1951; BRUNER et al. 1956) und revidiert kritisch den publizistikwissenschaftlichen Aktualitätsbegriff:

"Aktualität eines Ereignisses ist die **Aufmerksamkeit,** die diesem Ereignis zugewendet wird" (MERTEN 1973, 219). Dabei läßt sich zeigen, daß ein Ereignis *sowohl* Information im Sinne der mathematischen Informationstheorie,[11] *als auch* Relevanz (meaning, Bedeutsamkeit, Betroffenheit) aufweisen muß, um Aufmerksamkeit der Journalisten zu erregen und zur Nachricht zu werden (vgl. MOTT 1952, 22 ff.; MERTEN 1977, 450 f., 460).

Informationswert

Der Informationswert eines Ereignisses bzw. einer Nachricht[12] ist von mehreren Faktoren abhängig (vgl. MERTEN 1973, 218; FLETCHER 1985, 89, ff.):

- von der visuellen und/oder akustischen **Kontrastwirkung** einzelner Stimuli (Ereignisse)[13] bzw. des Ton- und Bildmaterials bei den (Fernseh-) Nachrichten;[14]
- von der **Überraschung**, "also der Inkongruenz aus subjektiver Erwartungswahrscheinlichkeit und objektivem Eintritt des Stimulus (Ereignis)" (MERTEN 1973, 218).[15] Obwohl Nachrichten eine Welt des Außergewöhnlichen erzeugen, sind die berichteten Ereignisse nicht vollkommen unerwartet (vgl. BOGART 1980, 217). Die journalistische Klassifikation der nachrichtenrelevanten Ereignisse in "hard news",[16] "spot news",[17] "developing news",[18] und "continuing news"[19] ermöglicht ein "routinizing the unexpected" (TUCHMAN 1973, 110 ff.);[20]
- von der **Varianz** der Ereignisse und Themen. Gleichbleibenden Themen wendet man keine Aufmerksamkeit (mehr) zu. Nur das Neue und sich Verändernde läßt Wichtiges vermuten (vgl. LUHMANN 1971a, 17). Wenn sich keine neuen Entwicklungen abzeichnen, so ist das Ereignis als Nachricht tot (vgl. RYAN/TANKARD 1977, 106);[21]
- von der **Dauer** der Zeit seit Eintreten des Ereignisses bzw. den Zeitpunkt der Beobachtung des Ereignisses.[22] Je länger der Journalist sich mit konflikthaltigen Themen beschäftigt, desto besser kann er sie interpretieren (vgl. GOLDING/ELLIOTT 1979; GANS 1980).[23]

Relevanz

Ereignisse sind aktuell, wenn sie informativ *und* relevant sind, sie müssen neu, aber auch "von Wert und Nutzen" sein (vgl. DOVIVAT/WILKE 1976, 76).[24] Innerhalb des Aktualitätskonzeptes wird Relevanz als "funktionaler Faktor bezeichnet, jedoch nicht in der Dimension einer in Wahrscheinlichkeitsgrößen quantifizierbaren Erwartung, sondern in der Dimension einer qualitativen Bewertung" (MERTEN 1973, 219). Die Relevanz eines Ereignisses (meaning, Bedeutsamkeit, Betroffenheit etc.) ist (wie Information) ein relationales Merkmal, gesteuert von Erwartungen, Interessen und Wissen. Sie entscheidet darüber, ob uns eine Sache "wirklich etwas angeht" (SCHÜTZ/LUCKMANN 1979, 224) und somit Aufmerksamkeit erregt (vgl. KELLERMANN 1985, 87 f.).

Relevanz als eine schwierig zu fassende, in sich mehrdimensional strukturierte Variable wird konstituiert von:

- der Zahl der **Betroffenen** (vgl. STRASSNER 1982, 73);
- dem Grad der **Betroffenheit** (vgl. RAMMSTEDT 1981, 454 ff.; BROADDASON et al. 1987, 211 ff.);

- der **räumlichen Distanz** zwischen Ereignis und Redaktion (vgl. ZIPF 1946; McLEAN/PINNA 1958; COHEN et al. 1977, 32);
- der **kulturellen Distanz** zwischen Ereignis und Journalist (vgl. JENSEN 1986, 65 f.);
- der **politischen Distanz** zwischen Ereignis und Redaktion (vgl. SANDE 1971; SCHENK 1987, 38 ff.);
- der **Konflikthaftigkeit** (vgl. ADONI et al. 1984; BANTZ 1985; GUREVITCH/ LEVY 1986);
- der **Bewertung** des Ereignisses (vgl. HASKINS et al. 1984; STONE 1984; WEINBERGER et al. 1984);
- der Nennung von **Prominenz** als Indikator für Wichtigkeit (vgl. GRABER 1984; BOCK 1984; LARSON 1984);
- der Wahrscheinlichkeit und der **Folgen** eines Ereignisses etc. (vgl. BROWN/KULIK 1982; van DIJK 1985).

Relevanzdimensionen können reflexiv aufeinander bezogen werden und zwar in sachlicher, zeitlicher und sozialer Hinsicht:

1. **Sachliche Reflexivität**

   Relevanz als Bewertung von Ereignissen enthält Aussagen über Aussagen vom Thema. Da Relevanz nur aufgrund vorhandenen Wissens konstruiert werden kann, müssen die Themen schon bekannt sein, sind also nicht mehr vollkommen neu (vgl. LESTER 1980, 985 f.).

2. **Zeitliche Reflexivität**

   Durch mehrfache Wiederholung des Ereignisses entsteht der Eindruck, das Ereignis sei wichtig und der Journalist entwickelt dementsprechend bestimmte Interpretationen. Aufgrund seiner vorherigen Erfahrungen und Typisierungen des Ereignisses ist er mit der Relevanz der Ereignisse vertraut (vgl. JENSEN 1986, 45 ff.).

3. **Soziale Reflexivität**

   Das Ereignis ist relevant, weil Journalisten wissen *oder* zu wissen glauben, daß das Ereignis nicht nur für sie selbst, sondern auch für Rezipienten ähnliche Folgen und Konsequenzen haben kann (vgl. MERTEN 1977, 456 ff.; MANCINI 1988, 163 f.).

Innerhalb verschiedener Denkansätze (vgl. SCHÜTZ 1971; WESTHOFF 1985; SPERBER/WILSON 1986) wird kontrovers über das Verhältnis zwischen Information[25] und Relevanz[26] diskutiert (vgl. Kap. 4).

2.1.3 Nachrichtenschemata

Ein dritter Forschungsansatz versucht, sowohl Selektionsstrategien der Journalisten[27] als auch den formalen Nachrichtenaufbau[28] mit "Nachrichtenschemata" zu kategorisieren (vgl. van DIJK 1985, 2; van DIJK 1986, 41; WOODALL 1986, 149).[29] Dabei wird gefragt:

1. **Was** ist das Ereignis?

    Meldungen beginnen in der Regel mit einer summarischen Angabe der Ereignisse und präsentieren zunächst die wichtigsten Fakten, die schnell und eindeutig zu identifizieren sind (van DIJK/KINTSCH 1983, 104).[30] Ein Thema "frames strips of everyday occurences and is not a mere mirror of events" (TUCHMAN 1978, 99).
    Themen stellen die "Essenz" der Nachricht (HUGHES 1940, 58; ROSHCO 1975) dar, und das aktuellste Ereignis bildet den Themenkern. "These dimensions will be chosen here as separate schematic categories of news reports. The coherence in this discourse cluster, as well as the functions of the articles in that cluster, are in that case also explained by the categories of the news schema" (van DIJK 1985, 16).

2. **Wer** ist am Ereignis beteiligt?

    Erst durch die Nennung von Spitzenpolitikern, Prominenten oder organisierten Akteuren werden die meisten Ereignisse zur Nachricht (vgl. GANS 1980, 82 ff.; METZ 1979, 41 ff.). "People are presented symbolically ... Symbols accomplish two factors associated with the web of facticity. They provide 'actual' supplementary evidence: People as symbols tell of the impact of news events upon their lives so that the reporter need not present information. The symbols thus 'protect' reporters from presenting themselves as being involved in the story. And the use of symbols strengthens the distinction between legitimated newsmakers and 'just plain folks'" (TUCHMAN 1978, 123). Journalisten reproduzieren die Personalisierung von Politik[31] und die Individualisierung gesellschaftlicher Konflikte (vgl. ELSTER 1987, 211 ff.), analysieren sie aber meistens nicht (vgl. BENNETT 1983).

3. **Wo** passiert das Ereignis?

    Informationen über den Ort (Bedeutung, Nähe) sind für Journalisten ein wichtiges Selektionskriterium für berichtenswerte Ereignisse und Orientierungshilfe bei Recherchen.
    Mit Hilfe ihres "Ortsmodells" (vgl. van DIJK 1986, 99) können Journalisten auch die Notwendigkeit direkter Beobachtung besser einschätzen. "Location requires accessiblility, so that public places and institutional settings are

preferred" (van DIJK 1986, 101). Aufgrund ihrer Ortskenntnisse entwerfen Journalisten eine Grobstruktur der Nachricht.

4. **Warum** passiert das Ereignis?

   Eine weitere Kategorie des Nachrichtenschemas beschreibt den historischen Hintergrund bzw. die Ursache eines Ereignisses.

   Journalisten benutzen diese Kategorie bei Auswahl, Recherche oder Kombination von Quelleninformation. Hintergrundinformationen können durch Nachrichtenagenturen, Korrespondenten, durch andere Medien oder durch Quellen verschiedenster Art beschafft werden. Hintergrundinformationen sind wichtig bei Nachrichten über Konflikte oder über andauernde Krisen (vgl. LUHMANN 1971a, 16, 18 f.)[32] und garantieren Anschlußmöglichkeiten für weitere Berichterstattung (vgl. TUCHMAN 1978, 51 ff.).

   Nachrichten präsentieren dabei eine **narrative Struktur**[33] (vgl. BENNETT/ EDELMANN 1985, 158 ff.) mit folgenden Elementen:

   - Festlegung des Themas (Orientierung),
   - Erläuterung der Ursachen und des Hintergrundes (Komplikation),
   - Erläuterung von Wirkungen und Folgen (Resolution) (siehe weiter unten) sowie
   - Einschätzung und abschließende Kommentierung (Evaluation).

   Am Beispiel der Berichterstattung von BBC, CBS, NBC, ARD, und ZDF über die "Moro story" haben DAVIS/WALTON (1983, 12 ff.) versucht, dieses typische Ablaufschema anhand von kleinen Text- und Bildanalysen zu illustrieren. Ähnliche Nachrichtenanalysen auf einer breiteren empirischen Basis hat van DIJK (1984a, 25 ff.) vorgelegt.[34]

5. **Wann** passiert das Ereignis?

   Nicht immer ist der Zeitpunkt des Ereignisses nachrichtenrelevant, jedoch muß man unter Bedingungen hohen Aktualitätsdrucks (vgl. HUGHES 1940, 58; ROSCHO 1975) davon ausgehen, daß Nachrichten sich auf 'neue' Ereignisse beziehen.

   Mit Hilfe einer zeitlichen "typification" des Ereignisses (vgl. SCHÜTZ 1964, 122 ff.) aktiviert der Journalist sein Wissen (vgl. TUCHMAN 1978, 50 f.).

6. **Wie** passiert etwas?

   Diese Dimension läßt sich schwer von Ursachen und Folgen eines Themas unterscheiden und beschreibt beispielsweise Forderungen von Akteuren oder die Konflikthaftigkeit des Ereignisses (vgl. RYAN/TANKARD 1977, 118 f.; BENNETT 1983).

7. Wirkungen und Folgen

Konsequenzen[35] können kurzfristige Wirkungen (z.B. Trauer um einen verstorbenen Politiker, Suche nach einem Nachfolger) oder längerfristige Folgen sein (Führungskrise in der Partei, unsichere Wahlchancen des Nachfolgers). Im Zusammenhang mit politischen Skandalen können Folgen bedeutender sein als das Ereignis selbst (vgl. BENNETT 1983, 14 ff., 54 ff.). "Schematic ordering however, is not always parallel to semantic ordering: Background mostly features information that is relevant for the consequences category, but hierarchically and according to its canonical ordering the category comes later in the scheme" (van DIJK 1985, 19).

Neben zeitlichen Dimensionen (vgl. VINCENT/CROW/DAVIS 1985, 2 ff.) sind soziale Dimensionen der Wirkungen und Folgen zu erwähnen: Verbale Reaktionen von Beobachtern und Akteuren des Ereignisses, insbesondere aber auch Kommentare von prominenten Politikern haben einen hohen Nachrichtenwert und zeigen Implikationen auf, die das Medium selbst noch nicht nennen kann (oder will) (vgl. van DIJK 1985, 20).

Produktionsschemata

Mit diesen Kategorien entwickeln Nachrichtenproduzenten vermutlich Situationsmodelle[36] und organisieren mit allgemeinem (implizitem) Wissen über Nachrichtenkommunikation (= Nachrichtenschemata) ihre *Beobachtung* von Ereignissen. Auch die (Weiter-) *Verarbeitung* von (Quellen-) *Texten* zu Meldungen wird von Wissensstrukturen gesteuert. Auf der Basis von "Produktionsschemata" (van DIJK 1980, 129) lassen sich verschiedene kognitive und soziale Routinen der **Nachrichtenproduktion** unterscheiden (vgl. van DIJK 1986, 102 ff.):

1. **Selektion** von Texten nach inhaltlicher Relevanz sowie nach Glaubwürdigkeit der Quelle;
2. **Reproduktion** von Texten (z.B. Agenturmeldungen);
3. **Zusammenfassung** als Selektionsstrategie der Weglassung, Generalisierung und Konstruktion;
4. **Transformation** durch Zusatz von Kontext- und Hintergrundinformationen, Umstellungen im Text und Substitution verschiedener Quellen;
5. **Stilistische Reformulierung** nach persönlichen und institutionellen Interessen (vgl. MOSS 1988, 207 ff.).

Für die *Präsentation* von Fernsehnachrichten sind **visuelle Form** und Gestaltung der Meldungen (vgl. EDWARDSON et al. 1985; RIMMER 1986), aber auch das **nonverbale Verhalten** der Nachrichtensprecher/innen (vgl. McCLENEGHAN 1985; HARP et al. 1985; MULLEN et al. 1986; MANCINI 1988) bedeutsam.

Fünf "Hauptfaktoren" kontrollieren die Selektionsstrategien (vgl. van DIJK 1986, 105) der Nachrichtenproduzenten:

1. Ein subjektives **Situationsmodell**;
2. Einschätzungen von Autorität und **Glaubwürdigkeit** der Quelle;
3. **Ziele** und **Pläne** (bei) der eigentlichen Texterzeugung, die von Nachrichtenschemata gesteuert werden;
4. **Erwartungen über** die **Erwartungen** von Rezipienten[37] und
5. Modelle vom **Produktionskontext** (Wissen über Nachrichtenbeschaffung, 'deadlines', technische und soziale Zwänge).[38]

Erst ansatzweise wird diskutiert, wie bei der Nachrichtenproduktion (vgl. THORNDYKE 1979; van DIJK 1985) verschiedene *Struktur-* (Kategorien-Wissen) und *Prozeß*schemata (Verarbeitungsregeln) (vgl. HAUSER 1984; SYPHER/APPLEGATE 1984) funktionieren. Allerdings werden Ergebnisse aus dem Aktualitätskonzept und aus der Nachrichtenfaktoren-Theorie berücksichtigt:
"... The structural transformation of source texts to final news discourse, depends ond the (i) format of the news discourse, (ii) the relevance of a given topic or issue, (iii) and the various news values discussed earlier" (van DIJK 1986, 120).
Festzuhalten bleibt: Funktion und Struktur der Nachrichtenschemata werden ansatzweise von der Diskurstheorie und der allgemeinen Kognitionspsychologie erforscht, Indikatoren sind noch nicht operationalisiert worden. Um die Informationsverarbeitung bei der Nachrichtenerzeugung genauer beschreiben zu können, müßte man Journalisten befragen sowie Quellentexte und Nachrichten systematisch analysieren.

2.2 Nachricht und Rezipient

Eine eigenständige, empirisch fundierte Theorie der Nachrichtenrezeption ist noch nicht entwickelt worden. In wenigen Arbeiten sind Versuche gemacht worden, "Maximen" (JENSEN 1986, 73 ff.) oder "Regeln" (Strategien) (van DIJK 1986, 122 ff.) des Rezeptions- bzw. Verstehensprozesses von Nachrichten zu formulieren (vgl. LUTZ/WODAK 1987, 67 ff.). Beiträge zu einer Theorie der Nachrichtenrezeption liefert GRABER (1984) mit ihrer Studie zur politischen Informationsverarbeitung. Die Rezeptionsleistung wird meistens mit der Erinnerung an Nachrichten gleichgesetzt.
Betrachtet man die quantitativen Arbeiten zur Erinnerung von Fernsehnachrichten, kann man mit GUNTER (1981) (vgl. auch STAUFFER et al. 1983) ein "Forgetting the News" feststellen: Der Rezipient erinnert nur wenig von dem, was er zuvor in den Nachrichten gesehen hat (vgl. Tab. 1).

Tab. 1: Untersuchungen zur Erinnerungsleistung bei der TV-Nachrichtenrezeption (Beispiele)

Autor der Unter--suchung (Land)	Jahr	Methode	Erinnerungsleistung
ORC LONDON (GB)	(1972)	Interview	20 %
NORDENSTRENG (FINNLAND)	(1972)	Interview	"little, if anything"
STERN (USA)	(1973)	Interview	51 % der Befragten erinnern *kein* Item aus der gesamten Sendung
LINNE/VEITRUP (DÄNEMARK)	(1974)	Experiment	21 %
WILSON (USA)	(1974)	Experiment	21 %
NEUMANN (USA)	(1976)	Telefoninterviews	50 % der Befragten erinnern *kein* Item aus der gesamten Sendung sonst: 6 %
KATZ/ADONI/ PARNESS (ISRAEL)	(1977)	Telefoninterviews	21 % der Befragten erinnern *kein* Item aus der gesamten Sendung sonst: 14 %
ROBINSON/DAVIS/ SAHIN/O'TOOLE (USA)	(1980)	Interview	25%
STAUFFER/FROST/ RYBOLT (KENYA)	(1980)	Experiment	22 %

Die in diesen Studien verwendeten Erinnerungsmaße sind pauschal auf die Korrektheit bzw. den Umfang der Erinnerung, nicht jedoch auf das Verständnis des Erinnerten bezogen. Geprüft werden soll zunächst, ob und wie die wesentlich am *Kommunikator* orientierten Konzepte der **Nachrichtenfaktoren** und der **Aktualität** auf *Rezeptionsprozesse* übertragen werden können. Danach wird das Konzept der **Nachrichtenschemata** für *Rezipienten* diskutiert.

2.2.1 Nachrichtenfaktoren erinnerter Nachrichten

Nachrichtenfaktoren sind Kriterien der *journalistischen* Ereignisselektion,[39] wobei unterstellt wird, daß Nachrichten*rezipienten* mit Hilfe *derselben* Faktoren einzelne Meldungen selegieren. SCHULZ (1982) untersucht dieses Problem empirisch, indem er "three measures of event awareness" (SCHULZ 1982, 142) des *Rezipienten* mit Nachrichtenfaktoren der *Kommunikatoren* korreliert:
"This seems to prove that people's awareness of political reality is shaped by the news value criteria of the mass media. In the period under study we found that our respondents were able to recall best those political events that were characterized by emotional content, high consequence, proximity, uncertainty, unexpectedness, aggression and relation to basic societal values" (SCHULZ 1982, 147).
Eine einfache kausale Beziehung zwischen Nachrichtenstruktur und Nachrichtenkenntnis der Rezipienten existiert nicht. SCHULZ (1982, 149) meint, Nachrichtenwerte des Kommunikators[40] und Selektionskriterien der Rezipienten korrespondierten miteinander.
Die entwickelten Hypothesen über die Nachrichtenerzeugung (SCHULZ 1976) werfen Fragen auf, wenn man Nachrichten*rezeption* analysieren will.

- Was *selegiert* der Rezipient?
- Was wird *verzerrt* rezipiert?
- Welcher *Zusammenhang* ergibt sich zwischen Selektion und Verzerrung?
- Welcher *Zusammenhang* existiert zwischen *mehreren* Nachrichtenfaktoren?
- Unter welchen *Bedingungen* und *Voraussetzungen* können auch Nachrichten mit *niedrigem* Nachrichtenwert rezipiert werden?

Ein Vergleich *gesendeter* und *erinnerter* Nachrichten kann verdeutlichen, was der Rezipient aufnimmt und wie er einzelne Meldungen verarbeitet (vgl. Kap. 8 - 10). Zunächst aber ist zu fragen, ob und inwieweit das Aktualitätskonzept erklären kann, wie Nachrichtenrezeption funktioniert.

2.2.2 Aktualität und Aufmerksamkeit der Rezipienten

Aktualität eines Ereignisses läßt sich als Relation zwischen Aussage und Rezipient beschreiben (vgl. MERTEN 1977, 458). Als Produkt von **Information** und **Relevanz** bestimmt die Aktualität einer Nachricht auch das Rezeptionsverhalten (vgl. MERTEN 1985, 180). "Zwar werden die meisten Nachrichtenitems in der Tat sofort vergessen - aber eben gerade deshalb, weil sie für den Rezipienten nicht aktuell sind. Umgekehrt heißt das aber: Je aktueller Nachrichten erscheinen, um so eher werden diese erinnert" (MERTEN 1985a, 756 f.).
Eine empirische Prüfung des Aktualitätsmodells bestätigt zwar für den Kommunikator, *nicht* jedoch für den *Rezipienten* von Nachrichten eine Selektion nach den Kriterien der **Überraschung** *und* der **Relevanz**:
Rezipienten von Nachrichten orientieren sich fast ausschließlich an der **Relevanz** der Beiträge.[41] Variablen der Überraschung und Aktualität können die Rezeptionsleistung kaum erklären (vgl. MERTEN 1985a, 759). Rezipienten orientieren sich offensichtlich weniger am Informationswert der Nachrichten:

- Ihre Informationsverarbeitung ist *nicht* professionell. Den Empfängern von Nachrichten wird mehr Aufmerksamkeit zugemutet, als sie *tatsächlich* aufbringen können (vgl. KLAPP 1978, 45-81; LUHMANN 1981, 317 f.).
- Während Journalisten die Nachrichten durch "routinizing the unexpected" (TUCHMAN 1973, 110) programmiert[42] erzeugen müssen, *können* die Rezipienten auf diese Selektionsleistung selektiv reagieren. Sie müssen *nicht unbedingt noch einmal* nach dem Kriterium der Information auswählen, sondern orientieren sich an Außergewöhnlichem, d.h. an Relevanz. Oder sie beschränken sich auf die Wiedererkennung vertrauter und/oder typischer Personen, Orte und Ereignisse, von denen in Nachrichten regelmäßig berichtet wird (vgl. KATZ 1987, 61 ff.).

Wenn man das Aktualitätsmodell auf der Ebene der *Nachrichtenrezeption* reformulieren will, ist es sinnvoll,

- im Konzept der Aufmerksamkeit (vgl. MERTEN 1971, 38; MERTEN 1973, 218; MERTEN 1977, 451) nachdrücklicher *verschiedene* Dimensionen des Relevanzkriteriums zu entwickeln,
- ausgehend von der menschlichen Informationsverarbeitung zu fragen, *wie* die selektive Aufmerksamkeit des Nachrichtenrezipienten "gesteuert" (vgl. WOODALL 1986, 144) wird und
- die empirische Prüfung auf Kriterien der *richtigen* Erinnerung, des *Verstehens* und einer *realitätsbezogenen* Interpretation der rezipierten Nachrichten auszudehnen.[43]

2.2.3 Schemata der Informations- und Nachrichtenverarbeitung

Ein vergleichsweise neuer Ansatz der Rezeptionsforschung versucht, **Verstehen von Nachrichten als Aktivierung allgemeiner Wissensstrukturen (Schemata)** zu analysieren. Gefragt wird nicht nur, welche Nachrichten warum rezipiert werden, sondern problematisiert wird jetzt, *wie* Empfänger mit unterschiedlichsten individuellen und sozialen Voraussetzungen einzelne Meldungen verarbeiten. Ausgehend von Aufbau und Inhalt der präsentierten Nachrichten (= Nachrichtenschemata der Kommunikatoren) wird versucht, *Prozeß* und *Struktur* der Informationsverarbeitung beim Rezipienten auf verschiedenen Ebenen zu analysieren:

- **Aufmerksamkeit**
  Eine "abstract or generic knowledge structure" (CROCKER/FISKE/TAYLOR 1984, 197) beeinflußt vermutlich die Aufmerksamkeit für aktuelle Nachrichten (vgl. WOODALL et al. 1983).

- **Wahrnehmung**
  Akustische und visuelle Informationsverarbeitung werden durch Schemata gesteuert, die Informationen der Nachricht mit relevanten Wissensstrukturen der Rezipienten verknüpfen (vgl. THORNDYKE 1979; HÖIJER/FINDAHL 1984; WOODALL 1986).

- **Lesen** (Decodierung)
  Nachrichtentexte werden decodiert und interpretiert. Es bestehen Zusammenhänge von Nachrichtenschemata und Lesestrategien "assuming that such regularities are internalized by people as familiar *schemata*" (LARSEN 1983, 23).

- **Verstehen**
  Der Verstehensprozeß vernetzt mentale Speicherprozesse mit Wissensstrukturen (Schemata) und ermöglicht es, aus den aufgenommenen Meldungen Schlußfolgerungen zu ziehen (vgl. HAUSER 1984; FINDAHL/HÖIJER 1985).

- **Repräsentation**
  Der Rezipient kann in seinem Langzeitgedächtnis repräsentierte Inhalte der Nachrichten weiterverarbeiten, aber auch - je nach Relevanz der Ereignisse - unterschiedlich bewerten (vgl. van DIJK 1986, 128 f.).

Die "Schema-Theorie" von Nachrichtenrezeption (vgl. GRABER 1984, 22) ermöglicht es, Selektionsstrategien des Rezipienten auf allgemeine Strukturen des Alltagswissens zu beziehen. Somit läßt sich auch die Informationsverarbeitung *fiktiver* Texte und Kontexte analysieren (vgl. Kap. 5 und Kap. 6).
Schwierig bleibt der empirische Nachweis von Schemata, da Inhalts- und Textanalysen mit entsprechenden Kategoriensystemen fehlen, und auch noch keine sy-

stematischen Zusammenhangsanalysen von Nachrichten und Rezeptionsprozessen existieren. Um den Stellenwert einzelner Rezeptionsfaktoren von Nachrichten angeben zu können, sollten
- die Rolle des Vorwissens bei Rezeptionsprozessen von Nachrichten,
- die Relevanzsysteme des Rezipienten und
- die Art und Weise der Wissensvermehrung durch Nachrichtenrezeption

theoretisch und empirisch beschrieben werden.

2.3 Zusammenfassung und Ausblick

Verschiedene Ansätze zu einer Theorie der Nachricht haben gezeigt, daß Kommunikatoren und Rezipienten ihre Informations- bzw. Nachrichtenverarbeitung *nicht* mit den gleichen Selektionskriterien organisieren.
Nachrichtenfaktoren sind Kriterien des **Kommunikators**, um berichtenswerte Ereignisse zu selegieren. Das Aktualitätskonzept fordert, daß ein Ereignis überraschend und relevant sein muß, um vom Kommunikator als Nachricht wahrgenommen werden zu können. Schließlich wird mit Nachrichtenschemata beschrieben, wie Kommunikatoren Ereignisse selegieren und als Nachricht darstellen.
Rezipienten von Nachrichten hingegen orientieren sich nur teilweise an Nachrichtenfaktoren. Rezipierte Inhalte werden emotionalisiert und eher als Sensation wahrgenommen. Die Prüfung des Aktualitätsmodells für die Rezeption von Fernsehnachrichten zeigt ebenfalls, daß weniger der (journalistische) Informationswert einer Nachricht, sondern vielmehr ihre (emotionale) Relevanz beim Rezipienten Aufmerksamkeit erzeugt. Um die Nachricht aber auch verstehen zu können, muß der Rezipient die präsentierten Mitteilungen auf verschiedenen Gedächtnisebenen selektiv verarbeiten.

3. Selektivität der Nachrichtenrezeption

Auf die Selektivität der Ereignisse und ihrer Mitteilung als Nachricht reagiert der Rezipient erneut selektiv. Prozesse der Informationsverarbeitung aktivieren selektive Aufmerksamkeit für die Aufnahme von Nachrichten.

3.1 Wahrnehmung und Informationsverarbeitung

Die *Rezeption* der Fernsehnachrichten beginnt mit der neuronalen Transformation von akustischen und visuellen Stimuli in neurophysiologische Ereignisse[1] (vgl. FLETCHER 1985, 98). Diese werden nach bestimmten (Raum-Zeit-) Mustern weiterverarbeitet[2] und sind "das notwendige Substrat bewußter Wahrnehmungen" (ECCLES 1985, 53). Die *Selektivität* der Nachrichtenrezeption wird auf verschiedenen (Gedächtnis-) Ebenen produziert.

Das **sensorische Gedächtnis (SG)** hat die Aufgabe, Muster zu erkennen und benötigt ausreichende Zeit, um die eintreffenden Informationen zu bearbeiten.
Das SG hat eine unbegrenzte Kapazität. Visuelle sowie akustische Merkmale werden im SG modalitätsspezifisch repräsentiert. Nach der kurzen Speicherung (250 msec bis zu 2 sec) zerfallen die Informationen wieder automatisch. "Dieser Speicher ist in Situationen nützlich, in denen ein Bild nur sehr kurz dargeboten wird, z.B. beim Betrachten von Film und Fernsehen ..." (LINDSAY/NORMAN 1981, 239). Zu fragen ist, wann und wie die große Informationsmenge des SG reduziert wird.

Aufmerksamkeitsprozesse *selegieren* aus sensorisch gespeicherten Mustern solche Merkmale, die für die Orientierung an Unerwartetem relevant sind[3] (vgl. auch Kap. 3.2).

Das **Kurzzeitgedächtnis (KG)** verarbeitet die selegierten Merkmale weiter. Die im KG[4] gespeicherten Informationen bilden die Ereignisse nicht vollständig ab, sondern werden in 'Chunks', in Gruppen ähnlicher Merkmale ('Cluster') zusammengefaßt.[5] Die unmittelbare Gedächtnisspanne für simultan verarbeitbare Informationseinheiten beträgt etwa 7, plus oder minus 2 'Chunks'. Sie ist von der Größe dieser 'Chunks' unabhängig (vgl. KEBECK 1983, 169 ff.). Die "Zerfallszeit" der 'Chunks' beträgt 15-20 Sekunden (vgl. REED 1982, 64 ff.).[6]

Das Kurzzeitgedächtnis fungiert als sogenannter "Arbeitsspeicher" (vgl. BADDELEY 1979, 192, ff.)[7] der auf Zielvorgaben des Langzeitgedächtnisses anspricht.[8]

Das **Langzeitgedächtnis** (LG) besitzt schließlich unbegrenzte Speicherkapazität und organisiert - im Unterschied zu den anderen Speichern - die Informationen nach ihrer Bedeutung.[9] TULVING (1983) postuliert, daß sich das LG aus zwei Hauptkomponenten zusammensetzt:

- Das **episodische** Langzeitgedächtnis (ELG) speichert und verändert ständig Informationen über einzelne Ereignisse oder Episoden in einem jeweils spezifischen Kontext.
- Das **semantische** Langzeitgedächtnis (SLG) speichert, aber aktiviert auch strukturelle Informationen, d.h. Sprachkenntnisse, Themenwissen und Alltagswissen (vgl. WOODALL 1986, 145 f.).[10]

Erst die Interaktion von ELG und SLG ermöglicht aber das Verstehen der rezipierten Information. Vergessen von Informationen (im Langzeitgedächtnis) bedeutet, vorhandene Informationen wegen mangelnder "Tiefe der Verarbeitung" nicht wiederauffinden zu können (vgl. WESSELS 1984, 144).[11]

In einem Modell (vgl. Abb. 1) wird die Struktur der selektiven Informationsverarbeitung des Gedächtnissystems vorgestellt. Mit Hilfe von Kontroll- und Regelprozessen beeinflußt das Langzeitgedächtnis die 'vorgelagerten' Gedächtnisebenen und ihre 'zwischengeschalteten' Selektionsmechanismen.

Abb. 1: Modell der Informationsverarbeitung

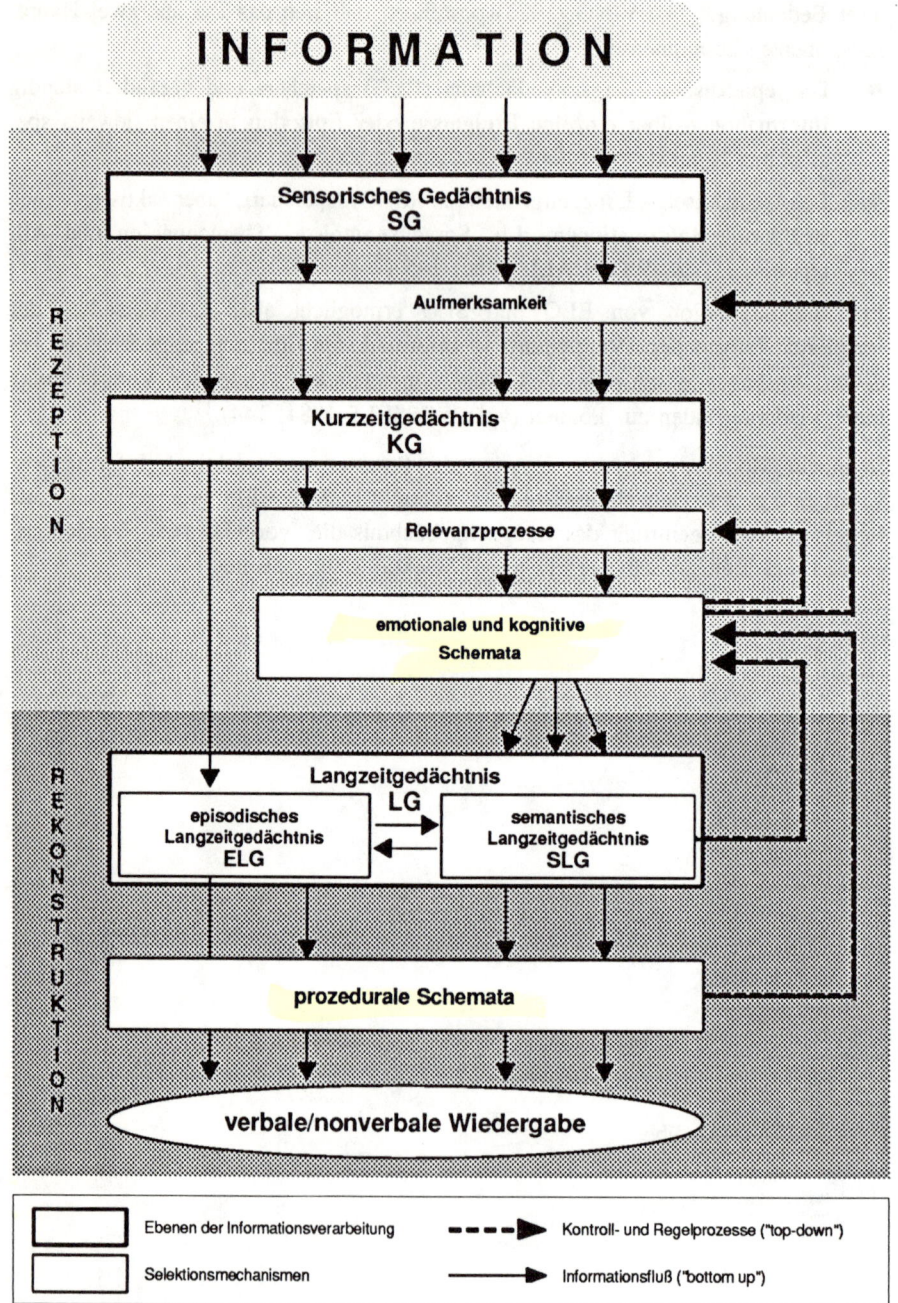

3.2 Aufmerksamkeit

Erstaunlicherweise setzen sich relativ wenige Arbeiten zur Nachrichtenrezeption mit dem Problem der Aufmerksamkeit auseinander (vgl. CHAFFEE/SCHLEUDER 1986). Nachfolgend werden deshalb relevante Ergebnisse der Aufmerksamkeitsforschung vorgestellt, die für das Studium von Rezeptionsprozessen notwendig sind.
Die **Funktion** der Aufmerksamkeit liegt in einer sehr frühen[12] Informationsselektion[13] zwischen sensorischem Gedächtnis (SG) und Kurzzeitgedächtnis (KG) (vgl. BRANDER et al. 1985, 23)[14]
Mit **Struktur**[15] bezeichnet man die Intensität von Aufmerksamkeit (vgl. BERLYNE 1951, 137). Sie ändert sich je nach "Komplexität" akustischer und visueller Informationen (vgl. KELLERMANN 1985, 87; THORSON et al. 1985, 429 ff.).[16]
Der **Prozeß** der Aufmerksamkeit vollzieht sich als selektive Informationsverarbeitung mit begrenzten Ressourcen.

'Ursache' oder 'Wirkung'

In der Aufmerksamkeitsforschung lassen sich zwei theoretische Ansätze unterscheiden: 'Ursachentheorie' und 'Wirkungstheorie' (vgl. JOHNSTON/DARK 1986):
Innerhalb der **'Ursachentheorie'** betrachtet man Aufmerksamkeit als einen *selbständigen* Mechanismus, der *maßgeblich* die Selektivität der Informationsverarbeitung verursacht (vgl. KAHNEMANN 1973; SHIFFRIN/SCHNEIDER 1977).[17] Sensorische Informationen werden *zunächst* unbewußt und *passiv* analysiert. Dafür stehen mehrere Ebenen großer Verarbeitungskapazität[18] des sogenannten Systems A zur Verfügung. Verarbeitet werden auch irrelevante Informationen. Aus den Wahrnehmungsprodukten von System A selegiert System B mit geringer Verarbeitungskapazität bewußt und *aktiv* relevante Informationen. Umstritten ist, ob (vgl. SHIFFRIN/SCHNEIDER 1977) und wann System B die Informationsverarbeitung in System A *kontrolliert* (vgl. BROADBENT 1982), und wie System B seinerseits kontrolliert wird: "If a psychological construct is to explain the intelligent and adaptive selective powers of the organism, then it cannot itself be imbued with those powers" (JOHNSTON/DARK 1986, 68). Eine zusätzliche Annahme über Steuerungssysteme im Aufmerksamkeitsprozeß lautet daher (vgl. ECCLES 1985, 50 ff.; NEUMANN 1985, 208 ff.): Aufmerksamkeit wird durch interne Bedürfnisse (Motivation) mit Hilfe von Schemata aktiviert. "Attentional focus resulting from internal cues depends on both perceivers goals and on knowledge stored in LTM (long term memory)" (KELLERMANN 1985, 88).

Die '**Wirkungstheorie**' begreift selektive Aufmerksamkeit lediglich als ein *Nebenprodukt* von Wahrnehmungszyklen (vgl. NEISSER 1979, 33 ff.), als Effekt eines "schematic priming" (JOHNSTON/DARK 1986, 47). Selektive Aufmerksamkeit kommt nur dann zustande, wenn die zu speichernden und zu bewertenden Informationen für etablierte und aktivierte Schemata relevant sind (vgl. BOWER 1981; NEISSER/BECKLEN 1975; JOHNSTON 1978).[19] Aufmerksamkeit wird von Erfahrungen (vgl. WESSELS 1984, 100 f.), Interesse und Wissen gesteuert.

Einen selbständigen Mechanismus der Aufmerksamkeit hat man bisher *nicht* finden können (vgl. NEISSER 1979, 69),[20] gleichwohl empirische Befunde sowohl die 'Ursachen-' *als auch* die 'Wirkungstheorie' stützen. Letztere bietet jedoch mehr Aufschlußmöglichkeiten für "Relevanztheorien" (vgl. SPERBER/WILSON 1986), "Schema-Theorien" (vgl. SYPHER/APPLEGATE 1984) und konstruktivistische Konzepte (vgl. SCHMIDT 1986).

Aufmerksamkeit bei der Nachrichtenrezeption

Zu fragen ist, ob und wie Aufmerksamkeit 'extern' durch die Nachrichteninhalte und/oder 'intern' aufgrund von Hintergrundwissen der Rezipienten erregt bzw. erzeugt wird. So unterscheidet man die daten- und die konzeptgesteuerte Verarbeitung (vgl. WOODALL/DAVIS/SAHIN 1983, 3).[21]

Die "datengesteuerte" Verarbeitung (**"bottom-up processing"**) selegiert akustische und visuelle Reizmerkmale und produziert dabei größere Informationseinheiten.[22] Sofern diese Einheiten einen höheren subjektiven Überraschungswert aufweisen, werden erneut Prozesse der selektiven Informationsverarbeitung initiiert.

Die "konzeptgesteuerte" Verarbeitung (**"Top-down processing"**) wird von Erwartungen gelenkt, die ihrerseits auf konzeptuellem Wissen[23] beruhen. Komplexere Einheiten dieses Wissens (Schemata) organisieren nicht nur selektives Erinnern,[24] sondern auch das Verstehen der Nachrichten.

Für die Nachrichtenrezeption wird postuliert, daß daten- und konzeptgesteuerte Verarbeitung miteinander interagieren: "Processing of televised news should involve both bottom-up and top-down processing, where both televised visual and verbal information provide features that catch viewers attention, and at the same time, viewers frames of reference guide attention related efforts" (WOO-DALL/ DAVIS/ SAHIN 1983, 3).

Die Aufmerksamkeit des Rezipienten von Nachrichten wird erregt durch:
- **strukturelle** Faktoren der Nachrichten(-präsentation), d.h. durch die Neuigkeit, die Dynamik und die Kontrastwirkung der in Fernsehnachrichten präsentierten Bilder, Filme, Graphiken (WARSHAW 1978, 366 f.; EDWARDSON et al. 1985, 369);

- **funktionale** Faktoren, d.h. durch die Relevanz der Ereignisse für den Rezipienten (vgl. MERTEN 1973, 219; COHEN et al. 1977, 31 ff.). Die Relevanzeinschätzung variiert mit der intellektuellen Entwicklung (COLLINS 1983, 195 ff.; KAIL/PELLEGRINO 1988, 163 ff.), den Lernerfahrungen (HUSSON 1982, 327 ff.) und den Motivationen des Nachrichtenrezipienten (vgl. GARRAMONE 1984, 39 ff.). Hat der Rezipient bereits eine Vorstellung von den behandelten Themen, kann er die Nachrichten leichter verarbeiten[25] (vgl. FISKE/KINDER 1981, 176 ff.; BENNETT 1981, 91 ff.). Die Aufmerksamkeit des Rezipienten hängt auch davon ab, inwieweit er typische (Präsentations-) Formen der Nachrichten kennt und erwartet (vgl. FINDAHL/ HÖIJER 1984a, 33 ff.; van DIJK 1986, 124 ff.).

3.3 Zusammenfassung und Ausblick

Nachrichtenrezipienten verarbeiten selektiv die Informationen auf verschiedenen Gedächtnisebenen. Aufmerksamkeit wird nicht nur aufgrund von Nachrichten durch das "bottom-up-processing" *erregt*, sondern auch über das "top down processing" aufgrund konzeptionellen Wissens *erzeugt und kontrolliert.*
Die Selektivität der Rezeption (Erinnern) von Nachrichten äußert sich u.a. dadurch, daß

- *sensationellere* Inhalte mit hoher Relevanz (Aufmacher, Meldung des Tages,
- *visuell komplexere* Darstellungen (Filmberichte (Schnitte, Zooms usw.))
- sowie *längere* bzw. *größere* Meldungen

aufmerksamer rezipiert und häufiger erinnert werden können. Empirisch *kann* man diese vermuteten Zusammenhänge mit aussagekräftigen Laborexperimenten nachweisen (vgl. BERRY 1988). Wirklichkeitsnähere Erkenntnisse über die Rezeptionsleistung ergeben sich durch den inhaltsanalytischen Vergleich erinnerter und *nicht* erinnerter Nachrichten (vgl. Kap. 8). Außerdem können Zusammenhänge zwischen Nachrichteninhalten sowie psychischen und sozialen Faktoren der Rezipienten analysiert werden (vgl. Kap. 10).

4. Relevanz

Relevanz ist als ein Faktor der Aufmerksamkeit bzw. als qualitative Bewertung von Erwartungen beschrieben worden[1] (vgl. MERTEN 1973, 219), Relevanzprozesse sind bisher jedoch kaum untersucht worden.[2] Von Alfred SCHÜTZ stammt die Behauptung, daß Erfahrungsprozesse und Wissenserwerb relevanzbedingt seien. Relevanzsysteme sind aber "auch selber Bestandteil des Wissensvorrates" (SCHÜTZ/LUCKMANN 1979, 224).[3]
Für die Nachrichtenrezeption heißt das: Bestimmte Textstrukturen (vgl. van DIJK 1979, 113 ff.) und Nachrichtenwerte (vgl. SANDE 1971, 222) sind eine Bedingung für selektive Aufmerksamkeit, mit der ein Rezipient die Meldungen verfolgt. "There is a single property - relevance - which makes information worth processing for a human being" (SPERBER/WILSON 1986, 46). Relevante Inhalte effektivieren die Informationsverarbeitung, die das Verhältnis zwischen Informationsmenge und Verarbeitungstiefe optimiert.
Relevanz als Bestandteil des Wissensvorrates[4] läßt sich als Interesse (vgl. MARKOWITZ 1986, 40 f.) an möglichen Wirkungen und Folgen der Nachricht verstehen.[5]
In den nachfolgenden Abschnitten soll zunächst für die Nachrichtenrezeption das Problem der Relevanz (SCHÜTZ 1971)[6] reformuliert werden (vgl. Kap. 4.1). Sodann wird zwischen persönlicher und allgemeiner Relevanz unterschieden (vgl. Kap. 4.2) sowie Vertrauen und Vertrautheit als Rezeptionskriterien diskutiert, die Relevanz generieren und stabilisieren können (vgl. Kap. 4.3). Außerdem wird Relevanz auch als Interaktionsprozeß emotionaler und kognitiver Wissensstrukturen analysiert (vgl. Kap. 4.4).

4.1 Fünf Relevanzprozesse der Nachrichtenrezeption

Die soziologische Analyse der Lebenswelt hat sich - ausgehend von der Phänomenologie Edmund Husserls - ausführlich mit dem Problem der Relevanz befaßt.[7] Relevanz bestimmt die Strukturierung von Alltagswissen (vgl. SCHÜTZ 1977, 64 ff.), das die Menschen aus dem Umgang mit der Lebenswelt gewinnen.[8] Die Vorstellung von Relevanz als "erzwungene Aufmerksamkeit" (SCHÜTZ/LUCKMANN 1979, 229) ist mit dem Aktualitätskonzept der Nachrichtenforschung kompatibel: Überraschende und bedeutsame Ereignisse erregen Aufmerksamkeit und werden zur Nachricht (vgl. MERTEN 1973). Es bleiben aber folgende Fragen[9] offen:

- Welche Nachrichten 'erzwingen' Aufmerksamkeit?
- Wie **entsteht** Aufmerksamkeit?
- Wie wird die Nachrichtenrelevanz bei der Rezeption **festgelegt**?
- Wie wird die rezipierte Nachricht **interpretiert**?
- Wodurch werden die dabei ausgebildeten Erwartungen **motiviert**?

1. **Erzwungene Aufmerksamkeit durch unvertraute Nachrichten**

   Bekannte Nachrichtenthemen fallen dem Rezipienten nicht auf, sie ziehen im Rahmen des Vertrauten keine besondere Aufmerksamkeit auf sich.[10] Je weniger vertraut aber dem Rezipienten ein Nachrichtenereignis erscheint, desto eher sieht er sich gezwungen, die Nachricht mit erhöhter Aufmerksamkeit zu verfolgen. Diese "auferlegten Relevanzen" (SCHÜTZ/ LUCKMANN 1979, 232) entstehen beispielsweise durch größere Konflikte, Attentate oder Krisen. Die Rezipienten müssen mit passendem Alltagswissen[11] "im Angesicht der Krise Wirklichkeitsgarantien improvisieren können" (BERGER/ LUCKMANN 1970, 166 f.). Sie sehen sich veranlaßt, weitere Informationen zu suchen, was aber nur möglich ist, wenn unvertrauten Nachrichteninhalten 'freiwillig' Aufmerksamkeit zugewendet wird.

2. **'Freiwillige' Aufmerksamkeit aus Interesse**

   Von 'freiwilliger' Aufmerksamkeit des Rezipienten kann gesprochen werden, wenn
   - ihn auch Folgen und Konsequenzen der Nachricht interessieren,
   - er Ähnlichkeiten mit anderen Nachrichteninhalten feststellt,
   - ihn Ursachen und Hintergründe der Nachrichten interessieren.[12]

   In seiner Phantasie verläßt der Rezipient auch das Thema, denkt an etwas anderes, das anstelle der (gesendeten) Nachricht für ihn Relevanz gewinnen kann (vgl. GORTNER 1985).[13]

3. **Hypothetische Relevanz**

   Häufig merkt der Nachrichtenrezipient, daß eine relevant erscheinende Meldung *gar nicht* relevant ist,[14] und für ihn im Moment z.B. Lesen, Essen, Unterhaltung mit Freunden wichtiger sind. Die "hypothetische" Relevanz der Nachrichten wird dann nicht in eine "gültige" Relevanz überführt (SCHÜTZ/ LUCKMANN 1979, 240).[15] Bei der hypothetischen Relevanz handelt es sich um schwer zu fassende zeitliche Strukturen der alltäglichen Erfahrungen des Nachrichtenrezipienten. Er versetzt sich "im aktuellen Erfassen des Themas sozusagen in die Zukunft ... in eine Zukunft also, in der die aktuelle hypothetische Relevanz vergangen sein wird" (SCHÜTZ/LUCKMANN 1979, 241).[16]

4. **Interpretationsrelevanz**

Der Rezipient kann unvertraute Themen und Ereignisse zunächst nicht 'einordnen': Die Struktur der Interpretationsrelevanz ist durch das Prinzip der Verträglichkeit bestimmt: Bedeutung und Sinn der rezipierten Nachricht müssen der tatsächlich gesendeten Nachricht entsprechen oder ähneln (vgl. MOLOTCH/LESTER 1974, 102; LUCKMANN 1986,198).

5. **Motivationsrelevanz**

Für die Nachrichtenrezeption sind jeweils spezifische Motive und Interessen typisch.[17] Die Motivationsrelevanzen (SCHÜTZ/LUCKMANN 1979, 253) setzen den Rezeptionsprozeß des Zuschauers in einen Sinnbezug zu seinen bestehenden (Hierarchien von) "Plänen" (vgl. MOLOTCH/LESTER 1974, 101). Motiviert werden nur solche Erwartungen, deren Erfüllung zu gewünschten und möglichen Interpretationen führen.[18]

4.2 Persönliche und allgemeine Relevanz von Nachrichten

Persönliche Relevanz entsteht durch die Bewertung der Nachricht nach eigenen Erwartungen. Dabei werden auch Erfahrungen und Einstellungen, also Elemente des kognitiven und emotionalen Wissens reaktiviert (vgl. GRABER 1984, 171 f.).[19]

Allgemeine Relevanz kommt zustande, wenn Rezipienten die Nachricht nach eigenen *und* anonymen Erwartungen bewerten.[20] Nachrichteninhalte werden nicht nur mit Wissensstrukturen des episodischen, sondern auch mit denen des semantischen Gedächtnisses bearbeitet.[21] Der Rezipient weiß (oder glaubt zu wissen), was eine Meldung für andere Menschen oder die Mehrheit der Bevölkerung bedeutet (vgl. van DIJK 1986b, 139).

Persönliche und allgemeine Relevanz unterscheiden sich in zweifacher Hinsicht:

- **Selektivität der Informationsverarbeitung**

  Was *allgemein* relevant ist, erfordert nicht die volle Aufmerksamkeit. Erst wenn Nachrichten auch *persönliche* Einstellungen und Erwartungen verändern, d.h. nachhaltig individuelle Relevanzstrukturen aktivieren, wird die Meldung umfassend verarbeitet und selektiv interpretiert: "When we talk of the relevance to an individual, we will mean the relevance achieve when it is optimally processed" (SPERBER/WILSON 1986, 144). Das heißt aber auch: Persönlich relevante Nachrichten können vom Rezipienten leichter erinnert werden. "An event which has great consequentiality for an individual is more likely to "on the mind" of the person (convert rehearsal) and to be worked into conversation (overt rehearsal)" (BROWN/KULIK 1982, 32).

- **Art des verwendeten Wissens**

Persönliche Relevanz der Nachrichten kommt zustande, wenn der Rezipient die Meldung mit individuellem Alltagswissen interpretiert (vgl. GARFINKEL 1973, 189 f.). Der Rezipient muß *sein* unhinterfragtes Alltagswissen dem geltenden Wissen *anderer* gegenüberstellen, um zu entscheiden, ob die Meldung auch für die Allgemeinheit relevant ist (vgl. WALTON 1982, 1 ff.).

Die Beurteilung *allgemeiner* Relevanz setzt reflexives, allgemeines Wissen (vom Nachrichtenwissen anderer) voraus. Man kann davon ausgehen, daß Rezipienten mit größerem **Interesse** an politischer Berichterstattung (im Fernsehen) über größere Bestände reflexiven Wissens verfügen und damit die *allgemeine* Relevanz der Nachrichten leichter erfassen und besser rekonstruieren können.

4.3 Vertrautheit und Vertrauen

Vertrautheit

Sinn und Welt werden vom "well-informed citizen" (SCHÜTZ 1964, 120) als selbstverständlich vorausgesetzt. "Mit der anonym und latent bleibenden Konstitution von Sinn und Welt wird das volle Potential der an sich gegebenen Erlebnismöglichkeiten, die extreme Komplexität der Welt, dem Bewußtsein entzogen. Die vertraute Welt ist dann relativ einfach und wird in dieser Einfachheit durch ziemlich enge Grenzen gesichert. Die Komplexität ihrer Möglichkeiten erscheint gleichwohl, und zwar als Schnitt zwischen dem Vertrauten und dem Unvertrauten, dem Fremden, dem Unheimlichen ..." (LUHMANN 1973, 19).

Vertrautheit mit den Themen und Ereignissen ermöglicht ein sicheres Erwarten von Folgen und Wirkungen. Vertraute Nachrichten beziehen sich meistens auf die Vergangenheit. Weil man schon "davon gehört" hat (vgl. SCHÜTZ 1971, 163 ff.; SCHÜTZ/LUCKMANN 1979, 174 ff., 178 f.), unterstellt man, daß das Vertraute bleibt, das Bewährte sich wiederholt und zukünftig fortgesetzt wird.

Das Publikum von Nachrichten muß "Aktualisierungsrelevanzen" (SCHÜTZ 1971, 160 ff.) mobilisieren, sich Themen oder wichtige Nachrichten der Vorwochen laufend vergegenwärtigen. Diese 'historische' Perspektive ist ein wichtiges Mittel, um Nachrichten und unerwartete Ereignissen zu verarbeiten (vgl. KLAPP 1978). Vertrautheit mit dem Thema erleichtert das "knowledge updating for news" (LARSEN 1983, 21).

Übergänge: Vertrautheit - Vertrauen

Im Gegensatz zu Vertrautheit ist Vertrauen auf Gegenwart und Zukunft gerichtet und riskiert eine Definition zukünftiger Wirklichkeit, so als ob es in der Zukunft nur bestimmte Möglichkeiten gäbe (vgl. LUHMANN 1973, 20).
Die dem Zuschauer vermittelte Wirklichkeit kann zeitweilig unvertraut wirken. Wenn der Zuschauer jedoch den Nachrichten (zu stark) traut, kann er möglicherweise Real- und Nachrichtenwelt nicht mehr unterscheiden und bemerkt nicht, wenn Nachrichteninhalte widersprüchlich sind.

Vertrauen

Vertrauen muß in der subjektiv empfundenen[22] und begrenzten Gegenwart gewonnen und erhalten werden. "Gegenwart als dauerndes Kontinuum im Wechsel der Ereignisse, als Gesamtheit der Bestände, an denen Ereignisse sich ereignen können, ist Grundlage allen Vertrauens. Das Problem des Vertrauens besteht nämlich darin, daß die Zukunft sehr viel mehr Möglichkeiten enthält, als in der Gegenwart aktualisiert und damit in die Vergangenheit überführt werden können. Die Ungewißheit darüber, was geschehen wird, ist nur ein Folgeproblem der sehr viel elementareren Tatsache, daß nicht alle Zukunft Gegenwart und damit Vergangenheit werden kann. Die Zukunft überfordert das Vergegenwärtigkeitspotential der Menschen. Und doch muß der Mensch in der Gegenwart mit einer solchen, stets überkomplexen Zukunft leben" (LUHMANN 1973, 12).
Vertrauensbildung bei der Nachrichtenrezeption ist die Auseinandersetzung mit den Folgen, Wirkungen und der Zukunft des jeweils gegenwärtigen Ereignisses oder Themas[23] und kann das Hintergrundwissen des Nachrichtenrezipienten stärken. In Form von "stock scenarious about what usually happens in familiar events" (GRABER 1984, 155) organisiert und stabilisiert Vertrauen die schnellere und komplexere Verarbeitung mehrdeutiger Informationen (vgl. KLAPP 1978, 72 f.) oder Katastrophenmeldungen (vgl. PETERS et al. 1987, 20 ff.).

4.4 Emotionale und kognitive Komponenten

Relevanz wird als eine mehr oder weniger bewußte Entscheidung angesehen, ob uns eine Sache "wirklich etwas angeht" (SCHÜTZ/LUCKMANN 1979, 224): Diese Entscheidung vollzieht sich aber *nicht nur* aufgrund von *kognitivem* Wissen (Kenntnisse von Personen, Orten, Ursache- oder Wirkungszusammenhängen), *sondern auch* aufgrund von **Emotionen** (Betroffenheit, Ärger, Freude usw.) (vgl. KEBECK 1982; DENZIN 1984, 140 ff.). Emotionen äußern sich u.a.

- in einer physiologischen Komponente der Aktivierung (vgl. KROEBER-RIEL 1984),
- in direkt beobachtbarer Gestik, Mimik und gesprochene Sprache (vgl. MEHRABIAN 1972),
- in bestimmten Absichten und Handlungsbereitschaften (vgl. IZARD 1977; KUHL 1983) und
- in subjektiven Gefühlszuständen und Stimmungen (PLUTCHIK 1984, 205 f.) ohne direkte Aktionsbereitschaft.[24]

Rezeption von Nachrichten

Relevanz im Rezeptionsprozeß kann als emotionale *und* kognitive Interpretation verstanden werden:
- als Evaluation des jeweils benutzten Alltagswissens;[25]
- als Differenz zwischen subjektiver Ereigniswahrscheinlichkeit und objektivem Eintreten des berichteten Ereignisses;[26]
- als Fähigkeit, kognitive und emotionale Folgen der rezipierten Meldung zu bewältigen[27] und als Interesse,[28] die Nachricht unter verschiedenen inhaltlichen Aspekten zu interpretieren;
- als Zurechnung: Emotionen werden von Handlungsträgern mit bestimmten Motiven[29] verursacht;
- als Vergleich von aktuellen Interpretationen mit gültigen Normen und Werten.[30]

Die Interaktion zwischen emotionaler und kognitiver Relevanz vollzieht sich[31] in einem zyklischen Verarbeitungsprozeß. Daran beteiligt sind das sensorische Kurzzeit- sowie das episodische und semantische Langzeitgedächtnis (vgl. BOGART 1980, 243 ff.; PETTY/CACIOPPO 1986, 144 ff.).[32] Der Rezipient 'entscheidet' kognitiv, ob und inwieweit ihn eine Nachricht interessiert und evaluiert sie gleichzeitig mit "emotionalen Schemata" (LEVENTHAL 1984, 134 ff.).

Erinnerung von Nachrichten

Der Rezipient erinnert relevante Meldungen und bewertet sie dabei erneut nach eigenen Relevanzkriterien (vgl. BROWN/KULIK 1982).[33] Affektive und kognitive Relevanzen des Fernsehzuschauers bestimmen,
- wie umfassend die Nachricht im Langzeitgedächtnis gespeichert wird (vgl. BOWER/COHEN 1982, 291; EAGLE 1983, 117),
- wie (leicht) die Inhalte der Nachricht bei der Wiedergabe abgerufen werden können und inwieweit die Relevanzen dabei in Form von verbalen und nonverbalen Bewertungen ausgedrückt werden können,[34]
- wie korrekt Inhalte der Nachrichten erinnert werden (GRABER 1984, 24).

4.5 Zusammenfassung und Ausblick

Relevanz ist nicht nur ein Oberbegriff für inhaltliche Dimensionen einer Nachricht, sondern zugleich Selektionskriterium des Nachrichtenrezipienten.
Der Relevanz*prozeß* verbindet kognitive und emotionale Bewertungen von Nachrichten miteinander. Zur Relevanz einer Nachricht für den Rezipienten kann gefragt werden, ob der Rezipient

- relevantere Nachrichten häufiger erinnert,
- wichtige Themen auch für sich persönlich als relevant erachtet,
- mit relevanten Nachrichten eher vertraut ist und
- relevante Meldungen je nach Interesse an politischen Fernsehsendungen unterschiedlich gut erinnert.

Der Stellenwert kognitiver und emotionaler Komponenten der Relevanz bei Rezeption und Erinnerung von Fernsehnachrichten wird später mit Hilfe einer Clusteranalyse bestimmt (vgl. Kap. 10).

5. Schemata: Verstehen und Erinnern von Nachrichten

Ziel dieses Kapitels ist es zu beschreiben, wie Rezipienten die Nachrichten verstehen und erinnern.[1] Die entscheidende Frage lautet: Wie ist die Informationsverarbeitung des Rezipienten **organisiert** und welches (Alltags-)Wissen kann der Nachrichtenrezipient überhaupt benutzen.[2]
Nachfolgend werden die historische Entwicklung der "Schema-Theorie" referiert sowie Funktionen bzw. Strukturen von Schemata erläutert. Beschrieben werden auch Hintergrundwissen, Bildung und soziale Schicht von Rezipienten, die bestimmte Nachrichten erinnern können. Schließlich soll die "Schema-Theorie" evaluiert werden.

5.1 Zur Entstehung der "Schema-Theorie"

Bereits vor 200 Jahren versucht **KANT (1787)** menschliche Erfahrungen und Gedächtnisleistungen als "Schemata" zu beschreiben.[3]
Anfang der 20er Jahre dieses Jahrhunderts behauptet der Neurologe **HEAD (1920)**, daß jede Informationsaufnahme in enger Beziehung mit Vorerfahrungen stünde. Ein Schema ist dabei "an internal postural mode - unified, and constantly modified by every incoming sensation evoked by postural changes - which furnishes a basis for the perception and recognition of postural changes" (PAUL 1959, 4). **SELZ (1922)** bezeichnet Schemata als gegliederte Repräsentation des Wissens über ein Ereignis und beschreibt Formen[4] der Schema-Aktivierung für stereotype Handlungsabfolgen. **BARTLETT (1932)** untersucht die Rolle der Schemata bei der Erinnerung von zuvor gehörten Geschichten und nimmt an, daß der Rezipient zunächst den Kern der Geschichte erinnert, dann aber verfügbare Schemata verwendet, um den Rest zu 'konstruieren'.[5] Kognitive Schemata **steuern** eine adäquate Wiedergabe, fungieren aber auch als Pläne für eine fiktive Elaboration der erinnerten Geschichte. Mit Hilfe seines Wissens 'konstruiert' der Rezipient den Kontext, der ihm das Verständnis der Geschichte erst ermöglicht.

In einer Arbeit zur 'künstlichen Intelligenz' gut 40 Jahre später versucht **MINSKY (1975)**, die Wissensorganisation aufzuklären. Wenn eine Person mit neuen Informationen konfrontiert wird, selegiert das Gedächtnis einen "frame", der früher rezipiertes Wissen repräsentiert. Der Wahrnehmende weiß, wie er ähnliche Informationen bewertet hat oder er hat Erfahrungen, die solchen Erwartungen total widersprechen. "Collections of related frames are linked into frame systems. The effects of important actions are mirrored by transformations between the frames of a system. These are used to **make** certain kinds of calculations **economical,** to

43

represent changes of emphasis and attention, and to account for the **effectivness**, of "imagery" ... The frame idea itself is not particularly original - it is in the tradition of the "schema" of Bartlett ..." (MINSKY 1975, 212 f.).

Skripte beschreiben Sequenzen von Ereignissen in einem bestimmten Kontext: "Thus, a script is a predetermined, stereotyped sequence of actions that defines a well-known situation. Scripts allow for new references to objects within them just as if these objects had been previously mentioned; objects within a script may take 'the' without explicit introduction because the script itself has already implicitly introduced them" (SCHANK/ABELSON 1977, 41).

Pläne sind programmatische Verknüpfungen der Skripte.[6] Sie füllen Informationslücken zwischen einzelnen Skripten mit Wissen über Ereignis und Ereignisfolgen. "Thus plans are where scripts come from. They complete for the same role in the understanding process, namely as explanations of sequences of actions that are intended to archieve a goal. The difference is that script are specific and plans are general. Both are necessary in any functioning system" (SCHANK/ABELSON 1977, 72).

Ziele werden als bestimmte Erwartungen aufgefaßt, die durch detailliertes Wissen über verschiedene Ziele entstehen. Ohne solche Erwartungen ist der Rezipient nicht in der Lage, Texte zu verstehen bzw. wiederzuerkennen. "For handling knowledge about goals, we postulate a Goal Monitor, an interrelated bundle of processes which recognize when goals are triggered, interprets their nature, keeps tracks of their fate, and make predictions about goal - related events" (SCHANK/ABELSON 1977, 102).

GOFFMAN (1977) nennt die Organisation von kommunizierten Alltagserfahrungen ebenfalls 'Rahmen'. Alltagshandlungen - wie beispielsweise Nachrichtenrezeption - sind in Rahmen gefaßt, die durch bestimmte Konventionen gebildet werden. Die Zuschauer wissen, daß Nachrichtenereignisse als reale Tatsachen, nicht etwa als inszenierte Realität zu verstehen sind (vgl. GOFFMAN 1977, 224 ff.). Das Rahmenkonzept erklärt nicht nur Mehrdeutigkeit und Ungewißheit, sondern auch irrtümliche Rahmungen von Situationen: "Beim Fernsehen gibt es Kameraverpatzer, Handlungen, die auf der falschen Annahme beruhen, man befinde sich nicht im Blickfeld der Kamera oder die Kamera sei abgeschaltet" (GOFFMAN 1977, 350). Rahmen sind gesellschaftlich organisierte normative Erwartungen: "Politische Organisationen veranstalten eine Zusammenkunft mit dem einzigen Zweck, vom Fernsehen aufgenommen zu werden (d.h. in einem bestimmten Rahmen ausgestellt zu werden)" (NEISSER 1979, 53 f.).

Eine andere Wurzel der "Schema-Theorie" liegt in den Forschungen zur Textverarbeitung.[7] Der Rezipient von Nachrichtentexten (re-) konstruiert (Nachrichten-) Sche-ma-ta. Er benutzt dabei Alltagswissens über

- die bekannte Struktur einer Nachrichtensendung (formale Schemata) sowie
- über Ursachen, und Folgen von politischen Ereignissen (semantische Schemata)
- unter dem Einfluß bestimmter Bedürfnisse in einer spezifischen Rezeptionssituation (emotionale Schemata) (vgl. LUTZ 1985, 288 ff.).

Der Rezipient versteht Nachrichten, indem er eine kognitiv-emotionale Wissensstruktur aus hierarchisch organisierten Textelementen aufbaut. "The units which eventually form a schema either condense or ignore many aspects of logical and experiential knowledge of the world. Only those perceptions, feelings, actions and events which have to do with the ongoing plot or story line are represented in the schema" (MANDLER/JOHNSON 1977, 112). Bei der Wiedergabe von Nachrichten (van DIJK 1986, 122 f.) verbalisiert er jeweils nur die 'wichtigsten' Textelemente, indem er u.a.

- neu (fingierte) Inhalte **hinzufügt**,
- vorhandene Verallgemeinerungen der in den Nachrichten behandelten Themen **partikularisiert**,
- Merkmale von Ereignissen und Personen, Bedingungen ihres Handelns und/oder die Folgen, Resultate oder Implikationen ihrer Entscheidungen **spezifiziert**.

Die Analyse dieser Prozesse steckt allerdings noch in den Anfängen (vgl. auch Kap. 6).

5.2 Funktionen

Ein Schema kann folgendermaßen definiert werden:

"A schema is an abstract, general structure that establishes relations between specific events or entities" (HASTIE 1981, 41) *(Definition 1)*.

"Schemas are cognitive structures of organized prior knowledge, abstracted from experience with specific instances" (FISKE/LINVILLE 1980, 543) *(Definition 2)*.

"A schema is a cognitive structure that consists in part of the representation of some defined stimulus domain. The schema contains general knowledge about that domain, including a specification of the relationship among its attributes, as well as specific examples of instances of the stimulus domain" (TAYLOR/CROCKER 1981, 91) *(Definition 3)*.

"They represent a form of automatic, emotional (or affective) recognition" (LEVENTHAL 1980, 172) *(Definition 4)*.

Aus diesen Definitionen lassen sich zunächst drei Eigenschaften von Schemata ableiten:

- Schemata haben **kognitive** und **emotionale** Merkmale.
- Schemata repräsentieren sowohl **Alltags**wissen als auch **spezifisches** Wissen.
- Schemata **organisieren** die Informationsverarbeitung.

Für die Verarbeitung von Nachrichten durch den Rezipienten lassen sich - ausgehend von diesen Eigenschaften der Schemata - folgende Hauptfunktionen benennen:

1. **Selektionsfunktion**
   Schemata bestimmen, welche Informationen aus den Nachrichten verstanden und gespeichert werden (vgl. SPIRO 1980a, 318 ff.; LODGE/WAHLKE 1982, 136).

2. **Relevanz- und Evaluationsfunktion**
   Schemata dienen der Bewertung neuer Informationen (vgl. FISKE/KINDER 1981, 181; FEATHER 1982, 5).

3. **Verstehensfunktion**
   Schemata ermöglichen das Verstehen unvollständiger Nachrichten, indem der Rezipient diese 'sinnvoll' ergänzt und subjektiv in sein Weltbild integriert (vgl. BENNETT/EDELMANN 1985, 159 ff.; LARSEN 1985, 30 ff.).

4. **Problemlösungsfunktion**
   Mit Hilfe von Schemata löst der Rezipient Interpretationsprobleme.[8] Schemata enthalten Kontextinformationen *und* verweisen darauf, wie schwierige Nachrichteninhalte bewältigt werden können (vgl. BENNETT 1981, 172, ff.; FINDAHL/HÖIJER 1985, 387).

5.3 Struktur

Die Schemastruktur entwickelt sich aus Elementen des (Alltags-) Wissens[9] und realisiert die Informationsverarbeitung folgendermaßen:

1. **Konzept-Abstraktion**
   Ein Schema repräsentiert abstrakte Beziehungen (Konzepte) zwischen Ereignissen, ihren Ursachen oder Folgen etwa in Form von Argumentationsfiguren,[10] mit denen die Rezipienten ihre jeweilige Interpretation der Nachrichten variieren.

2. **Hierarchische Strukturierung**
   Schemata sind hierarchisch nach ihrem Allgemeinheitsgrad aufgebaut. Innerhalb eines Schemas sind Alltags-, Experten- und Faktenwissen - so ein Modell (vgl. THORNDYKE 1979) - in einer pyramidalen Struktur organisiert. Je leichter und schneller diese Wissensstruktur 'durchlaufen' wird,

desto besser kann der Rezipient die Nachricht verstehen (vgl. GUNTER 1988, 121).

3. **"Instantiation"**
Man geht davon aus, daß die rezipierten Informationen sich nicht vollständig mit der vorhandenen Schemastruktur decken (vgl. THORNDYKE 1979). Schemata enthalten Leerstellen (sogenannte "slots") (vgl. WINGFIELD 1981, 132; MAYER 1983, 206), die - vergleichbar den Rollen in einem Theaterstück - durch verschiedene konkrete Akteure ausgefüllt werden können (vgl. SCHWARZ 1985, 273). Die "slots" wiederum werden durch bestimmte Informationen ausgefüllt (= "Instantiation"), wobei überraschende Meldungen die "slots" derjenigen Schemata verändern, mit denen der Rezipient bisher Nachrichten 'erfolgreich' verstanden hat (vgl. Abb. 2). Die Leistung der "Instantiation" besteht darin, neuartige Informationen in bereits vorhandenes Wissens so einzubauen, daß Unvertrautes vertrauter wird.[11]

Abb. 2: Modell der erfolgreichen "Instantiation" des Schemas "P - O - F" für die Interpretation der Nachricht "U - P - O - F"

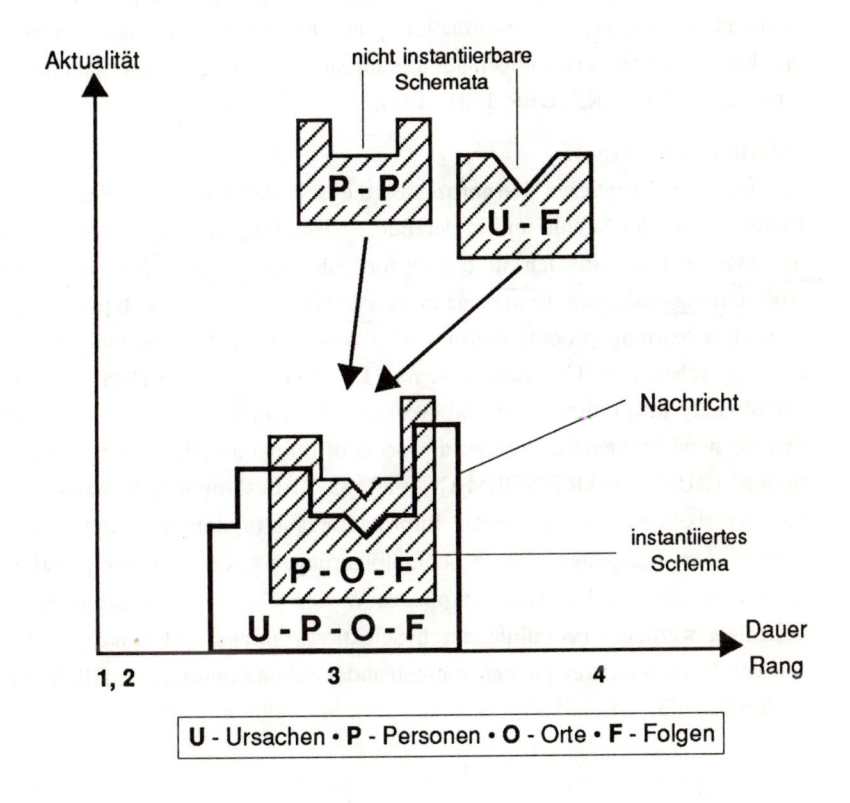

Es zeigt sich, daß die zur "Instantiation" herangezogenen Schemata individuell sehr verschieden sein können.[12] Die "Instantiation" verbindet die

- präsentierten Nachrichtenschemata (vgl. BENNETT 1983, 110 ff.) und
- die alltagsweltlichen Interpretationen der Nachrichtenrezipienten (vgl. DAHLGREN 1983, 317).

Diese subjektive Alltagswelt muß sich nicht mit den Inhalten der Nachricht decken. Die "Instantiation" relevanter, passender Schemata bleibt aus, und/ oder der Rezipient fingiert die Nachricht (vgl. auch Kap. 6).[13]

4. **Voraussage**

   Mit Hilfe von Schemata verarbeitet der Rezipient mehrdeutige bzw. unvollständige Nachrichten. Das jeweils aktive und steuernde Schema erzeugt durch seine "slot"-Struktur Erwartungen über ergänzbare Inhalte. Der Rezipient kann aus den Nachrichten verschiedene Schlußfolgerungen ziehen (vgl. HASTIE 1983). Der Zuschauer muß sich an der Inkongruenz zwischen Wissen, Erwartungen und Nachrichten abarbeiten: "Schemata constitute serviceable although imperfect devices for coping with complexity. They direct attention to relevant information, guide its interpretation and evaluation, provide inferences when information is missing or ambiguos, and facilitate its retention" (FISKE/KINDER 1981, 173).

5. **Induktion und Ursprung**

   Schemata repräsentieren Lernprozesse, die seit der frühen Kindheit in der Erziehung, in der Schule und in der Berufsausbildung vollzogen worden sind. Schemata entwickeln sich in einem fortlaufenden Prozeß der verfeinerten Abstimmung zwischen Erwartungen und Erfahrungen. "The typical course of such a learning process consists of a new schema by modeling it on an existing schema. The new schema, however, is not perfect. It may occasionally mispredict event and otherwise be inadequate. We then believe that the newly schema undergoes a process of refinement that we have dubbed tuning" (RUMELHART/NORMAN 1980, 357). Bestimmte Schemata können die Verarbeitung überraschender Information gut organisieren und ermöglichen es dem Rezipienten, rasch Schlußfolgerungen aus neuartigen Situationen zu ziehen, ohne daß er schon explizites Wissen über diese Situation besitzt. Schemata werden - beeinflußt durch Selektionsroutinen und Hintergrundwissen der Nachrichtenrezipienten - miteinander rekombiniert (vgl. GICK/ HOLOYAK 1983, 1 ff.).[14]

5.4 Hintergrundwissen

Mit der "Schema-Theorie" läßt sich Hintergrundwissen folgendermaßen beschreiben: "A function that knowledge may fulfill in relation to the subject's current activity. What is background knowledge on one occasion may be in the foreground of the next, and vice versa, depending on the requirements of the situation and the activity of the person" (LARSEN 1985, 26). Die Dimensionen des Hintergrundwissens lassen sich - ausgehend von der Unterscheidung zwischen episodischen und semantischen Wissens im Langzeitgedächtnis[15] folgendermaßen kategorisieren (vgl. Abb. 3):

Abb. 3: Kategorisierung von Hintergrundwissen bei der Nachrichtenrezeption (nach LARSEN 1985, 29)

	Situationsspezifität	
	situativ	nicht situativ
persönlich	**A** **Episodisches Wissen** Erinnerung an Einzelheiten aus früher gesehenen Nachrichten. Eigene (nicht medial vermittelte) Erfahrungen mit diesem Ereignis oder Thema. Persönliche Relevanz der Nachricht.	**C** **Selbst, Identität** Glauben über eigene Fähig- und Fertigkeiten, persönliche Einstellungen und Interessen.
Personelle Spezifität		
nicht persönlich	**B** **Kenntnis der histor. Funktion** Vertrautheit und elementares Wissen von spezielleren geschichtlichen Fakten, die mit Nachrichten zusammenhängen.	**D** **Semantisches (konzeptuelles) Wissen** Kenntnis von Sprache (Syntax). Bedeutungen (Semantik) von allg. Formen und Inhalten der Nachricht. Problembewußtsein.

Die Dimension *personelle Spezifität* beschreibt die Individualität des Hintergrundwissens (= episodisches Wissen). Historische Kenntnisse und semantisches Wissen beziehen sich auf Fakten, mit denen die meisten 'wohlinformierten' Bürger (SCHÜTZ 1964) vertraut sind.[16]

Die Dimension *Situationsspezifität* kennzeichnet den Allgemeinheitsgrad des Hintergrundwissens. Episodisches Wissen und Kenntnisse historischer Fakten zielen hier auf konkrete Ereignisse aus bestimmten Nachrichtensendungen.[17] Das nichtsituative Hintergrundwissen repräsentiert viele Einzelerfahrungen aus der realen und medialen (para-sozialen) Interaktion, wenn es sich als brauchbares Hintergrundwissen für die Nachrichtenrezeption bewährt hat.

5.5 Inhaltliche Dimensionen der Nachrichtenerinnerung

Rezipierte Nachrichten werden vom Rezipient erinnert, sofern sie in das aktivierte Schema passen. Der Rezipient verknüpft dabei die Nachrichtenkategorien (vgl. Kap. 2) mit Elementen des eigenen Alltagswissens (Schemata) (vgl. van DIJK 1986, 128).

Die folgenden Abschnitte versuchen, die Dimensionen dieser Schemata zu beschreiben:

Einfache Ereignisse

Rezipienten können nur wenige Einzelmeldungen erinnern (vgl. STAUFFER et al. 1981, 253 f.) und inhaltlich korrekt wiedergeben (vgl. MERTEN 1985, 135). Diese Meldungen berichten meistens von einfachen Ereignissen, deren Ursachen und Folgen allerdings vom Rezipienten vergessen[18] oder durcheinander gebracht werden. "Recall accounts were often characterized by a phenomenon referred as "meltdown", whereby elements of one story merged or were confuses with elements of another" (GUNTER 1985, 398). Erinnert wird nur ein singuläres Ereignis, allenfalls eine kurze Sequenz von aufgezählten Einzelhandlungen (vgl. GRABER 1984, 155). Erst in Ausnahmefällen, wenn sensationelle Nachrichten (vgl. GREENBERG 1964; GANTZ 1983) sog. "Flashbulb Memories" induzieren (BROWN/KULIK 1982, 23 f.), werden Ereignissequenzen detailliert erinnert.

Personen

Meistens werden Personen als Subjekt oder Objekt von Bewertungen erinnert und/oder als Repräsentanten verschiedener Gruppen wiedererkannt.[19] "A person node is created in memory and a pathway is established between the person node and a node representing the feature. As additional characteristics of a person are observed, new feature nodes and their pathways to the person node are created" (OSTROM/PRYOR/SIMPSON 1981, 6). Rezipienten machen sich normative Vorstellungen über richtiges Verhalten von politischen Hauptakteuren. Sie entwickeln dabei aber mitunter "Selbst-Schemata" (MARKUS 1977)[20] der eigenen Lebensgeschichte. Angesichts einer immer stärker voranschreitenden Personalisierung von Politik dominieren "personalized news" (BENNETT 1983, 8) in der Erinnerung politischer Informationen. "If social information is organized around the person, it would be expected that person clustering should emerge in free recall" (OSTROM/PRYOR/SIMPSON 1981, 8). Fehlendes Hintergrundwissen oder mangelnde Vertrautheit mit dem Thema[21] läßt sich kompensieren, indem man Bewertungen prominenter Persönlichkeiten übernimmt und dadurch die Nachricht mit der eigenen subjektiven Welt verbinden kann.

Personen-Schemata und Personalisierungen treten wahrscheinlich auch bei solchen Rezipienten in Erscheinung, die aufgrund *fehlender* Bildung episodisches und semantisches Wissen *schlecht* miteinander verknüpfen können. "As noted earlier, schemas that have been most recently and most frequently used tend to be most readily accessible. The better-educated panelists often processes news about persons in more sophisticated ways than their less well-educated counterparts. They were able to give more examples of particular traits and could draw more inferences from available data. They fill in missing data more amply" (GRABER 1984, 161). Durch Personalisierung kann der Rezipient die soziale Handlungsstruktur der Nachricht auf Schemata reduzieren, deren Dimensionen er besser überblicken kann.[22]

Institutionen

Der Rezipient nimmt an, daß politische und juristische Verfahren nach bestimmten formalen Kriterien abgewickelt werden und geltendem Recht entsprechen.[23] Unwahrscheinlichere Erwartungen kann er stabilisieren, indem er Normen verwendet (vgl. BENNETT 1971, 75; LUHMANN 1984, 436 ff.). Sie schützen ihn vor radikalen Veränderungen seines (Alltags-) Wissens, die sich ergeben, wenn politische Akteure in Konfliktfällen beobachtet werden.

Normen politischer Kultur

Die Nachrichtengebung beeinflußt über allgemeine Normen der politischen Kultur die Einstellungen der Rezipienten. "Normative Modalisierung" (LUHMANN 1924, 436), "normative Prämissen" (ELDER/COBB 1983, 91 ff.) reduzieren stark die Bandbreite denkbarer und akzeptierbarer Vorstellungen von Politik.[24] Häufig verstehen nur 'Eingeweihte',[25] was die Nachrichten politisch eigentlich bedeuten. "In view of these normalizing effects ... it is closer to the mark to conclude that the news helps people confirm their favorite political truths because those truths form the implicit guidelines for selecting and writing news stories" (BENNETT 1983, 26). Normen begünstigen ein moralisierendes Politikverständnis der Rezipienten,[26] weniger jedoch die Erinnerung von Fakten und Argumenten (vgl. BORMANN 1985, 134 ff.). Relevant für die Nachrichtenrezipienten ist die Norm, immer und allumfassend informiert zu sein. Der 'wohlinformierte Bürger' weiß zwar mitunter, daß er nicht alles versteht, gerade deshalb will er (paradoxerweise) gut informiert sein (vgl. LANE/SEARS 1964, 57, ff.; 68 ff.).[27]

Persönliche Relevanz und Empathie

Häufig interessiert sich der Rezipient für persönliche Begebenheiten aus dem Leben anderer. Meldungen über persönliche Tragödien lösen die Frage aus, was man selbst in einer derartigen Situation tun würde (vgl. TVERSKY/KAHNEMANN 1982) und berühren die Emotionen des Rezipienten (vgl. CLARK 1985, 108 ff.; PETTY/CACIOPPO 1986, 152, ff.).

Ursachen und Wirkungen

Nachrichten können vom Rezipienten relativ leicht kausal oder/ und final interpretiert werden. Mit einfachen Ursachen-Wirkungsverbindungen konstruiert sich der Rezipient eine "illusory date base" (TAYLOR/CROCKER 1981, 157) und füllt damit fehlende, nicht mehr erinnerbare Rahmendaten aus, die für das Verstehen der Nachricht notwendig sind (vgl. HAUSER 1984, 385, 389 f.). Beispiele für einfache Ursachen-Wirkungszusammenhänge finden sich in Kriegsberichten, Meldungen über Naturkatastrophen oder Autounfällen. Die Reaktion der Armee, der ausgerufene Ausnahmezustand oder die Maßnahmen der Polizei können eindeutig und leicht als Wirkungen und Folgen bestimmter Ereignisse, als konsequente Maßnahmen der Gefahrenabwehr begriffen werden. In der Umweltdiskussion weiß jedermann, daß das Waldsterben bestimmte (vordergründige) Ursachen hat (Luftverschmutzung).

Prognose, Forderung und Projektion

Um ihre Erwartungen von bestimmten Ereignissen aufrecht zu erhalten, postulieren die Rezipienten Wirkungen und Folgen des Ereignisses. Sie übertreiben oder dramatisieren die Bedeutung der positiven, negativen bzw. konfliktreichen Entwicklung. Neben tatsächlich berichteten Prognosen kann der Rezipient auch eigene Vorstellungen über zukünftiges Geschehen artikulieren (vgl. FINDAHL/HÖIJER 1985). Selbst aus projizierten[28] Ursachen-Wirkungszusammenhängen leitet der Rezipient Forderungen an politische Entscheidungsträger ab, indem Ursachen und Wirkungen einfach miteinander vertauscht werden: "For examples, stories contradicting the schema that social conditions make continous rises in crime rate inevitable were brought into line by pointing out that the deviant would be reversed in the near future. The current trends were construed as temporary aberrations" (GRABER 1984, 158). Eine andere Projektion ist der Versuch, die "Unausgewogenheit" und "Unglaubwürdigkeit" der Nachrichtenpräsentation (vgl. HUTH 1985, 128; LEE 1976, 103 ff.) für das *eigentlich* Bedrohliche zu halten.[29]

5.6 Bildung und Schicht der Rezipienten

Verschiedene Untersuchungen haben gezeigt, daß Struktur und Verwendung von Schemata stark durch soziale Faktoren determiniert sind (vgl. LODGE/WAHLKE 1982, 136 ff.; NEUMANN 1982, 490 ff.).
Aufgrund seiner permanenten Konfrontation mit Nachrichten[30] lernt der Rezipient, seine Erwartungen an der Nachrichtengebung auszurichten[31] und gewöhnt sich an ihre politische Symbolik.[32]
Besser gebildete Rezipienten können die Nachrichten komplexer interpretieren. "The involved and the expert in a particular domain will more easily bring to mind applicable schemata; they will also employ such schemata in more sensitive ways ... Thus, through practise, experts acquire more - and more complexly organized - knowledge, which includes strategies for dealing with particular domains. These knowledge structures ... encompass both declarative knowledge (descriptions of attributes) and procedural knowledge (rules or strategies for the use of that knowledge)" (FISKE/KINDER 1981, 171, 177).[33] Mit diesem prozeduralen ('Experten'-) Wissen[34] kann der Rezipient nicht nur die Folgen und Wirkungen, sondern auch Hintergründe und Ursachen von Themen und Problemen besser verstehen. 'Experten' erfassen Konflikte als mögliches Resultat kollektiven Handelns und nicht als Streit zwischen 'verrückten' Politikern. Besser gebildete Rezipienten bewerten die Nachrichten differenzierter (vgl. STAUFFER et al. 1978, 225). Weniger gebildete Zuschauer hingegen interpretieren die Nachricht häufig als gegebenes Faktum (vgl. NEUMANN 1976, 121). Ihnen fehlt Abstraktionsvermögen, und sie sind kaum in der Lage, komplexere politische Schlußfolgerungen aus den Nachrichten zu ziehen.[35]

Schließlich beeinflußt auch die soziale Schicht[36] der Rezipienten ihre Verarbeitung der Nachrichten.[37] Angehörige der oberen Mittelschicht und der Oberschicht sind eher in der Lage, Nachrichten detaillierter und korrekter zu erinnern (vgl. LUTZ 1985, 290 ff.) und die Nachricht besser zu verstehen (vgl. GRABER 1984, 178 ff.; FINDAHL/HÖIJER 1985, 392; van DIJK 1986, 140 ff.). Schichtenspezifische Unterschiede beim Erinnern und Verstehen von Fernsehnachrichten werden im zweiten Teil dieser Arbeit empirisch beschrieben.

5.7 Evaluation der "Schema-Theorie"

Die "Schema-Theorie" ist noch nicht so differenziert ausgearbeitet worden wie andere wahrnehmungs- und kognitionspsychologischen Theorien. In den bisherigen Ausführungen klingen unvermeidlich auch alltagssprachliche Aspekte an. Schemata sollen Wissen ordnen und Verstehen ermöglichen, gleichzeitig Erwartungs-

und Wissensstrukturen repräsentieren und die Informationsverarbeitung steuern. Ist somit das Schema ein Konstrukt mit allumfassendem und damit schwer zu falsifizierendem Anspruch (vgl. FISKE/LINNVILLE 1980; BALLSTAEDT et al. 1981)?[38]

In der Wissenschaftstheorie diskutiert man mehrere Kriterien der Angemessenheit einer wissenschaftlichen Theorie: **Plausibilität, Beschreibungskraft, Vorhersagekapazität** und **Testbarkeit** (vgl. KUHN 1962; POPPER 1969; LAKATOS 1970). "These requirements are listed in increasing order of constraints. That is, they differ in the degree to which they constrain or restrict the set of possible events explained by the theory" (THORNDYKE/ YEKOVICH 1980, 38).

Kritisch ist die "Schema-Theorie" bisher erst in Ansätzen u.a. von THORN-DYKE/YEKOVICH (1980) sowie LANDMAN/MANIS (1983) evaluiert worden. Zu den genannten Kriterien läßt sich folgendes ausführen:

1. **Plausibilität**

   Die "Schema-Theorie" beschreibt, wie Wissensstrukturen organisiert werden, um Nachrichtenverstehen zu ermöglichen. Erinnerungsversuche konnten zeigen, wie Rezipienten die ihnen erzählten Geschichten (vgl. BARTLETT 1932) aufnahmen und später wiedergaben.[39]

   FISKE/KINDER (1981) erwähnen aus dem Forschungsgebiet der "sozialen Kognition" bis Ende der 70er Jahre 150 Arbeiten mit Anwendungen der "Schema-Theorie".

   "This concept has a firm historical basis. For nearly two hundred years, philosophers and psychologists have found the notion of schemata to be a useful construct for interpreting behavioral phenomena. Thus the theory schemata seems to be at least plausible one" (YEKOVICH/THORNDYKE 1980, 39).

2. **Beschreibungskraft**

   Die "Schema-Theorie" ist geeignet, den Prozeß der Selektion von Information formal *und* inhaltlich zu beschreiben. Nicht nur die Menge, sondern auch die Korrektheit, und der Wirklichkeitsgehalt beim Verstehen und Erinnern der rezipierten Nachricht sollen berücksichtigt werden.[40]

   Das Schema-Konzept beschränkt sich nicht nur auf richtige oder vorhandene Items in der Erinnerung, sondern beansprucht auch, *fiktive* Wissens- und Wirklichkeitsstrukturen *aufklären* zu können. Die "Schema-Theorie" kann zeigen, wie diese Muster **organisiert** werden (müssen), damit eine **sinnvolle** Wahrnehmung zustande kommt und der Rezipient das aufnimmt, was er später erinnnern kann. ANDERSON (1988, 121 ff.) spricht in diesem Zusammenhang von der "psychologischen Realität von Schemata".

3. **Vorhersage**

Dieses Kriterium besagt, daß eine Theorie in der Lage sein sollte, nicht triviale Vorhersagen über zukünftige Beobachtungen zu machen (vgl. GALTUNG 1978, 257 ff.). Eine Theorie muß nicht nur die vorhandenen Daten erklären können, sondern auch zunächst noch nicht beobachtetes Verhalten prognostizieren. Thesen zur **Struktur** der Schemata, ihrer Veränderung sind aufzustellen. In bisherigen Formulierungen der "Schema-Theorie" - so kann man kritisch anmerken - werden die Strukturannahmen relativ vage formuliert. Dies erschwert die empirische Prüfung der Schemata[41] bei Nachrichtenrezipienten.

Kann man überraschende Nachrichten behalten, weil sie neu sind, oder vergißt man sie, weil sie eben nicht mit vorhandenen Schemata bearbeitet werden können?

In den experimentellen Arbeiten[42] von FINDAHL/HÖIJER (1985) sowie in der Panel-Studie von GRABER (1984) wurde versucht, die soziologische Struktur der Schema-Verwendung empirisch zu erfassen. Erste Hinweise auf die politische Funktion von Schemata geben FISKE/KINDER (1981, 172) und BENNETT (1981, 163 ff.).

In politikwissenschaftlichen Ansätzen fragt man nach kollektiven Unterschieden bei der Aktivierung und Nutzung von Schemata. Bekannt geworden sind Studien über Denkprozesse politischer Eliten (AXELROD 1976). Außerdem wurde für die Durchschnittsbevölkerung ermittelt, wie sie *über* Politiker, politische Entscheidungen, Gesetzgebungen, Ereignisse und Institutionen denken (vgl. PUTNAM 1973; FISKE/KINDER 1981; LODGE/WAHLKE 1982, 131 ff.). Insgesamt läßt sich sagen, daß die Erforschung von Prozeßmechanismen vernachlässigt worden ist.[43]

4. **Testbarkeit**

Testbarkeit ist das strengste Kriterium für die theoretische Adäquatheit des Schema-Konzeptes. "The theory must be sufficiently constrained so as to be unable to predict and explain some outcomes. That is, it must be vulnerable to disconfirming data ... The inability of Schema-Theory to meet the criteria of prediction and testability seems to be due principally to a lack of theoretical developement in two areas:

a. specification of the domain of knowledge for which schemata exist and are used
b. specification of the detailed processes that operate on and utilize the schemata" (THORNDYKE/YEKOVICH 1980, 43).

Diese beiden Defizite werden - wenn auch undeutlich - in einschlägigen Arbeiten der Nachrichtenforschung angesprochen. So etwa in der "Pilotstudie"

von THORNDYKE (1979) sowie in den Arbeiten von FINDAHL/HÖIJER (1981); FINDAHL/HÖIJER (1984a); GRABER (1984); LARSEN (1983); van DIJK (1985) und van DIJK (1986).
Für die Spezifikation des Wissens (a.) sind unerforscht:

- Art und Umfang der im Rezeptions- und Erinnerungsprozeß involvierten Relevanzsysteme;
- Fiktionen, die nicht auf die Nachrichten bezogen sind;
- schichtspezifische Relevanzdimensionen bei der Interpretation der Nachrichten.

Bei Verarbeitungsprozessen (b.) sind unbekannt:

- situative Bedingungen der Rezeption von Fernsehnachrichten;
- emotionale Dimensionen des Erinnerungsprozesses von Fernsehnachrichten;
- Typen relevanter Merkmale des Erinnerungsprozesses.

Resumierend wird festgestellt: "We are not arguing that "Schema Theory is inaccurate in its assumptions ... Our view is that the shortcoming of schema theory lie in its incompleteness, not in its inaccuracy" (THORNDYKE/YEKOVICH 1980, 42). So bleibt die Aufgabe, die "Schema-Theorie" als Modell menschlicher Informationsverarbeitung im Bereich der Nachrichten- und Rezeptionsforschung zu überprüfen. Zu untersuchen wäre, inwieweit etwa Hintergrundwissen

- die Korrektheit der Nachrichtenerinnerung beeinflußt,
- mit den Relevanzeinschätzungen des Rezipienten zusammenhängt,
- und/oder das Gesamtverständnis der rezipierten Nachricht fördert.

Zur schichtenspezifischen Rezeption ist zu fragen, ob mit steigender sozialer Schicht

- die Erinnerungsmenge,
- die Orientierung an relevanten Entwicklungen,
- die korrekte Wiedergabe des Nachrichtenschemas

zunimmt. Dazu ist die Beschreibung der ersten, freien Wiedergabe aufschlußreich, wobei auch nonverbale Erzählmerkmale berücksichtigt und im Zusammenhang mit den erinnerten Meldungen analysiert werden. Die Typologisierung von Rezipienten- und Nachrichtenmerkmalen bietet die Möglichkeit, Umfang und Bedeutung einzelner Schema-Dimensionen empirisch zu bestimmen (vgl. Kap. 10).

6. Re-Rekonstruktion sozialer Wirklichkeit durch Nachrichtenrezipienten

Man kann die beschriebenen Selektionskriterien und -prozesse des Nachrichtenrezipienten in einen größeren theoretischen Zusammenhang stellen, der mit dem Begriff der sozialen Wirklichkeit zu umschreiben ist.

6.1 Drei Typen sozialer Wirklichkeit

Drei Typen sozialer Wirklichkeit lassen sich unterscheiden:

- *Konstruierte* soziale Wirklichkeit
  Die konstruierte soziale Wirklichkeit soll hier als Summe aller (alltagsweltlichen) Ereignisse begriffen werden, die wahrgenommen, beobachtet,[1] oder als 'objektive' soziale Wirklichkeit kommuniziert werden.[2]
- *Re*-konstruierte soziale Wirklichkeit
  Als *re*-konstruierte soziale Wirklichkeit soll dasjenige bezeichnet werden, was organisierte Kommunikatoren aus der (bereits konstruierten) sozialen Wirklichkeit nach bestimmten Faktoren selegieren und als Nachricht verbreiten.[3]
- *Re-Re*konstruierte soziale Wirklichkeit
  Die *Re-Re*konstruktion sozialer Wirklichkeit von Nachrichtenrezipienten soll im Anschluß an MERTEN (1985a) als aktiver Verarbeitungs- und Wiedergabeprozeß von Nachrichten verstanden werden. Charakteristisch für die Re-Rekonstruktion der Rezipienten sind interpretative Erweiterungen der Meldungen bis hin zur Darstellung fiktiver Inhalte. Man kann man auch von *subjektiver* sozialer Realität sprechen.[4]

Wirklichkeitsmodelle

In einem Modell verschiedener Wirklichkeitsebenen wird angenommen "that location in the social structure reflects interpretation of objective reality and influences attitudes and behaviors. It is also assume that the symbolic expression of objective reality influences the subjective reality of the individual. Media expressions of symbolic reality are closely related to the social reality effects they are assumed to influence" (ALLEN/HATCHETT 1986, 103).

Abb. 4: Wirklichkeitsmodell (nach ALLEN/HATCHETT 1986, 103)

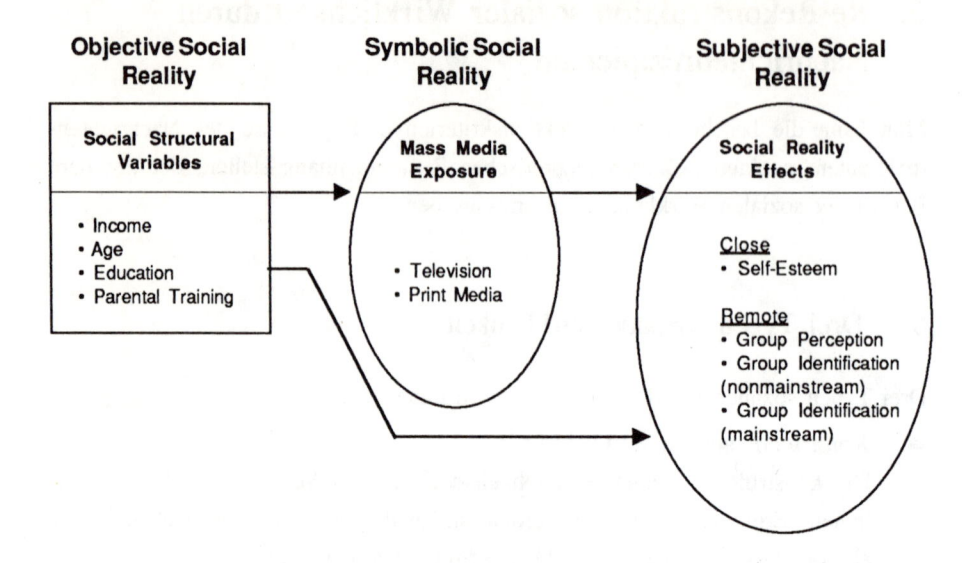

Objective Social Reality	Symbolic Social Reality	Subjective Social Reality
Social Structural Variables • Income • Age • Education • Parental Training	Mass Media Exposure • Television • Print Media	Social Reality Effects Close • Self-Esteem Remote • Group Perception • Group Identification (nonmainstream) • Group Identification (mainstream)

Das Modell leitet die Indikatoren der "subjektiven sozialen Wirklichkeit" aus Selbst- bzw. Gruppeneinschätzungen, Bildungsvoraussetzungen und Mediennutzungen ab. Der *Entstehungsprozeß* und die *Qualität* dieser Wirklichkeit wird allerdings *nicht* erfaßt.

Im Modell von MERTEN (1985a, 761) wird ein Mengen- und Selektionseffekt beschrieben (vgl. Abb. 5). Die bei der Rekonstruktion und Re-Rekonstruktion selegierten Elemente der Wirklichkeit E_i sind jeweils Untermengen der Wirklichkeit W bzw. W_1. Die "ereignisfremden Strukturen s" (MERTEN 1985a, 762) werden - wie noch zu zeigen sein wird - durch fiktive Wissenselemente gebildet. Diese vermischen sich zum Teil mit den Nachrichteninhalten, sie stammen aber auch aus individuellen Weltbildern der Rezipienten. Die Re-Rekonstruktion verläuft nach "Mustern und Kriterien, die bislang unbekannt sind, die aber über das Verhältnis verzerrter Wirklichkeit durch Nachrichtenrezeption im Kopf des Rezipienten und über dessen Handlungswirklichkeit resp. 'mentales Resümee' wichtige Aufschlüsse vermitteln könnten" (MERTEN 1985a, 762).

Kognitionspsychologische Kriterien der Re-Rekonstruktion sind bisher kaum erforscht worden.[5] Klassische Arbeiten von BARTLETT (1932) und SCHÜTZ (1971a) sowie das Konzept des Konstruktivismus (vgl. WATZLAWICK 1981)[6] sind - von Ausnahmen abgesehen - auch in der Nachrichtenforschung nicht beachtet und weiterentwickelt worden.

Abb. 5: Interpretative Re-Rekonstruktion von Wirklichkeit durch den Rezipienten (nach MERTEN 1985a, 761)

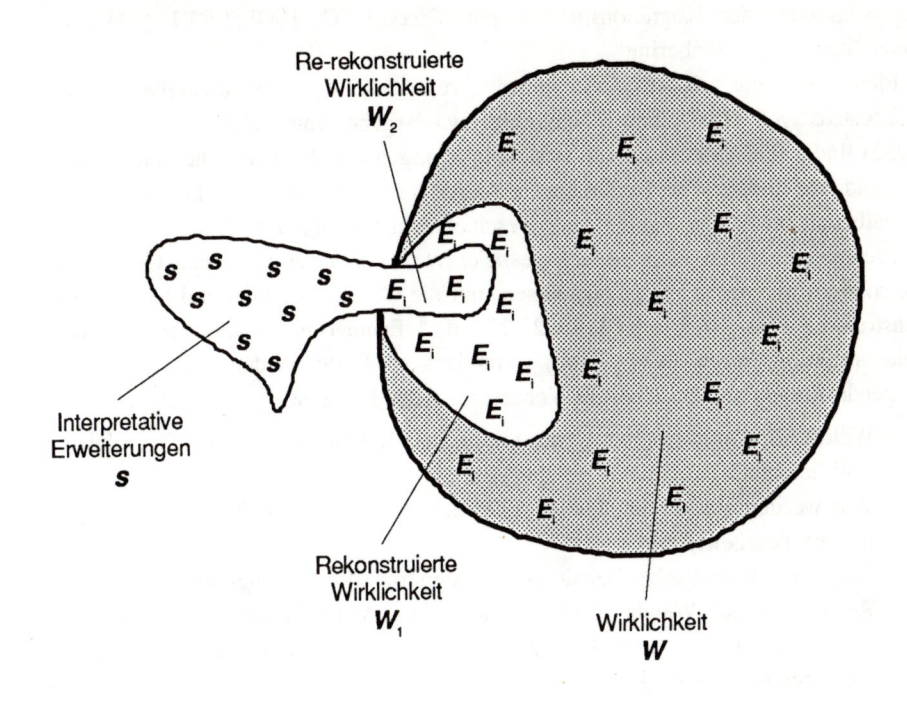

6.2 Exkurs: Zum Begriff der Konstruktion

Alfred SCHÜTZ

Mit Verweis auf WHITEHEAD (1910) behauptet Alfred SCHÜTZ, daß die alltägliche Wahrnehmung nicht nur eine einfache Sinnesvorstellung, sondern eine komplexe Konstruktion mit zeitlichen, sachlichen und sozialen Dimensionen ist (vgl. BERGER/LUCKMANN 1970, 21 ff.). Das Resultat wird als "Abstraktion", "Einstellung" oder "Vorurteil" bezeichnet (SCHÜTZ 1964, 91 ff.). Der Nachrichtenrezipient arbeitet mit diesen flexiblen und selektiven Strategien.

Frederic C. BARTLETT

Konstruktive Prozesse bei der Erinnerung und Wiedergabe von 'Texten' untersucht der 'Klassiker' der Kognitionspsychologie, Frederic C. BARTLETT (1932) in seiner Studie "Remembering".

Seitdem ist eine Kontroverse über "**reproduktive**", "**konstruktive**" oder "**rekonstruktive**" Text- bzw. Nachrichtenwiedergabe entstanden.[7] BARTLETT (1932) findet fehlerhafte und verzerrte Erinnerungen bei Personen, die eine schwer verständliche indianische Volkssage zu reproduzieren haben: Sie lassen manche Einzelheiten aus und passen die Geschichte ihren eigenen Erwartungen an. Textrezipienten rufen *nicht* einfach *gespeicherte Kopien* der gelesenen Geschichte ab, sondern aktivieren ihr **Alltagswissen**, um die Geschichte nach und nach zu **rekonstruieren** (vgl. BARTLETT 1932, 274 ff).[8] Erinnerung ist das Ergebnis von Rekonstruktion, insbesondere dann, wenn längere Texte wiedergegeben werden. Folgende Fragen stehen dabei im Vordergrund des Interesses:

- Welche *Bedingungen* der Übermittlung und Rekonstruktion von Geschichten sind bekannt?
- Wie werden schwerverständliche Texte von unterschiedlich *gebildeten* Rezipienten bearbeitet?
- Regt der dramatische Gehalt von Texten die *Vorstellungskraft* bestimmter Rezipienten an? Welche Funktion haben diese Vorstellungen?
- Geben Rezipienten auch Aussagen wieder *(importations)*, die sie vorher gar nicht gelesen haben (können)?

Form und Inhalt der Rekonstruktion - so lautet das wichtigste Ergebnis - hängen im wesentlichen von **drei Faktoren** ab:

- von den **Erwartungen**[9] des Rezipienten,
- vom **Zeitpunkt** der Rekonstruktion,
- von der **Länge** bzw. dem **Umfang** des wiederzugebenden Textes.

Die *typischen* Arten der Veränderung bei der Rekonstruktion sind:

1. Auslassungen

Einzelheiten und nicht erwartete Elemente des Gesamttextes werden ausgelassen.
"It again appears that accuracy of reproduction, in a literal sense, is the rare exeption and not the rule ... At the same time, style, rhythm, precise mode of construction, while they are apt to be immediately reacted to, are very rarely faithfully reproduced" (BARTLETT 1932, 93).

2. Rationalisierung

Die Rezipienten ergänzen Geschichten mit fiktivem Material und versuchen damit, Ungereimtheiten und Widersprüche im Originaltext zu *"erklären"*.
"Rationalization may deal with details, explicitly linking them together and so rendering them apparently coherent, or linking given detail with other detail not actually present in the original setting (BARTLETT 1932, 94).[10]
Die Funktion der Rationalisierung besteht darin, unverständliche Texte verständlicher zu machen.

3. Dominante Einzelheit

Bestimmte Inhalte und Merkmale eines Textabschnittes werden betont, und dazu passend rekonstruieren die Rezipienten weitere Einzelheiten, so daß sich ein sinnvoller und kohärenter Zusammenhang ergibt:
"Just as any complex structural material which is presented for perception is first apprehended by way of a 'general impression', so every piece of continous material tends to be so treated that all the details can be grouped about some central incident or incidents. The incidents selected vary from group to group in accordance with varying group interests or conventions. This has the inevitable result that any incidental elements, not obviously connected with the central incidents, must disappear" (BARTLETT 1932, 125 f.).

4. Transformation von Einzelheiten

Der Rezipient verändert bei der Wiedergabe der Geschichte ihm unvertrauten Wörter, Namen und Titel, damit der Text vertrauter wird (vgl. WEISBERG 1980, 47).[11]
"With infrequent reproduction, commission of detail, simplification of events and structure, and trasformation of items into more familiar detail, may go on almost indefinitely, or so long as unaided recall is possible" (BARTLETT 1932, 93). Auch hier wird deutlich, daß bei der Wiedergabe eines längeren Textes konstruktive Prozesse angewendet werden: Details der Episode werden nach Relevanzgesichtspunkten des Rezipienten verändert, weggelassen oder neu hinzuerfunden. BARTLETT (1932, 118 ff.) arbeitet mit der Methode der seriellen Reproduktion: Eine Versuchsperson versucht Geschichten bzw. Texte zu verschiedenen Zeitpunkten zu reproduzieren.[12] Dabei zeigt sich, daß die Zahl der Transformationen bei der weiteren Übermittlung an dritte und vierte Personen zunimmt.

5. Transformation der Reihenfolge

Die Reihenfolge der Ereignisse innerhalb einer Geschichte kann vom Rezipienten beträchtlich verändert werden. Umfang und Grad dieser Transformationen variieren mit der Aufmerksamkeit, die der Rezipient der zu rekonstruierenden Geschichten entgegenbringt.[13]

6. Bedeutung der Einstellung

Wenn Rezipienten sich an Geschichte oder Texte erinnern, neigen sie dazu, ihre Bewertung und Einstellung zu reproduzieren.

"Here is the significance of the fact that often reported in the preceding pages, that when a subject is being asked to remember, very often the first thing that emerges is something of the nature of attitude. The recall is then a construction, made largely on the basis of this attitude, and its general effect is that of a justification of the attitude" (BARTLETT 1932, 207).

Man kann ferner von einem Einfluß gruppenspezifischer Einstellungen ausgehen. "Every effective social group does possess its own organised cluster of preferred persistent tendencies" (BARTLETT 1932, 257).

7. Folgeuntersuchungen

Die Arbeit von BARTLETT (1932) ist über längere Zeit hinweg kaum zitiert worden, Rekonstruktionen längerer Texte sind bis Ende der siebziger Jahre selten untersucht worden.[14] Mit einem verbesserten methodischen Design wiederholt PAUL (1959) die Experimente von BARTLETT und arbeitet systematisch zwei verschiedene Typen von "retention styles" heraus:

- eine Gruppe der Rezipienten liefert *genaue* Reproduktionen der Originalgeschichte;
- die andere Gruppe läßt Details aus, *importiert* eigene Erklärungen in die Geschichte, tendiert mehr zur "Skelettierung" (PAUL 1959, 54) der Themen und stellt den Text nur in groben Umrissen dar. "On these questions, however, my findings are no more than suggestive and further experiments are needed to learn whether individuals may vary independently with respect to content and style, and how the two are interrelated" (PAUL 1959, 143).

FREDERIKSEN (1975) stellt folgende Elemente von Rekonstruktionen fest:
- Paraphrasen,
- reduzierte Informationen (vgl. DAWES 1966),
- Schlußfolgerungen,
- elaboriertes, fiktives Material.

Gestritten wird darüber, ob diese Veränderungen bereits während der Rezeption oder erst während der späteren Reproduktion auftreten.[15]

6.3 Strategien der Nachrichtenrekonstruktion

Die von BARTLETT (1932) ermittelten Typen der Rekonstruktion werden erst 50 Jahre später auch für Nachrichtentexte neu interpretiert.[16] Der Nachrichtenrezipient rekonstruiert einzelne Meldungen mit Hilfe von Verstehens- und Wiedergabestrategien (vgl. van DIJK 1980, 188 ff.; LUTZ/WODAK 1987, 79; van DIJK 1987, 9).[17]

Strategien des Verstehens

Nachrichtentexte werden vom Rezipienten transformiert durch:

1. **Auslassungen** irrelevanter Ereignisse oder Inhalte;
2. **Hinzufügungen** von Inhalten, aus anderen Aussagen im Text, aus dem Wissen oder aus Bewertungen, wobei diese Hinzufügungen falsch oder widersprüchlich sein können;
3. **Permutationen** d.h. Umstellungen und Versetzungen der Abfolge einzelner Ereignisse;
4. **Ersetzungen** von einzelnen Aussagen durch inhaltlich ähnliche Aussagen;
5. **(Re-) Kombination** und durch Bildung neuer (z.T. fiktiver) Aussagen. Man spricht auch vom "Zusammenschmelzen" oder "confusion" der Meldungen bei der Nachrichtenrekonstruktion (vgl. GUNTER 1985, 398; FINDAHL/HÖIJER 1985, 386).

Die beschriebenen Strategien sind *vorläufig* dem Prozeß des "Verstehens" (van DIJK 1980, 196) zugeschrieben worden, da man im Grunde *noch nicht* genau weiß, ob diese Strategien bei Verstehensprozessen *oder* erst bei Erinnerungs- und Wiedergabeprozessen auftauchen (vgl. auch SPIRO 1980, 84; van DIJK/KINTSCH 1983, 89 f.). Für die (rekonstruktive) "Wiedergabe" von erinnerten Texten bzw. Nachrichten postuliert van DIJK (1980, 202; 1986, 139 ff.) eine *Umkehrung* der "Verstehens"-Strategien.

"Wiedergabe"-Strategien

1. **Hinzufügungen:** Diese Strategie ist *hier* das *Gegenteil* der genannten Verstehensstrategie Auslassung. Hinzugefügt werden plausible (aber nicht in der Nachricht vorhandene) Ereignisse.
2. **Partikularisierung:** Der Rezipient rekonstruiert aus allgemeinen Begriffen plausible Teilbegriffe (Konkretisierungstendenz).
3. **Spezifizierung** der Hauptthemen durch Nennung relevanter (Teil-) Aspekte des Ereignisses (Personen und Orte) sowie möglicher Wirkungen, Folgen und Ursachen der Ereignisse.

Van DIJK (1986), der davon ausgeht, daß der Rezipient fehlerhaft rekonstruiert,[18] unterscheidet zwei Fehlerarten:

1. **Plausible Fehler** sind hinzugefügte bzw. importierte Informationen, die nicht vorkommen, "jedoch im Text *hätten vorkommen können*" (van DIJK 1980, 201).[19]
2. **Andere nicht plausible Fehler** sind Nachrichtenrekonstruktionen, die weder mit der sozialen Wirklichkeit noch mit den berichteten Themen zu tun haben. Diese Fehler sind nicht (leicht) erkennbar.[20]

Auch die Wiedergabestrategien sind erst *ansatzweise* überprüft worden (vgl. JENSEN 1986, 156 ff.; LUTZ/WODAK 1987, 149 ff.).[21] Festzuhalten ist also: Die Verstehensstrategien bleiben - bis auf Ausnahmen - unbewußt und können nicht direkt beobachtet werden. Die Wiedergabestrategien lassen sich z.T. indirekt durch Vergleich gesendeter und erinnerter Nachrichten ermitteln.[22] Um den Stellenwert und Zusammenhang dieser Strategien empirisch aufzuklären, sollen mit Hilfe einer Clusteranalyse Eigenschaften der *Rezipienten* und der von ihm rekonstruierten *Nachrichten* typologisiert werden (vgl. Kap. 10).

6.4 Phasen der Rekonstruktion

Die mündliche Wiedergabe erinnerter Texte bzw. Nachrichten vollzieht sich in fünf typischen Phasen (vgl. KEBECK 1982, 135 ff.; LUTZ/WODAK 1987):[23]

1. Phase: **Vorbereitung und Orientierung**
   Zunächst muß der Rezipient seine Erinnerung vorbereiten. Zur Verbesserung seiner verbalen Nachrichtendarstellung legt sich der Rezipient Erzählpläne zurecht (vgl. LUTZ/WODAK 1987, 149 ff.).

2. Phase: **Unmittelbares und deutlicheres Erinnern**
   Diese Phase ist geprägt durch eher spontanes Auf- bzw. Erzählen[24] und Kommentieren der wichtigsten (erinnerten) Meldungen.

3. Phase: **Versuch der Ablaufschilderung**
   Zögerndes, stockendes Erzählen kennzeichnet diese Phase. Ein häufiges, jedoch nicht das einzige Ordnungsprinzip, ist der Versuch einer Verlaufsschilderung bzw. die Bemühung, die einzelnen Meldungen in der Reihenfolge ihrer Präsentation zu nennen (chronologisches Vorgehen).

4. Phase: **Komplettierung - Lücken füllen**
   Der Rezipient hinterläßt im ersten (Erzähl-) Durchgang Lücken. Er weiß zwar nicht mehr *was*, wohl aber, *daß* noch etwas passierte. Mit Hilfe verschiedener Suchstrategien kann er - von bestimmten

Fixpunkten oder Stichwörtern (cues) ausgehend - versuchen, noch mehr Details zu erinnern[25] (vgl. LUTZ/WODAK 1987, 156 ff.).

5. Phase: **Abbruch und Beendigung**
Die Rezipienten glauben nach einer bestimmten Zeit, alle "wichtigen" bzw. mitteilenswerten Nachrichten wiedergegeben zu haben. Sie entscheiden dann, ihre Darstellung der erinnerten Meldungen zu beenden.

Diese fünf beschriebenen Phasen können sich in mehreren Zyklen wiederholen.[26]

6.5 Erzählen, Kontext und Realitätsbezug bei der Nachrichtenwiedergabe

Nachrichtenrekonstruktion als Prozeß politischer Informationsverarbeitung[27] kann sich in *narrativer* Form vollziehen. Die Analyse von (Nach-) Erzählungen[28] rezipierter und erinnerter Nachrichten ist besonders schwierig, wenn man von den Rezipientenerzählungen Rückschlüsse auf ihre Wissens- und Realitätkontexte ziehen möchte (vgl. LUTZ/WODAK 1987, 67 f.).

Wesensmerkmale und Voraussetzungen des Erzählens

Das Nachrichtenerzählen des Rezipienten hat folgende Wesensmerkmale:

1. Die Erzählung bezieht sich auf reale oder fiktive Ereignisse, die **zeitlich vorher**[29] stattgefunden haben.
2. Die Erzählung enthält eine **Transformation** der erzählten Nachricht (Komplikation, Resolution) nach Relevanz und/ oder Wissensstrukturen des Rezipienten (vgl. LUTZ/WODAK 1987, 78 ff.).[30]
3. Erzählungen von Nachrichten setzen soziale Wirklichkeit, eine *"soziale Einheit"* (SCHÜTZE 1976, 11), als Gegenstand der Rekonstruktion voraus.
4. Nachrichtenerzählung als **verbaler** und **nonverbaler** Kommunikationsprozeß weist evaluative und expressive **Bewertungen** von realen, aber auch fiktiven Inhalten auf. Die Analyse der dabei auftretenden emotionalen Prozesse ist so gut wie überhaupt noch nicht erforscht worden (vgl. LUTZ/ WODAK 1987, 164 ff.).[31]
5. Um die Nachrichten erzählen zu können, muß der Rezipient über **Erzähl- und Erläuterungskompetenzen** verfügen (vgl. GRABER 1984, 16 ff.; JENSEN 1986, 156).[32]

Wiedergegebene Kontexte der Nachricht

Rezipienten elaborieren ihre (eigenen) Kontexte nach Relevanzgesichtspunkten (vgl. SPERBER/WILSON 1982 70 ff.; SPERBER/WILSON 1986, 132 ff.) und bestimmen damit einen individuellen "Bezugsrahmen für den Prozeß der Sinnzuschreibung" (DAHLGREN 1983, 313). Sie entwickeln einen *Anfangs*kontext,[33] den sie im Laufe der Darstellung einzelner Ereignisse und Themen zu einem *End*kontext konkretisieren (vgl. Abb. 6). Der vom Rezipienten erzählte Text muß als Referenten entweder ein Ereignis (vgl. van DIJK 1980, 141) oder eigene Wissens- und Erfahrungsbestände aufweisen.[34]

Anfangskontext

Bereits während der ersten freien Wiedergabe der Nachrichten entwickeln die Rezipienten einen Kontext, mit dessen Hilfe sie selektiv Elemente des Nachrichtenschemas und des individuellen Vorwissens miteinander vernetzen.[35] "It is widely recognized that the reader of a text passage does not passively store the input rather, the reader is obliged to make many inferences to connect different parts of the text and to relate the text with prior knowledge" (REDER 1982, 211 f.). Häufig geben Rezipienten stichwortartige Zusammenfassungen der wichtigsten Themen. Soweit diese "Summaries" (vgl. van DIJK 1985) genau und eindeutig sind, kann man davon ausgehen, daß die Rezipienten

- Details 'richtig' auslassen,
- die relevantesten Aspekte des Themas rekonstruieren und
- sinnvolle Generalisierungen und Schlußfolgerungen formulieren (vgl. NISBETT/ROSS 1980, 10 ff.; JENSEN 1986, 165 ff.).

Die "Summaries" führen in die wichtigsten Ereignis- und Handlungsstrukturen der rekonstruierten Meldung ein.[36]

Elaborierter Endkontext

Im Verlauf der Nachrichtenwiedergabe elaborieren die Rezipienten durch weitere Erzählungen und Erläuterungen ihren Kontext.[37]
"Elaborations are generated by the process of mapping schemata ... onto the input and copying or adapting other parts of the given schema into that memory structure. Self generated elaborations might be more effective to the extent that these schemata are idiosyncratic, i.e. develop differently due to different experiences" (REDER 1982, 218). Detaillierter geschildert werden - je nach Anfangskontext - die Nachrichteninhalte selbst,[38] aber auch fiktive Ereignisse mit z.T. biographischen Bezügen. Im elaborierten *End*- bzw. Zielkontext können erwartbare Folgen und zukünftige Probleme erörtert werden.

Abb. 6: Anfangs- und Endkontext der Nachrichtenwiedergabe

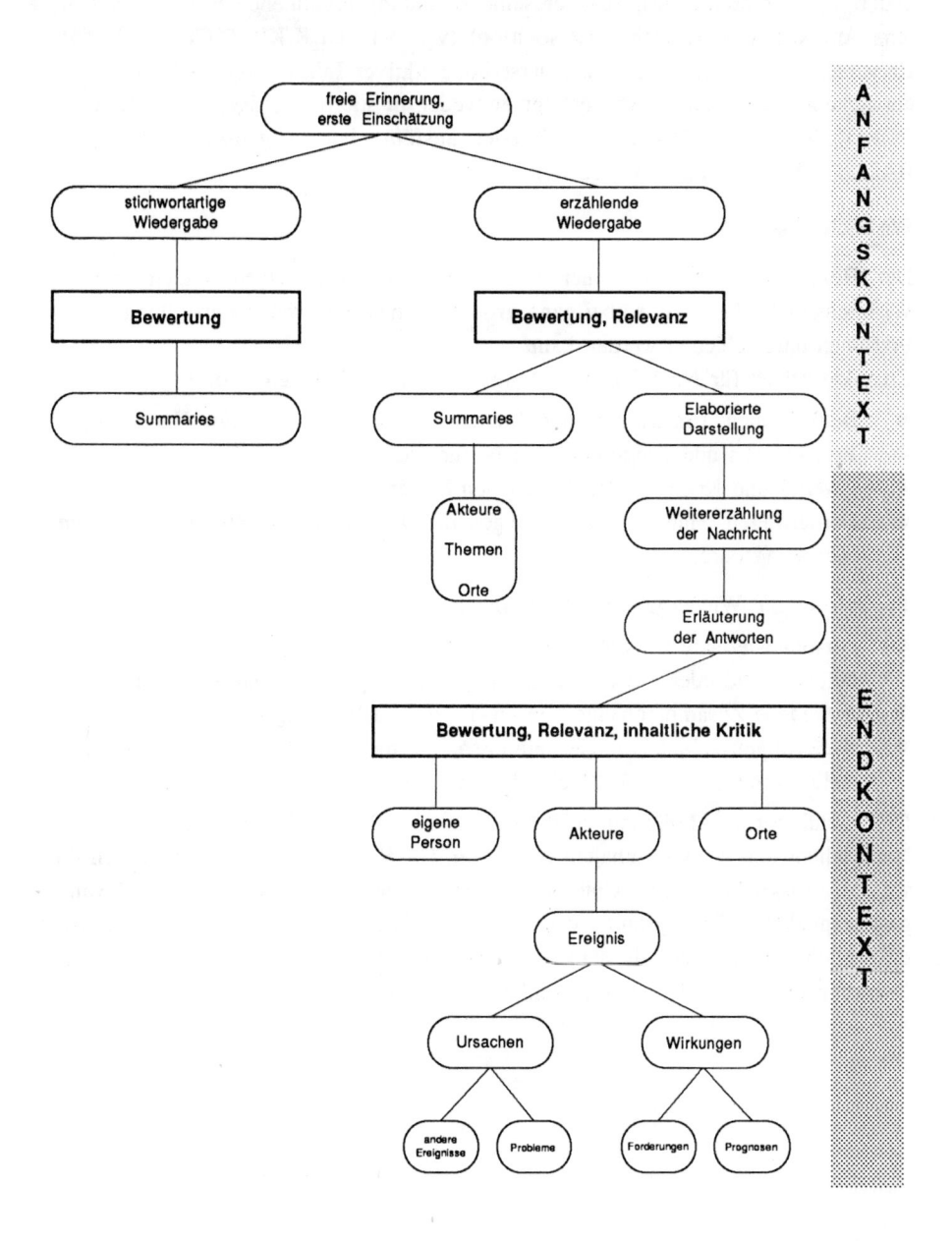

67

Nachdem der Rezipient einen Anfangskontext entfaltet (**Exposition**) und ihn verändert hat (**Komplikation**), kann er seine Erzählung abschließen bzw. versuchen, eine Art Resümee zu ziehen (**Resolution**) (vgl. van DIJK/KINTSCH 1983, 55). Er versucht aber auch durch die Darstellung fiktiver Inhalte weitere Kontexte zu entwickeln. Die Wiedergabe erfolgt entweder in stichwortartigen (vgl. BRANSFORD/ JOHNSON 1972) Titeln[39] oder ausführlicher in ganzen Sätzen (vgl. BALLSTAEDT et. al. 1981, 33 ff.).

Wirklichkeitsbezug

Der Rezipienten stellt in seiner Wiedergabe der Nachrichten unterschiedliche Wirklichkeitsbezüge dar, wobei ganz grob zwischen **Nachrichten**darstellungen und **Fiktionen** unterschieden werden kann.

Charakteristisch für **Nachrichten**darstellungen von Rezipienten sind:

- Betroffenheit, Entrüstung oder Zufriedenheit über die *erinnerte* Nachricht;
- Projektionen und Prognosen zum Nachrichten*thema*;
- Zweifel und Kritik an den *berichteten* Ereignissen;
- Forderungen, Handlungsanweisungen und Ratschläge an *tatsächlich vorkommende* Akteure.

Typisch für die Wiedergabe **fiktiver**[40] Inhalte sind:

- personalisierende Darstellungen von Ereignissen, an denen *gar keine* Personen beteiligt sind oder Bewertungen von *gar nicht präsentierten* Akteuren;
- *erfundene* Zusammenhänge von Ursachen und Wirkungen;
- Äußerungen subjektiver Einstellungen, Normen und Werte,[41] die so dargestellt werden, *als ob* sie Nachrichten wären.

Die nachfolgende Abbildung zeigt Struktur und Prozeß der Rekonstruktion von Nachrichten und fiktiven Inhalten (vgl. Abb 7). Rezipienten re-rekonstruieren die soziale Wirklichkeit im Unterschied zu Journalisten eher nach Relevanzgesichtspunkten. Zwangsläufig orientieren sich Rezipienten nicht nur an dem, was tatsächlich passiert und als aktuelle Nachricht präsentiert wird, sondern an den "wirklich wichtigen" Ereignissen und Entwicklungen.

Abb. 7: Re-Rekonstruktion sozialer Wirklichkeit als Wiedergabe von Nachrichten und/ oder fiktiver Inhalte

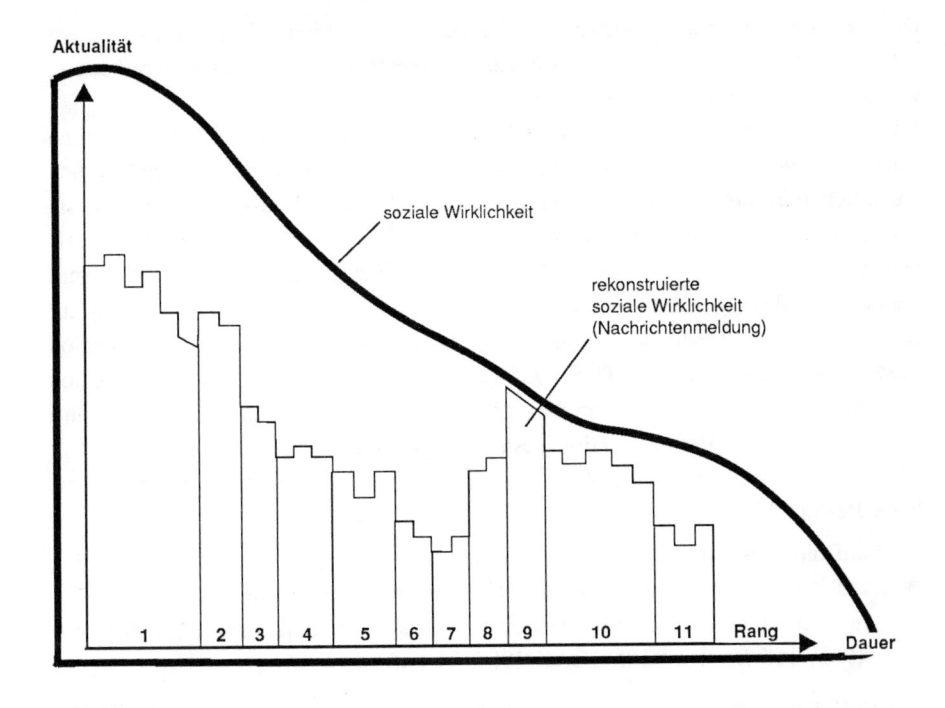

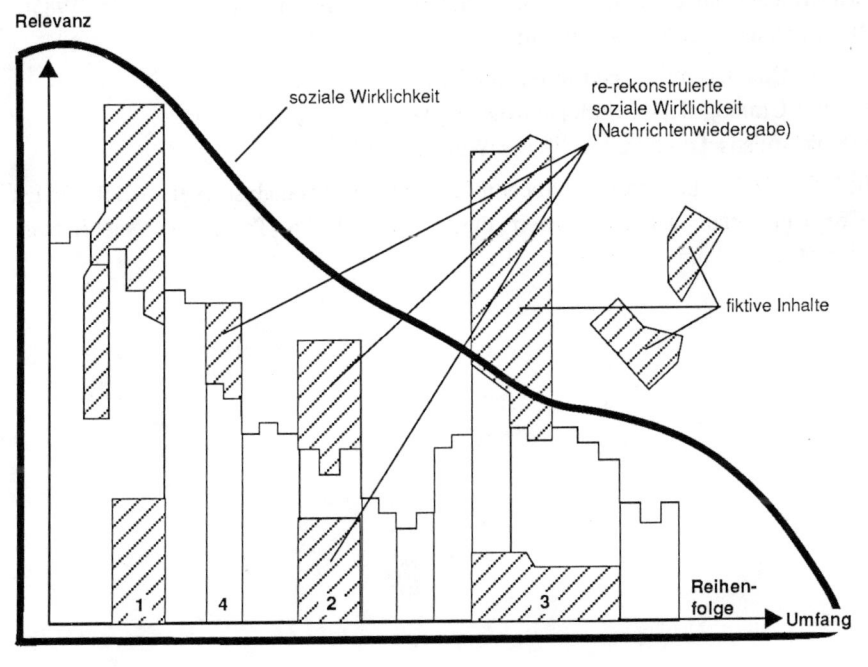

6.6 Paralinguistische Merkmale der Nachrichtenwiedergabe

Die Beschreibung paralinguistischer[42] Merkmale mündlicher Erzählungen ist ein weiterer Versuch, bisher unberücksichtigte Aspekte der Informationsverarbeitung von Nachrichtenrezipienten zu erfassen.

Mit Stimmklangqualität, Sprachfluß und Betonungen *bewertet* der Rezipient[43] seine Nachrichtenwiedergabe. "Die nonverbal produzierten Zeichen vermitteln keine zusätzlichen Informationen zum verbalen Kanal auf der **Text**-Ebene, sondern sie vermitteln einen **Meta-Text**, der permanent zur Steuerung des verbalen Kanals eingesetzt werden kann, derart, daß dieser den eigentlichen, verbalen Text kommentiert ... Daraus ergibt sich, daß es der nonverbale Text ist, der in Bezug auf Relevanz und Wahrheit des verbalen Textes die eigentlich wichtige Information zugänglich macht ..." (MERTEN 1985b, 27). Durch diese (simultane) Produktion eines Meta-Textes, der sich dem Text (Wiedergabe von Inhalten) überlagert, wird die **Selektivität** der Rekonstruktion *gesteigert* (vgl. GIESECKE 1987, 282 ff.).

Die Analyse von paralinguistischen Merkmalen[44] der Nachrichtenwiedergabe erlaubt Rückschlüsse

- auf die Persönlichkeit[45] der Rezipienten,
- auf kognitive Prozesse[46] bei der Nachrichtenrekonstruktion und
- auf emotionale Prozesse[47] einzelner Nachrichtenrezipienten (vgl. JENSEN 1986, 165 ff.; LUTZ/WODAK 1987, 164 ff.).

Darüberhinaus lassen sich relationale (Inhalts-) Analysen (vgl. MERTEN 1985b, 30) durchführen. Erhoben werden:

- die Qualität der verbalisierten Inhalte,
- der Umfang der Nachrichtenwiedergabe,
- die stilistische Gestaltung[48] der Wiedergabe.

Mit Hilfe der sozialwissenschaftlichen Zusammenhangsanalyse (vgl. SCHLOSSER 1976) kann man den Stellenwert dieser nonverbalen Texte des Nachrichtenrezipienten bestimmen (vgl. Kap. 10).

6.7 Zusammenfassung

Re-Rekonstruktion sozialer Wirklichkeit durch Nachrichtenrezipienten ist ein *mehrfach gestaffelter* **Selektionsprozeß**: Aussagen (über Ereignisse) werden erinnert, erzählt und dabei nonverbal kommentiert (vgl. Abb. 8).

Abb. 8: Re-Rekonstruktion sozialer Wirklichkeit als mehrfach gestaffelter Selektionsprozeß

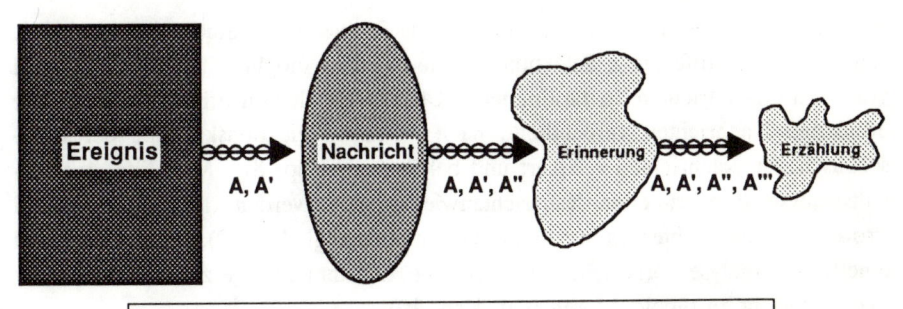

```
Ereignis >>> Nachricht >>> Erinnerung >>> Erzählung
             A, A'         A, A', A"      A, A', A", A'"
```

A Aussage • **A'** Metaaussage • **A"** Meta-Metaaussage • **A'"** Meta-Meta-Metaaussage

Der Rezipient re-rekonstruiert eine objektive soziale Wirklichkeit, die in einer Nachricht als Aussage (A) oder Kommentar (A') über diese Wirklichkeit *re*konstruiert worden ist. Der Rezipient läßt bestimmte Inhalte aus, ersetzt und **rekombiniert Nachrichten**inhalte mit **fiktiven** Inhalten. Er nimmt (mehr oder weniger) **Bewertungen** von Bewertungen (A") vor.
Schließlich **kommentiert** der Rezipient die Inhalte seiner Nachrichtenwiedergabe durch Produktion eines **nonverbalen** *Meta*-Textes. Somit erzeugt er - bezogen auf die objektive soziale Wirklichkeit - bereits *Meta-Meta-Meta*aussagen (A'")! Es wird Aufgabe **pragmatisch-pragmatischer** Analysen (vgl. MERTEN 1983, 268 ff.)[49] sein, diese komplexen Selektionsprozesse zu beschreiben und zu erklären.[50]

Teil II: Empirische Ergebnisse

Im zweiten Teil werden zunächst methodische Probleme der Studie diskutiert (vgl. Kap. 7). Mit Hilfe eines Selektionsmodells wird es möglich, den Wirkungsgrad von Fernsehnachrichten zu bestimmen. Der Vergleich von erinnerten und nicht erinnerten Nachrichten verdeutlicht, nach welchen Selektionskriterien der Fernsehzuschauer Nachrichten rezipiert und behält (vgl. Kap. 8). Mit Hilfe einer Inhaltsanalyse transkribierter Nachrichtenwiedergaben werden dann Struktur und Prozeß der Nachrichtenrekonstruktion beschrieben (vgl. Kap. 9). Schließlich wird eine Clusteranalyse vorgestellt, die es erlaubt, Zusammenhänge zwischen Rezipient und Nachricht zu typologisieren (vgl. Kap. 10).

7. Methodische Fragen

Das Kapitel beginnt mit kurzen Bemerkungen zum methodologischen Vorgehen. Im zweiten Abschnitt dieses Kapitels werden dann wichtige Begriffe der Nachrichtenrekonstruktion operationalisiert (vgl. Kap. 7.2). Methodisches Design und Ablauf der Studie (vgl. Kap. 7.3) werfen eine Fülle von Fragen auf, von denen hier die Repräsentativität der Stichproben (vgl. Kap. 7.4), Validität der Inhaltsanalysen (vgl. Kap. 7.5) und Typen der Erinnerung (vgl. Kap. 7.6) diskutiert werden sollen. Ein weiterer Abschnitt widmet sich psychologischen Aspekten eines Forschungsinterviews (vgl. Kap. 7.7) und schließlich werden Hinweise zur komplexen Datenorganisation der Studie gegeben (vgl. Kap. 7.8).

7.1 Überlegungen zum methodologischen Vorgehen

Angesichts der theoretischen 'Reife' einer noch vorwissenschaftlichen Kommunikations- und Nachrichtenforschung können strenggenommen keine **deduktiven** Hypothesen formuliert werden. Eine allgemeine Theorie der Nachrichtenrekonstruktion, die deduktiv-nomologische Erklärungen im Sinne von HEMPEL (1970) zuließe, *existiert noch nicht* (vgl. JENSEN 1986, 15 ff.).
Allerdings können aus den Ergebnissen der hier vorgelegten empirischen Untersuchungen **induktive** Hypothesen (vgl. GLASER/STRAUSS 1967) abgeleitet werden. Diese jeweils als h_x gekennzeichneten induktiven Hypothesen sollen im Zusammenhang mit Ergebnissen anderer

- **theoretischer** Studien aus der Nachrichtenforschung und/ oder
- **empirischer** Studien über die Nachrichtenrezeption diskutiert werden.

Induktive Hypothesen können schließlich als

- **ad-hoc-Erklärungen** bestimmter empirisch beobachteter Sachverhalte

zu weiterer (explorativen) Rezeptionsforschung anregen. Derzeit wird eine Studie vorbereitet, in der - als Resultat dieser Arbeit - mit gezielten deduktiven Annahmen und Hypothesentests gearbeitet wird (vgl. GIEGLER/RUHRMANN 1988).

7.2 Operationalisierung von Nachrichtenrekonstruktion

Wichtige Begriffe der Nachrichtenrekonstruktion können u.a. mit folgenden Indikatoren operationalisiert werden. Jeweils in Klammern werden die zugehörigen Variablen aufgeführt (vgl. auch Erhebungsinstrumente im Anhang).

1. Nachrichtenmerkmale

Rangfolge eines Nachrichtenbeitrages
Bestimmung der Position einer Meldung innerhalb der Nachrichtensendung (vgl. R2). Für die Inhaltsanalyse der Nachrichten wird die einzelne Meldung als Analyseeinheit festgelegt.

Länge einer Meldung
Für jede Einzelmeldung wird die Dauer in Sekunden (vgl. R3) und (unter Verwendung von Druckfahnen der Nachrichtentexte) die Zahl der Wörter ermittelt (vgl. R63).

Zahl der Schnitte
Pro Nachricht wird (unter Verwendung von Videoaufzeichnungen) die Häufigkeit der Schnitte bzw. der Einstellungen ausgezählt (vgl. R71).

Überraschungswert des Ereignisses
Anhand einer fünfstufigen Skala ist einzuschätzen, in welchem Umfang das Nachrichtenereignis prognostizierbar ist (vgl. R19).

Relevanz der Nachrichten
Die **allgemeine** Relevanz einer Nachrichtenmeldung wird mit einer 10stufigen Skala bewertend eingeschätzt (vgl. R9). Zusätzlich werden mit den Variablen VV1 - VV12 weitere, im theoretischen Teil entwickelte Dimensionen der Relevanz definiert.

Konflikthaftigkeit der berichteten Ereignisse
Anhand einer 9stufigen Skala ist einzuschätzen, ob und wie stark die berichteten Ereignisse und Handlungen u.a. im Zusammenhang politischer oder militärischer Auseinandersetzungen stehen (vgl. VV10).

2. Rezipienten- und Wiedergabemerkmale

Erinnerung der Nachricht durch den Rezipienten
Umfang und Qualität der Nachrichtenerinnerung werden aus Protokollen (Transkriptionen) von Nachrichtenwiedergaben ermittelt (vgl. R76 ff.).

Soziale Schicht
Die Schichtzugehörigkeit der Nachrichtenrezipienten wird über ihren derzeitigen *Beruf* und die *berufliche Aus*bildung (vgl. R291 f.; Liste der Berufe im Anhang) ermittelt. Außerdem werden zur Beurteilung des Schichtenmerkmals die *Bildungsdauer* bzw. die erreichten *Abschlüsse* (vgl. R289) und das monatlich verfügbare Haushalts*netto*einkommen berücksichtigt (vgl. R295). Somit können auch Formen der Teilzeitarbeit, Tätigkeiten außerhalb der Erwerbsarbeit sowie Arbeitslosigkeit klassifiziert werden (vgl. Abb. 9).

Abb. 9: Entwicklung eines Schichtenmodells

Kriterium			Zugewiesene
(1) Beruf/ Berufs-ausbildung (vgl. R291, R292)	(2) Formale (Schul-) Bildung (vgl. R289)	(3) Haushaltsein-kommen netto (DM) (vgl. R295)	soziale Schicht
Landarbeiter Ungelernte Arbeiter Einfache Angestellter Beamte einf. Dienst Andere	kein Abschluß Hauptschule Hauptschule mit Lehre	bis 2000	Unterschicht
Mittlere Angestellte Mittlere Beamte Landwirte Kleinere Selbständige Mittlere Selbständige Andere	Realschule Realschule mit Lehre	bis 3000	Untere Mittelschicht
Höhere Beamte Leitende Angestellte Freier Akademischer Beruf Selbständige mit mittlerem Betrieb Andere	Abitur/Studium/ Hochschulabschluß	bis 5000	Obere Mittelschicht
Spitzenbeamte Freier Akademischer Beruf Unternehmer mit größerem Betrieb Spitzenmanager Leitende Angestellte Andere	Hochschulabschluß	ab 5000	Oberschicht

Die Zuweisung der sozialen Schicht setzt die gleichsinnige Erfüllung von mindestens zwei Kriterien voraus. Für alle Rezipienten ergibt sich mit diesen Kriterien ein eindeutiges Schichtenmerkmal. Mit Hilfe von Kreuztabellen wird die empirische Validität des Modells mit gutem Erfolg getestet.

Einschätzung von Relevanz und Vertrautheit durch den Rezipienten

Rezipienten werden gebeten, anhand einer 10stufigen Skala die persönliche und allgemeine Relevanz der Nachrichten einzuschätzen (vgl. R79, R80). Darüberhinaus haben sie auf einer 10stufigen Skala anzugeben, ob und inwieweit sie mit dem berichteten Thema/Ereignis vertraut sind (vgl. R96; vgl. auch V64, V68, V81, V102 ff.).

Verständlichkeit

Rezipienten sollen auf einer 10stufigen Skala angeben, wie verständlich sie die erinnerten Meldungen jeweils einschätzen (vgl. R95).

Interesse an politischen Fernsehsendungen

Rezipienten werden gebeten anhand einer Liste mit verschiedenen Fernsehprogrammen (Sport, Unterhaltung, Wirtschaft, Politik usw.) ihre Programmpräferenzen in eine Rangfolge zu bringen (vgl. R186 ff.).

Aktivierbares Hintergrundwissen

Durch verschiedene (Nach-) Fragen zu Fernsehnachrichten ist es möglich, das Hintergrundwissen des Rezipienten zu ermitteln. Auf einer fünfstufigen Skala wird angeben, ob und inwieweit der Rezipient Hintergrundwissen über die jeweiligen Themen aktiviert (vgl. R99).

Wiedergabemenge

Anhand eines rein quantitativen Vergleichs von Nachrichtentext und Wiedergabetext des Nachrichtenrezipienten kann ermittelt werden, wieviel Information der Rezipient wiedergibt (vgl. V105).

Korrektheit der Erinnerung

Durch einen qualitativen Vergleich der Nachrichteninhalte und der vom Rezipienten rekonstruierten Inhalte ist es möglich, anhand einer 10stufigen Skala die Korrektheit der Nachrichtenwiedergabe und die inhaltliche Richtigkeit (Sinn) *aller* rekonstruierten Inhalte zu beurteilen (vgl. R106, V106). Hinzu kommen Überprüfungen der Zahlen-, Personen- und Ortsangaben des Rezipienten (vgl. R103, R104, R105).

Kontext der Wiedergabe

Mit verschiedenen Kategorien wird der subjektive Kontext der Nachrichtenrekonstruktion klassifiziert. So kann man zwischen *ereignisbezogener* und *personalisierender* Rekonstruktion unterscheiden (vgl. V89, V90).

Wirklichkeitsbezug

Durch den Vergleich von Nachrichteninhalten und Wiedergabeinhalten wird geprüft, inwieweit der Rezipient bei seiner Rekonstruktion von Nachrichten *nicht* gesendete (fiktive) Inhalte importiert, und ob sich diese Zusätze in irgendeiner

Form noch auf Nachrichten (-kontexte) beziehen. Ermittelt wird u.a. das Weltbild des Rezipienten und die Qualität der von ihm rekonstruierten fiktiven Inhalte (vgl. R102, V110-V113).

Verständnis der Nachricht
Auf einer 9stufigen Ratingskala ist zu codieren, inwieweit der Rezipient die Nachrichten, ihre politischen Kontexte, aber *auch* fiktive bzw. *nicht korrekt* wiedergegebene Meldungen inhaltlich und/ oder sinngemäß bzw. 'objektiv' versteht (vgl. V114).

Alle Variablen der Untersuchung sind vollständig in den Codierbüchern dokumentiert (vgl. Erhebungsinstrumente im Anhang). Für die Tabellen im empirischen Teil werden stets die zugehörigen Variablen angegeben, so daß die Operationalisierung jeweils nachvollzogen werden kann.

7.3 Methodisches Design

Die theoretische Fragestellung erfordert ein methodisches Design, das die Kombination folgender Erhebungsinstrumente erlaubt (vgl. Abb. 10):[1]
- Verbale und visuelle Inhaltsanalyse der Nachrichtensendungen (Input)
- Befragung der Rezipienten zur Person und Rezeptionssituation
- Verbale und nonverbale Inhaltsanalyse der Nachrichtenwiedergaben (Output)

1. Inhaltsanalyse der Nachrichtensendungen

An sieben ausgewählten Tagen (Mittwoch, 22.06.'83, Donnerstag, 23.06.'83, Mittwoch, 14.12.'83, Donnerstag, 15.12.'83, Dienstag, 10.01.'84, Mittwoch, 11.01.'84 und Donnerstag, 12.01.'84) wurden die beiden Nachrichtensendungen "Heute" (ZDF) und "Tagesschau" (ARD) aufgezeichnet und später mit Hilfe formaler und inhaltlicher Variablen analysiert.[2]

2. Befragung der Rezipienten

Durch eine Zufallsauswahl mit dem Verfahren der Flächenstichprobe (vgl. NOELLE-NEUMANN 1963, 127 ff.) wurden in den Städten Bielefeld und Gießen 500 Adressen ausgewählt. An den o.g. Sendetagen wurden *unmittelbar* nach Ende der Nachrichten (19:20 Uhr bzw. 20:15 Uhr) von geschulten Interviewern[3] Befragungen mittels standardisierten Fragebogen durchgeführt. Es war sichergestellt, daß die Befragten[4] *vorher nicht* über ein Interview zu *Fernsehnachrichten* informiert waren.[5] Von den 500 ausgewählten Personen hatten 330 eine der beiden Nachrichtensendungen gesehen. Davon verweigerten 109 ein Interview, so daß n = 221 Befragte die Stichprobe bildeten.

Abb. 10: Mehrmethodendesign zur relationalen Input-Output-Analyse der Nachrichtenrekonstruktion (vgl. MERTEN 1985, 3).

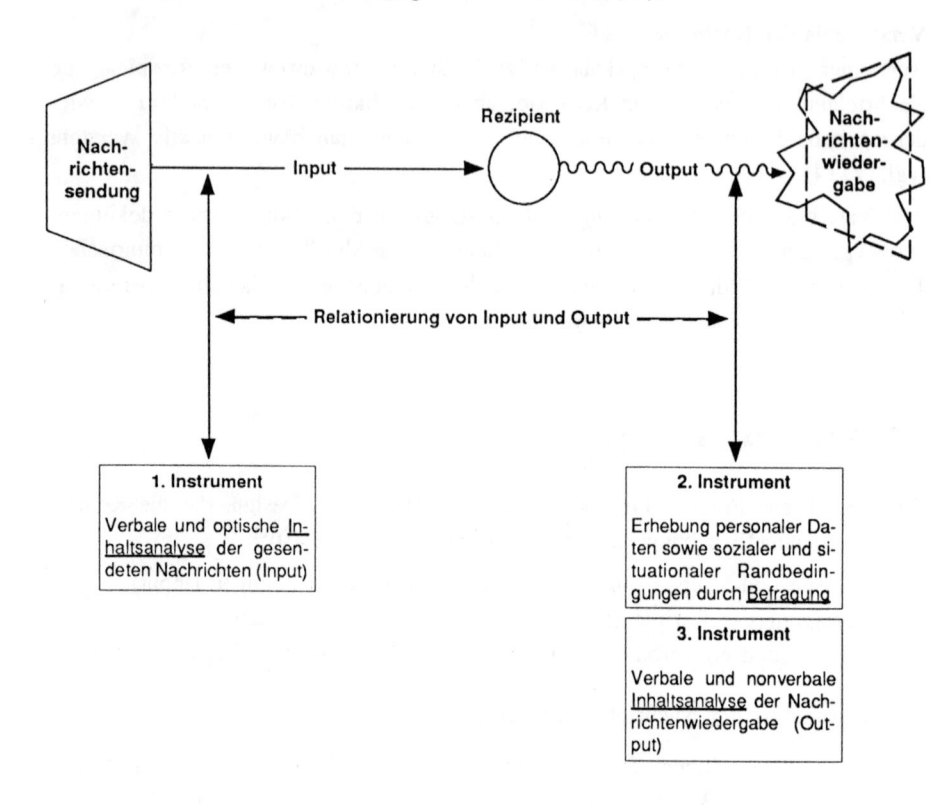

```
                              Rezipient
  ┌─────────┐                     ○                        ┌──────────┐
  │ Nach-   │                    ╱ ╲                       │ Nach-    │
  │ richten-│──── Input ────────▶   ──∿∿ Output ∿∿────────▶│ richten- │
  │ sendung │                                              │ wieder-  │
  └────┬────┘                                              │ gabe     │
       ▲                                                   └────┬─────┘
       │                                                        ▲
       │                                                        │
       └◀─────── Relationierung von Input und Output ──────────▶┘
       │                                                        │
       ▼                                                        ▼
  ┌──────────────────┐                              ┌──────────────────┐
  │ 1. Instrument    │                              │ 2. Instrument    │
  │ Verbale und op-  │                              │ Erhebung perso-  │
  │ tische Inhalts-  │                              │ naler Daten sowie│
  │ analyse der ge-  │                              │ sozialer und si- │
  │ sendeten Nach-   │                              │ tuationaler Rand-│
  │ richten (Input)  │                              │ bedingungen durch│
  └──────────────────┘                              │ Befragung        │
                                                    └──────────────────┘
                                                    ┌──────────────────┐
                                                    │ 3. Instrument    │
                                                    │ Verbale und non- │
                                                    │ verbale Inhalts- │
                                                    │ analyse der Nach-│
                                                    │ richtenwiedergabe│
                                                    │ (Output)         │
                                                    └──────────────────┘
```

Die Interviews fanden in der Wohnung der Rezipienten statt, d.h. in ihrer vertrauten Umgebung.[6] Nach Begrüßung und Vorstellung erläuterten die Interviewer - bezugnehmend auf ein Anschreiben[7] - ihr Anliegen und sicherten den Betroffenen Anonymität ihrer Antworten zu. Es wurden nur solche Personen befragt, die nach eigener Aussage *entweder* die "Heute"-Sendung *oder* die "Tagesschau" gesehen hatten.[8] Damit waren mögliche Verwechslungen von Meldungen dieser beiden Sendungen während der Nachrichtenrekonstruktion ausgeschlossen.[9] Das Interview wurde jeweils nur mit einer Person durchgeführt, um die tatsächliche Rezeptionsleistung eines *einzelnen* Zuschauers möglichst unverfälscht ermitteln zu können.

Die ersten Fragen zur Rezeptionssituation dienten dazu, anfängliche Kontakthemmungen zu überbrücken und eine vertrauensvolle Gesprächsathmosphäre herzustellen.[10] Der Rezipient wurde dann gebeten, sich an die von ihm rezipierte

Nachrichtensendung zu erinnern und ihre Themen wiederzuerzählen. Erst dann wurden zu *jeder* erinnerten Nachricht eine Reihe von Nachfragen gestellt, um den Rezipienten wiederholt zu veranlassen, die einzelne Meldung ausführlich zu rekonstruieren.[11] Durch diese sequentielle Struktur ließ sich sowohl der Effekt des *freien* Erinnerns von Themen unverzerrt ermitteln, als auch der Effekt zusätzlicher Forcierung (vgl. Kap. 7.4).

Diese Nachrichtenwiedergaben wurden mit Cassetten-Recordern mitgeschnitten.[12] Anschließend wurden die Rezipienten zu Mediennutzung und Präferenzen, zur Person sowie zu üblichen demographischen Daten befragt.

3. Inhaltsanalyse der Nachrichtenwiedergabe

Die aufgezeichneten Protokolle der Nachrichtenwiedergabe durch die Rezipienten wurden von geschulten Fachkräften transkribiert.[13] Die Transkriptionen (ca. 10 000 Seiten) wurden sowohl quantitativ als auch qualitativ nach verbalen und nonverbalen Merkmalen codiert.

Eine physikalisch-akustische, aber auch phonetische oder streng linguistische Analyse kann aufgrund technischer und organisatorischer Restriktionen nicht durchgeführt werden. Versucht wurde auch, "proximal cues of vocalization characteristics" (SCHERER 1982, 171 ff.) zu bilden, indem ohne technische Zusatzeinrichtungen hörbare Merkmale anhand von "folk categories" klassifiziert wurden. Der gravierendste Nachteil dieser Methode liegt in der möglichen Variablenvielfalt und in der Trennschärfe einzelner intuitiv gewonnenen Konzepte. In einzelnen Charakterisierungen wird die Sprechweise pragmatisch bewertet, da nur subjektiv auffallende Typen der Sprechprodukte codiert werden konnten (STALNAKER 1974, 153, 159 ff.; KATZ/SHARROCK 1976; 245 ff.). "It is interesting that many works of fiction use voice descriptions instead of personality of mood characterizations, presumably because the authors assume the existence of stereotypical inference links between particular types of voice descriptors and personality and mood categories. In general, research on voice and personality has that stereotypical inference rules linking particular vocal characteristics to personality traits are very strong" (SCHERER 1982, 172). Das Studium von Sprechmerkmalen bei der Nachrichtenrekonstruktion steckt noch in den Anfängen, denn ihre Transkription und Codierung sind technisch und zeitlich sehr aufwendig.

Die inhaltliche Codierung der Wiedergabe erfolgte *relational* im Hinblick auf die gesendeten Inhalte (vgl. Abb. 8). Dadurch war es möglich, Verzerrungen, Weglassungen und Zusätze festzustellen.[14] Darüberhinaus wurde der Versuch unternommen, neben den kognitiven auch die *emotionalen* Komponenten des Rekonstruktionsprozesses zu analysieren.

7.4 Repräsentativität

Das gewählte Verfahren der Flächenstichprobe wird dem Typ einer Zufallsauswahl gerecht (vgl. FRIEDRICHS 1973; BORTZ 1984). Eine Überprüfung des gezogenen Samples der befragten Personen läßt sich recht einfach vornehmen, wenn man einen Vergleich mit demographischen Merkmalen des Bevölkerungsaufbaus der Bundesrepublik vornimmt. In Abb. 11 ist dieser Bevölkerungsaufbau anhand der demographischen Variablen Alter und Geschlecht dargestellt, wie er sich aus dem amtlichen statistischen Jahrbuch (vgl. STATISTISCHES BUNDESAMT 1984, 60 f.) ergibt. Gleichzeitig sind die entsprechenden Werte des Samples dieser Untersuchung (gestrichelte Linie) eingetragen.

Es zeigt sich, daß das Sample der Nachrichtenrezipienten von der Grundgesamtheit in zwei Richtungen etwas abweicht: Zum einen sind Frauen überrepräsentiert, zum anderen ist der Anteil der 20- bis 25jährigen überrepräsentiert, der Anteil der 40- bis 60jährigen unterrepräsentiert.

Möglicherweise wurden an den Interviewornten (Bielefeld und Gießen) überproportional jüngere Personen, insbesondere Studenden, angetroffen. Dabei handelt es sich um einen Personenkreis, der beim Forschungsinterview die geringsten Verweigerungsraten produziert.

Zur weiteren Kontrolle wird die Variable "Schulbildung" (R289) herangezogen (vgl. Tab. 2). Dabei zeigt sich, daß der Anteil der höher gebildeten Befragten in der vermuteten Weise überrepräsentiert ist. Diese Feststellung ist wichtig im Hinblick auf die Repräsentativität der Stichprobe bzw. die darin implizierte Validitätsaussage (sample-validity): Erst die Aufdeckung der *Abweichung* von der Grundgesamtheit macht es möglich, geeignete statistische Korrekturen einzusetzen und damit die Gültigkeit wieder herzustellen.

Insgesamt liegen der Auswertung 221 Interviews zugrunde. Wegen fehlerhafter Befragung sowie technischer Probleme konnten 23 Interviews nicht in die Auswertung einbezogen werden, so daß ein Sample von 198 Rezipienten mit insgesamt 630 Rekonstruktionsakten verbleibt.

Abb. 11: Vergleich des Samples mit der Grundgesamtheit in Bezug auf die demographischen Variablen Alter und Geschlecht

Altersaufbau der Bevölkerung am 31.12.1982

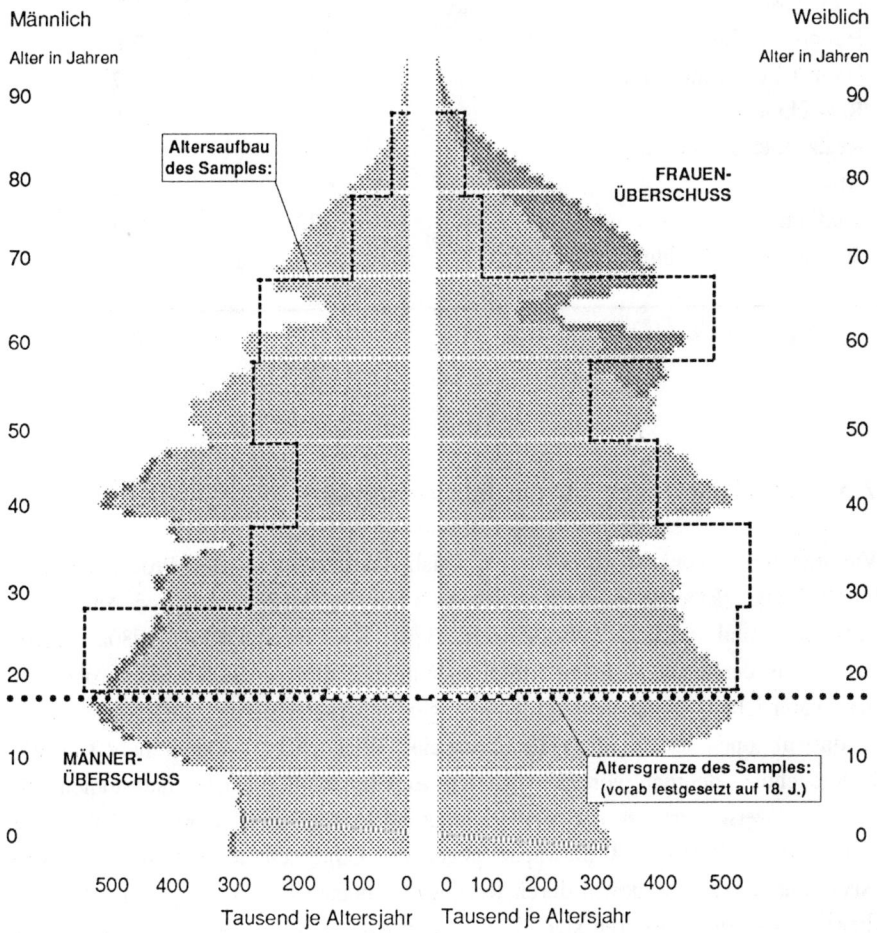

Männlich — Weiblich

Alter in Jahren

Altersaufbau des Samples:

FRAUEN-ÜBERSCHUSS

MÄNNER-ÜBERSCHUSS

Altersgrenze des Samples: (vorab festgesetzt auf 18. J.)

500 400 300 200 100 0 0 100 200 300 400 500
Tausend je Altersjahr   Tausend je Altersjahr

Quelle: Statistisches Bundesamt 84 0242

Tab. 2: Verteilung der Variable Schulbildung in der Stichprobe

Schulabschluß (R289)	Zahl der Fälle	in %
kein Abschluß	1	0.5
Hauptschulabschluß	39	17.6
Hauptschulabschluß mit Lehre	37	16.7
Realschule	18	8.1
Realschule mit Lehre	28	12.7
Abitur	49	22.2
Studium	23	10.4
Studium mit Abschluß	26	11.8
	221	100.0

7.5 Validitätsprüfung für die Inhaltsanalyse

Validität (Gültigkeit) ist ein wichtiges Qualitätskriterium für den Prozeß der Datenerhebung. **Externe** Validität bezieht sich auf die Entsprechung von Analyseergebnissen und sozialer Wirklichkeit (vgl. KRIPPENDORFF 1980a, 156). Angesichts der - mit geringen Einschränkungen - repräsentativen Stichprobe und der natürlichen Untersuchungsbedingungen charakterisieren die Nachrichtenrekonstruktionen relativ unverfälscht soziale Wirklichkeit. Damit hebt sich die Untersuchung deutlich von der Qualität *experimenteller* Nachrichtenstudien mit vergleichsweise geringer externer Validität ab.[15] Andererseits muß selbstkritisch festgehalten werden, daß Einwände *gegen* die Gültigkeit der Inhaltsanalyse von Nachrichtenrekonstruktionen durch Rezipienten mangels direkt vergleichbarer Studien[16] kaum zu präzisieren sind. Damit kann externe Gültigkeit zumindest bis auf weiteres unterstellt werden.[17]

Üblicherweise beschränkt sich jedoch die Gültigkeitsprüfung bei Inhaltsanalysen auf eine Prüfung der **Reliabilität** (Zuverlässigkeit), d.h. auf die Ermittlung **interner** Validität. Die **Intercoderreliabilität** geht von der Übereinstimmung der Codierentscheidungen mehrerer Codierer aus, die unabhängig voneinander codieren.

Übersichtlich diskutiert MERTEN (1983, 303 ff.) verschiedene Prüfverfahren für die Intercoderreliabilität. Für das Nominalskalenniveau wird der von HOLSTI (1963, 49) vorgeschlagene Koeffizient genannt:

$$C = \frac{2C_{1,2}}{C_1 + C_2}$$

Dabei bedeutet:

$C_{1,2}$ = Zahl der übereinstimmenden Codierentscheidungen
C_1 = Gesamtzahl der von Codierer 1 zu treffenden Codierentscheidungen
C_2 = Gesamtzahl der von Codierer 2 zu treffenden Codierentscheidungen

Problematisch ist dieses Maß allerdings bei wenigen Alternativen pro Codierentscheidung, da der Wert zufallsmäßig auf 0.5 anwachsen kann (vgl. MERTEN 1983, 304).
Die Berechnung dieser Zufallsübereinstimmung ist in der von SCOTT (1955) korrigierten Formel möglich:

$$\pi = \frac{(C-P)}{1-P}$$

Dabei bedeutet:

C = Prozentsatz gleicher Entscheidungen zweier Codierer
P = Zufällige Wahrscheinlichkeit für die zufällig bedingte Codierentscheidung

Kritisch bleibt, daß beide Formeln nur die paarweise Übereinstimmung zwischen *je* zwei Codierern messen. Eine Erweiterung der Messung von paarweiser Intercoderreliabilität auf m von n Codierer hat CRAIG (1981) vorgeschlagen:

$$P_i = \frac{C_{m/n} - P_{m/n}}{1 - P_{m/n}}$$

Dabei ist:

n = Anzahl der Codierer
m = Anzahl der Codierer, von denen Übereinstimmung gefordert wird

Mit diesem Koeffizienten ist eine angemessenere Gültigkeitsprüfung möglich.
Drei zufällig ausgewählte Nachrichtenmeldungen und ihre transkribierten Wiedergaben durch Rezipienten werden von drei Codierern voneinander unabhängig codiert. Berechnet werden dann die vorgestellten Reliabilitätskoeffizienten für drei Variablenklassen (vgl. Tab. 3):

Tab. 3: Reliabilitätsprüfungen für 3 Typen von Codierentscheidungen.

Variablentyp	Mittlerer Reliabilitätskoeffizient nach		
	HOLSTI (1963)	SCOTT (1955)	CRAIG (1981)
formale Variablen	1.00	1.00	1.00
semantische Variablen	.92	.89	.81
pragmatische Variablen	.71	.68	.60

1. **Formale Variablen**

   Dazu gehören Variablen der Sendezeit, Dauer eines Items in Sekunden, Zahl der Filmschnitte und Zooms, Zahl der Wörter pro Meldung, Dauer der Wiedergabe, Zahl der Sprecherwechsel (Interviewer - Rezipient), Zahl der erinnerten Items etc. Bei solchen Variablen können - wenn überhaupt - nur Flüchtigkeitsfehler auftreten.

2. **Semantische Variablen**

   Angesprochen sind hier die typischen Variablen für semantische Kategoriensysteme (z.B. Themen, Handlungsträger, Orte etc.). Neben Flüchtigkeitsfehlern können hier Fehler durch nicht eindeutige bzw. ungenaue Kategoriendefinition auftreten.

3. **Pragmatische Variablen**

   Hierzu gehören alle solche Variablen, bei denen die Codierer eine interpretative Leistung, eine vergleichsweise subjektive Einschätzung von Nachrichten- bzw. Wiedergabetexten vorzunehmen haben. Dies ist der Fall bei der Analyse von Überraschung (vgl. R19), Relevanz (R8, VV1-VV10, V102-V104 etc.) von nonverbalen Bewertungen (vgl. R57 ff., V107, V116 ff.) und bei Variablen, mit denen die Qualität (Richtigkeit der Wiedergabe, 'objektives' Gesamtverständnis etc.) der Nachrichtenwiedergabe erhoben wird.

   Für die meisten pragmatischen Variablen ist anzumerken, daß diese anhand von 7- oder 9stufigen Skalen gewonnen wurden. Die aufgeführten Werte berücksichtigen *nicht* die Nähe/ Distanz der Codierung untereinander. Geschähe dies, was gleichbedeutend wäre mit einer Verringerung der Skalenstufen, so würde der jeweilige Koeffizient und damit die Gültigkeit erheblich größer ausfallen (vgl. MERTEN 1983, 306). Im Vergleich zu anderen Studien[18] ergeben selbst die schwächeren Werte ein akzeptables Ergebnis.

7.6 Verwendung der Erinnerungsmethode

Die Erinnerung *an* Nachrichten wird in der vorliegenden Untersuchungen als Indikator für die Selektion[19] bzw. die Rekonstruktion von Nachrichten durch den Rezipienten benutzt. Nachrichteninhalte, die der Rezipient nicht erinnern kann, haben keine unmittelbaren Wirkungen bzw. Konsequenzen für seine Wissensstrukturen (vgl. WOODALL et al. 1983, 4).[20] In der Nachrichtenforschung ist der Indikator (resp. die Methode) der Erinnerung bereits seit längerem eingeführt und darf als valide gelten (vgl. BOOTH 1970; ROBINSON/LEVY 1986). Entscheidend ist jedoch der *Typus* der Erinnerung, zu der der Rezipient angehalten wird. Es lassen sich unterscheiden:

1. **Freie Erinnerung (free recall, unaided recall)**

   Hier wird der Rezipient einfach aufgefordert, sich an die Nachrichtensendung bzw. Einzelheiten einer Meldung zu erinnern, **ohne** daß ihm irgendwelche Hilfen dabei gegeben werden. Dieser Typus führt zu den geringsten Erinnerungsleistungen (vgl. NEUMANN 1976, 119; BERRY 1983, 360 ff.).

2. **Erinnerung mit Erinnerungshilfen (aided recall)**

   Hierbei werden dem Rezipienten Interpretationshilfen gegeben, die das Erinnern erleichtern. Eine Erinnerungshilfe in Form von inhaltlichen Stichwörtern oder von Nachfragen nach konkreten Einzelheiten setzt allerdings voraus, daß der **Interviewer** die gesendeten bzw. rezipierten Inhalte kennt. Dieser Typus produziert höhere Erinnerungsraten (vgl. STAUFFER et al. 1983, 31 ff.).

3. **Multiple-Choice-Fragen**

   Um die Erinnerung an Fernsehnachrichten zu messen, werden auch Multiple-Choice-Vorgaben benutzt, anhand derer der Rezipient Detailfragen über rezipierte Inhalte beantworten kann. Diese Methode produziert im Vergleich zu 1. und 2. bessere Erinnerungsleistungen (vgl. STAUFFER et al. 1981, 257 ff.) ist aber hinsichtlich der Validität der Erinnerung (und der Verständisleistungen) eher problematisch (vgl. FÜHLAU/WOHLERS 1977, 398; WODDALL et al. 1983, 5, 21 f.). Da die Antworten im Multiple-Choice-Test bereits vorgegeben sind, werden möglicherweise vom Rezipienten gar nicht erinnerte Einzelfakten aus dem Zusammenhang gerissen und bekommen einen anderen Stellenwert (vgl. HUTH et al. 1977, 408 ff.; LUTZ/WODAK 1987, 44 f.).

In der vorliegenden Untersuchung wird aus Validitätsgründen der erstgenannte Typus verwendet. Erst wenn der Rezipient eine Nachricht frei erinnern kann, werden ihm zu jeder selbständig erinnerten Nachricht einzelne Nachfragen gestellt. Hier werden ebenfalls "free-recall"-Anforderungen gestellt. Durch diese sequentielle Struktur lassen sich die Merkmale der Nachrichtenrekonstruktion unverzerrter ermitteln. Außerdem verlangt das verwendete methodische Design (vgl. Abb. 9), daß die Befragungen der Rezipienten *unmittelbar nach* Ende der jeweiligen Nachrichtensendung beginnen sollten, um einerseits die Vergessensleistung qua Zeit gering zu halten[21] und um spätere Störeinflüsse (z.B. Diskussionen über Nachrichtensendungen, weitere Rezeption von Fernsehsendungen etc.) soweit wie möglich auszuschalten. So kennen die Interviewer selbst gar nicht die gerade gesendeten Nachrichten und können daher auch *nicht* dem Befragten konkrete Erinnerungshilfen geben.

7.7 Zur Psychologie von Frage und Antwort

Der Nachrichtenrezipient beantwortet die Fragen bei der rekonstruktiven Darstellung von Meldungen mit Hilfe bestimmter kognitiver **und** motivationaler Prozesse (vgl. Abb. 12).

1. **Interpretation der Frage**

    Der Rezipient muß die Fragefunktion (Wie, Was, Warum, Wer, Wo?), die in der Frage enthaltene Behauptung bzw. die implizierte Wissensstruktur verstehen. Die Behauptungen ähneln formal Propositionen mit einem Argument.[22] Wenn der Rezipient dieses Argument nicht versteht, kann er keine sinnvolle Antwort geben.

2. **Auswahl der Fragekategorie**

    Fragekategorien besitzen eine (einheitliche) symbolische Prozedur (vgl. SCHUMAN/PRESSER 1981, 23 ff., 79 ff.), die relevantes (semantisches) Wissen zur Beantwortung spezifizieren. GRAESSER/ MURACHVER (1985) haben dreizehn Fragekategorien[23] vorgeschlagen, die in den formulierten Fragen verwendet werden:

    - Verursachung (z.B. Frage nach Verzerrungen)
    - Zielorientierung (z.B. Frage nach weiteren Einfällen)
    - Sachliche Dimension (z.B. Frage nach erinnerten Themen und Ereignissen)
    - Folgen und Konsequenzen (z.B. Frage nach Relevanz)
    - Verifikation (z.B. Frage nach Hauptperson)
    - Disjunktiv (z.B. Frage nach Bekanntheit der erinnerten Hauptperson)
    - Instrumental/prozedural (z.B. Frage nach Verständlichkeit)
    - Vollständigkeit (z.B. Gründlichkeit der Darstellung)
    - Erwartbarkeit (z.B. Frage nach Relevanz und Auffallendem)
    - Evaluation (z.B. Frage nach Bewertung von Personen)
    - Quantifikation (z.B. Frage nach Ereignissen)

- Merkmalspezifizierung (z.B. Frage bzw. Bitte nach/ um Konkretion)
- Andere

Abb. 12: Kognitive und motivationale Prozesse bei der Beantwortung von Fragen (aus: GRAESSE/MURACHVER 1985, 17)

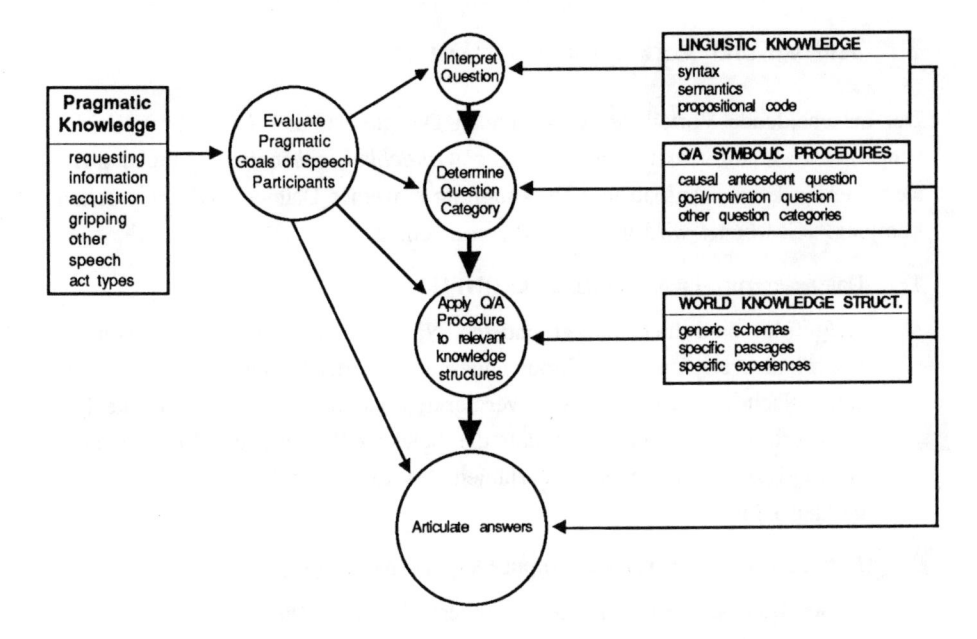

```
Pragmatic Knowledge
  requesting
  information
  acquisition
  gripping
  other
  speech
  act types

Evaluate Pragmatic Goals of Speech Participants
  → Interpret Question
      LINGUISTIC KNOWLEDGE
        syntax
        semantics
        propositional code
  → Determine Question Category
      Q/A SYMBOLIC PROCEDURES
        causal antecedent question
        goal/motivation question
        other question categories
  → Apply Q/A Procedure to relevant knowledge structures
      WORLD KNOWLEDGE STRUCT.
        generic schemas
        specific passages
        specific experiences
  → Articulate answers
```

3. **Verwendung relevanter Wissensstrukturen**

    Die symbolischen Prozeduren der jeweils verwendeten Fragekategorien müssen zu allgemeinem (Alltags-) Wissen und speziellem Themenwissen 'passen'. Nur so kann der Rezipient die Frage verstehen *und* beantworten.[24]

4. **Artikulation der Antwort**

    Frageformulierungen bzw. -kategorien beeinflussen Antworttypen.[25] Der Rezipient muß seine Antwort verbalisieren können.

5. **Evaluation pragmatischer Ziele**

    Der Nachrichtenrezipient vollzieht bei der Beantwortung von Fragen Sprechakte in einem bestimmten sozialen Kontext,[26] wodurch Form und Inhalt von Antworten entscheidend mitbestimmt werden.

JENSEN (1986) und LUTZ/WODAK (1987, 105 f.) diskutieren ansatzweise die (Sozial-) Psychologie von Interviews mit **Nachrichtenrezipienten**. In der vorliegenden Untersuchung wird auch erhoben, welche Schwierigkeiten Rezipienten bei der Beantwortung einzelner Fragen haben.[27] Zusätzlich lassen sich durch die Transkription des gesamten Rekonstruktionsprozesses motivationale Prozesse der Fragenbeantwortung beschreiben.

7.8 Aufbau und Verknüpfung der Dateien

Der entscheidende Vorteil des vorliegenden Designs ist, daß der gesamte Erinnerungs- bzw. Rekonstruktionsprozeß unter *wirklichkeitsnahen* Bedingungen analysiert werden kann. Aufbau und Verknüpfung einzelner Dateien sind entsprechend komplex. Gearbeitet wird mit zwei Datensätzen:

1. **Datensatz zur Nachrichtenanalyse** (INPUT)

   Aufgeführt sind hier **alle gesendeten** Nachrichtenmeldungen, die von den Nachrichtenrezipienten als Input angesehen werden konnten. Für jede einzelne Nachrichtenmeldung wird vermerkt, ob sich der Rezipient an die Meldung erinnert oder nicht, so daß die Selektionsleistung des Rezipienten in Abhängigkeit von *medialen* Variablen des Inhalts und der Form überprüft werden können.

2. **Datensatz für die relationale Input-Output-Analyse** (RELSYS-E)

   Dieser Datensatz erfaßt für jede erinnerte Meldung (Item) die Daten der gesendeten Nachricht (INPUT), seine verbale und nonverbale Wiedergabe (ITEM + NEU) sowie alle Befragungsdaten (BEFRA). Die *Einzel*dateien der verschiedenen Inhaltsanalysen und der Befragung mußten mit Hilfe verschiedener, komplizierter Einzelprogramme zu einer *Gesamt*datei zusammengefügt werden. Somit können Input und Output in Abhängigkeit demographischer, personaler und situationaler Daten der Rezeption relationiert werden.

Berücksichtigt werden Variablen der Gewichtung einzelner Fälle (z.B. mit der Anzahl erinnerter bzw. gesendeter Items). Die nachfolgende Abbildung verdeutlicht Design und Datenorganisation (vgl. Abb. 13). Insgesamt führt die Systemdatei RELSYS-E 92 Variablen zur Inhaltsanalyse der Nachrichten, 301 Variablen zur Befragung der Rezipienten und 172 Variablen zur Inhaltsanalyse der Nachrichtenwiedergabe auf. Die enorme Menge der Daten zwingt dazu, sich auf wesentliche Variablen zu beschränken, die in den folgenden Kapiteln beschrieben und explorativ analysiert werden.

Abb. 13: Design und Datenorganisation

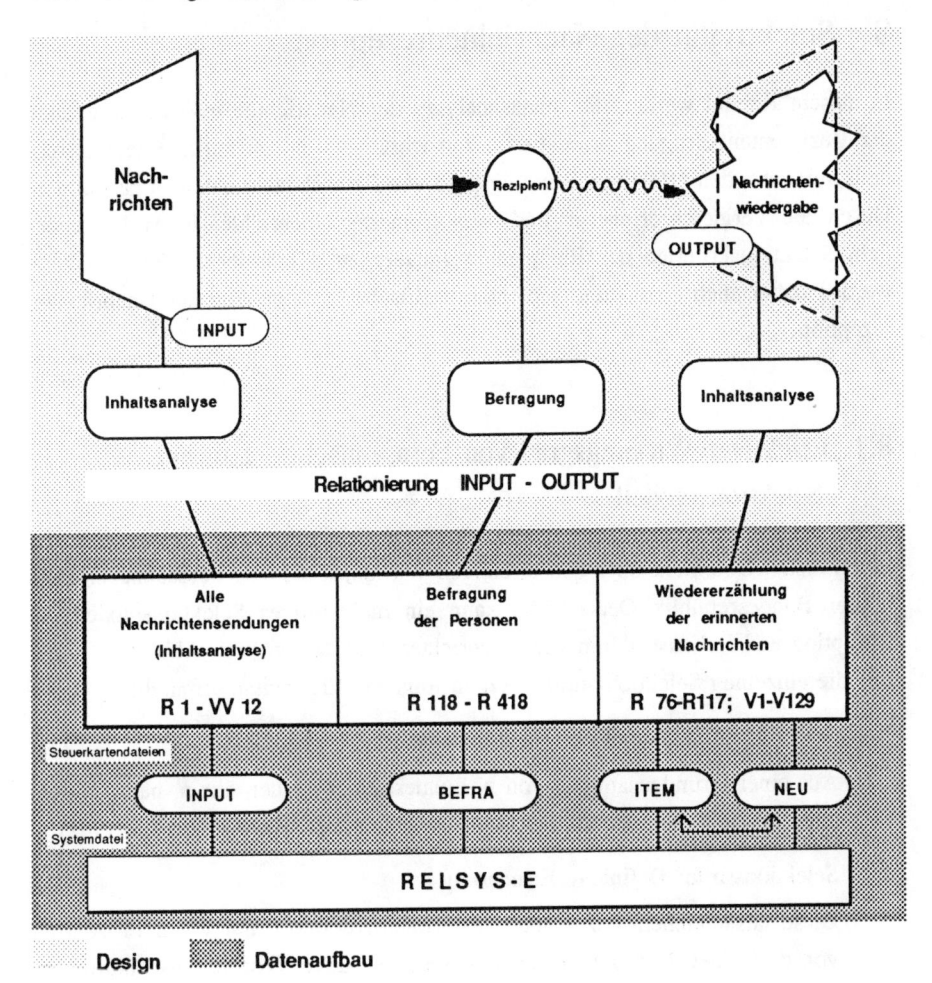

8. Selektivität der Nachrichtenrezeption

In diesem Kapitel werden die Inhaltsanalysen der Nachrichten und die Ergebnisse der Rezipientenbefragung präsentiert. Zunächst wird anhand eines Selektionsmodells versucht, den effektiven Wirkungsgrad von Fernsehnachrichten zu bestimmen. Durch den Vergleich erinnerter und *nicht* erinnerter Nachrichten ist es dann möglich, Selektionskriterien des Rezipienten genauer zu beschreiben. Berücksichtigt werden dabei auch alters- und schichtenspezifische Bedingungen der Nachrichtenrezeption.

8.1 Effektiver Wirkungsgrad von Fernsehnachrichten: ein Selektionsmodell

Einen ersten Überblick über den *effektiven* Wirkungsgrad von Fernsehnachrichten in der Bundesrepublik Deutschland kann ein mehrstufiges Selektionsmodell der Rezeption und Rekonstruktion von Nachrichten verschaffen (vgl. Abb. 14).
Für die einzelnen Selektionsstufen werden folgende Ergebnisse ermittelt:

1. **Selektionsstufe: Anteil der Nachrichtenseher**

   Aus einer Grundgesamtheit von N Bundesbürgern sehen nur n, nämlich 66% aller Erwachsenen abends Fernsehnachrichten (vgl. BERG/KIEFER 1982).

2. **Selektionsstufe: Definitive Erinnerung**

   Diese tatsächlichen Rezipienten (n) erinnern definitiv nur einen Prozentsatz von d % (hier 23,6 %). Oder anders ausgedrückt: Von durchschnittlich ca. 13 täglich gesendeten Fernsehnachrichten erinnern die Zuschauer lediglich drei Meldungen.

3. **Selektionsstufe: Erzählung von erinnerten Nachrichten**

   Von den definitiv erinnerten Nachrichten kann eine Textmenge m % erzählt werden. 39,9 % der Textmenge von erinnerten Nachrichten wird erzählt, wobei hier noch nicht geprüft wird, inwieweit die Wiedergabe der Nachrichten korrekt ist.

Abb. 14: Selektionsmodell zur Darstellung der Reichweite, des Nutzungs- und des Verstehensfaktors von Nachrichten

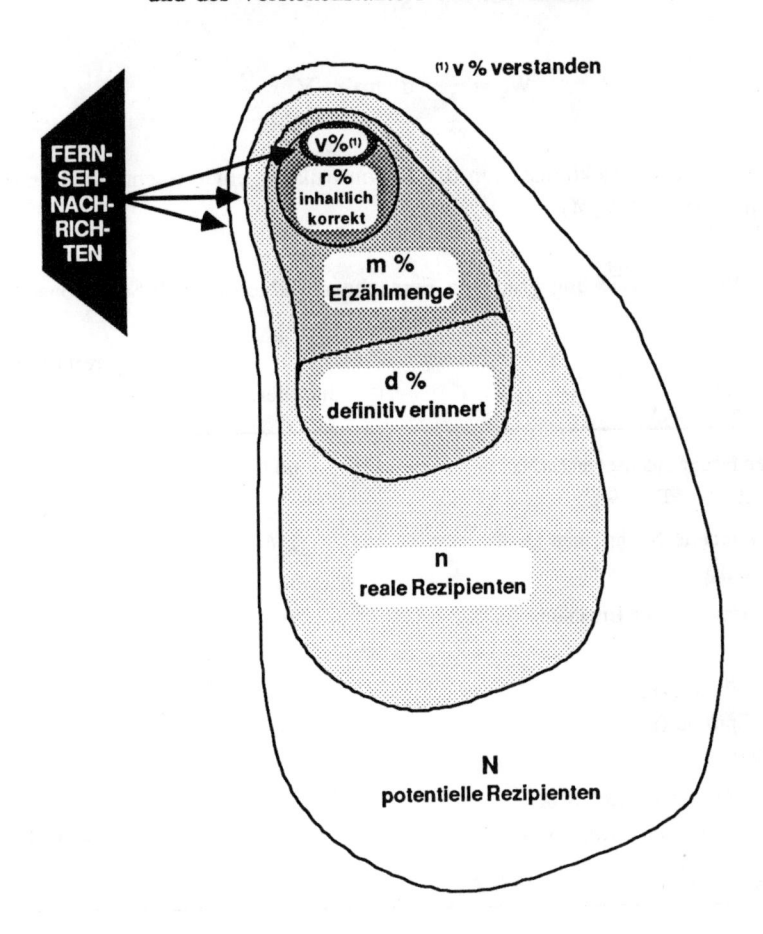

(Figure: Selektionsmodell mit Ebenen – FERNSEHNACHRICHTEN → v%⁽¹⁾ verstanden → r% inhaltlich korrekt → m% Erzählmenge → d% definitiv erinnert → n reale Rezipienten → N potentielle Rezipienten)

4. **Selektionsstufe: Richtigkeit der Wiedergabe**

   Nur ein Anteil r % der erinnerten Nachrichten wird inhaltlich richtig wiedergegeben (vgl. V106). Ungefähr 74 % aller Nachrichtenwiedergaben sind richtig oder in etwa korrekt; 26 % aller erzählten Nachrichten hingegen werden mehr oder weniger falsch erinnert und wiedergegeben.

5. **Selektionsstufe: Objektives Gesamtverständnis**

   Meistens versteht der Rezipient das richtig Erinnerte (v %). Jedoch wird ein Teil (34,5 %) der korrekt behaltenen Nachrichten objektiv mißverstanden. Der Sinngehalt der Nachrichten und ihr Kontext wird nicht oder nur mangelhaft erfaßt.

Bezogen auf die bundesdeutsche Bevölkerung läßt sich ein effektiver Wirkungsgrad von Fernsehnachrichten mit der Gleichung

$$W_e = \frac{n}{N} \cdot d \cdot m \cdot r \cdot V$$

bestimmen, der alle Selektionsstufen der Rekonstruktion einer Nachrichtensendung berücksichtigt (vgl. Tab. 4):

Tab. 4: Effektiver Wirkungsgrad von Fernsehnachrichten nach 5 Selektionsstufen

Selektionsstufe	Einzelfaktor	Hochgerechneter Gesamtfaktor
Anteil der Nachrichtenseher (n/N) (vgl. BERG/KIEFER 1982)	.660	.660
definitiv erinnerte Nachrichten (d %) (vgl. EZAHL)	.236	.156
Wiedergabemenge der Erzählung (m %) (vgl. V105)	.399	.062
inhaltliche Richtigkeit der erzählten Episode (r %) (vgl. V106)	.740	.046
objektives Gesamtverständnis der korrekt erzählten Nachrichte (v %) (vgl. V114)	.655	$W_e = .030$

Begreift man *nur* die (definitive) *Erinnerung* an Nachrichten (= 23,6 %) (vgl. dazu auch STAUFFER et al. 1983; FINDAHL/HÖIJER 1985) als 'Wirkung' so kann man von einem knapp *16 %igen* Wirkungsgrad der Fernsehnachrichten ausgehen (= Produkt aus Nutzungsfaktor und Erinnerungsfaktor). Stellt man allerdings *auch* - wie von der Medienwirkungsforschung in zunehmendem Maße gefordert - *qualitative* Kriterien des **Erinnerns und Verstehens** in Rechnung, kann man nur noch einen **effektiven** Wirkungsgrad von 3 % ermitteln. Sinngemäß heißt das mit anderen Worten: *Nur jeder 33.* deutsche Fernsehzuschauer kann die ARD- und ZDF-Fernsehnachrichten ausreichend verstehen *und* korrekt wiedergeben.

8.2 Vergleich erinnerter und nicht erinnerter Nachrichten

Der Vergleich erinnerter und nicht erinnerter Nachrichten zeigt, ob und nach welchen Selektionskriterien der Nachrichtenrezipient einzelne Meldungen verarbeitet und behält. Zunächst werden formale Variablen (der Präsentation) betrachtet (vgl. Tab 5):

Tab. 5: Mittelwertvergleich formaler Variablen erinnerter und nicht erinnerter Nachrichten

Variable	nicht erinnerte Meldungen	erinnerte Meldungen (Items)
Dauer in sec. (R3)	60.1	109.7**
Zahl der Wörter pro Meldung (R69)	130.3	232.7**
Zahl der Schnitte pro Item (R71)	3.4	6.8**
Durchschnittlicher Rangplatz (R2)	8.4	5.9**

T-Test signifikant bei
** : $p \leq .001$

Für alle formalen Merkmale werden signifikante Mittelwertdifferenzen festgestellt. Durchgängig zeigt sich eine *Überhöhung* journalistischer Gestaltungsfaktoren für die *erinnerten* Nachrichten.

Festzuhalten bleibt als induktive Hypothese:

h_1 Die jeweils **ersten** Meldungen (Aufmacher) einer Nachrichtensendung werden vom Rezipienten häufiger erinnert als andere Meldungen.

Die Position einer Meldung ist u.a. wichtiger Indikator für die Bedeutung eines Ereignisses. Wie u.a. Studien von SCHULZ (1982, 146 f.) und STAUFFER et al. (1983, 36) zeigen,[1] orientieren sich Rezipienten an den Meldungen des Tages und können sie tendenziell besser erinnern. Zu erwähnen ist allerdings, daß die jeweils letzten Nachrichten wieder besser erinnert werden als solche, die hinter der Reihenmitte plaziert wurden (vgl. STRASSNER 1982, 340 ff.). Hierfür sind Überlagerungseffekte ("proactive-interference") u.a. bei der Erinnerung von Fernsehnachrichten verantwortlich (vgl. GUNTER et al. 1980, 216 ff.).

Eine weitere induktive Hypothese ist zu formulieren:

h_2 **Längere** Meldungen erinnert der Rezipient häufiger als kürzere Meldungen.

Auch dieses formale Merkmal steht in engem Zusammenhang mit der Relevanz der Nachrichteninhalte, die der Rezipient erinnert (vgl. SCHULZ 1982, 146). Einen positiven Einfluß der Dauer einer Meldung auf die Rezeption haben u.a. BOOTH (1970, 609) und STAUFFER et al. (1978) nachgewiesen.

Dauer und Rang einer Nachricht sind mithin *auch die* Indikatoren journalistischer Relevanz eines Ereignisses. So ist zu vermuten, daß Rezipienten in der Tat die wichtigsten Meldungen bevorzugt selegieren und besser erinnern können.

Ein differenzierteres Bild von der Bedeutung einzelner Nachrichten für den Rezipienten läßt sich aber erst gewinnen, wenn man die Ausprägungen von Inhaltsvariablen erinnerter und nicht erinnerter Nachrichten vergleicht (vgl. Tab. 6).

Tab. 6: Mittelwertvergleich inhaltlicher Variablen erinnerter und nicht erinnerter Nachrichten

Variable	nicht erinnerte Meldungen (Items)	erinnerte Meldungen (Items)
wichtiges Inlandthema (Arbeitslosigkeit, Umweltschutz, Krieg und Frieden) (in %) (R4)	24.9	34.3**
Ort der Handlung (Bonn, Moskau, Washington) (in %) (R6)	29.0	39.0**
Allgemeine Relevanz (Skala 1-10) (R8)	2.2	2.4**
Betroffene Population der BRD (in %) (R 10)	37.0	45.0*
Relevanz nach Organisation (R 12)	1.45	1.63*
Frist-Dauer des Ereignisses (Skala 1-5) (R15)	2.2	2.5**
Überraschung (Skala 1-4) (N 19)	2.6	2.3**
Spitzenpolitiker (in %) (N 22)	36.0	56.0**
Wirksamkeit (Skala 0-4) (VV 5)	3.2	3.5**
Konflikthaftigkeit (Skala 0-9) (VV 10)	2.8	3.2**

T-Test signifikant bei
** : $p \leq .001$
* : $p \leq .01$

Betrachtet man die Ergebnisse genauer, so zeigt sich dann aber, daß *weniger* Überraschung (vgl. R19) als vielmehr **Relevanz** *das* entscheidende Rezeptionskriterium ist.

Dazu läßt sich folgende induktive Hypothese formulieren:

h₃ Allgemein **relevantere** Nachrichten werden eher erinnert als weniger relevante Nachrichten.

Die Überlegungen von KELLERMANN (1985, 87 f.) und von van DIJK (1987, 22 f.) gehen davon aus, daß allgemein relevantere Nachrichten von den Rezipienten umfassender verarbeitet werden und dadurch leichter erinnert werden können. Nachrichtenrezeption gelingt also nicht nur infolge institutionalisierter "Aufmerksamkeitszumutung" (LUHMANN 1981, 316), sondern auch als Steigerung von freiwilliger, interessenbedingter Aufmerksamkeits**zuwendung**.
Unterscheidet man nach Relevanzdimensionen des von FINDAHL/HÖIJER (1985) diskutierten Nachrichtenschemas, kann man außerdem folgende induktive Hypothesen festhalten:

h₄ Nachrichten mit **bedeutenden Themen** (Arbeitslosigkeit, Ökologie, Krieg und Frieden) werden häufiger behalten als Meldungen, die über andere Themen berichten.

Die Studien von GUREVITCH/LEVY (1986, 164 ff.); van DIJK (1986, 138) und LUTZ/WODAK (1987, 159 ff.) weisen auf diesen Zusammenhang hin: Rezipienten verarbeiten die soziale Wirklichkeit mit relativ wenigen Themenkategorien (vgl. ERBRING et al. 1980, 23 ff.; GRABER 1984, 183 ff.). Sie **selegieren** damit aus der politischen Agenda eine am eigenen Weltbild orientierte **subjektive** politische Agenda (vgl. JENSEN 1986, 187, ff.).

h₅ Nachrichtenereignisse aus **wichtigen Regierungszentren** (wie etwa Bonn, Moskau oder Washington) werden vom Rezipienten häufiger erinnert als Nachrichtenereignisse aus anderen Orten.

Aufgrund verschiedener empirischer Studien stellen BOOTH (1970, 609 f.); FINDAHL/ HÖIJER (1976, 14 ff.) und FINDAHL/HÖIJER (1985, 385 ff.) fest, daß sich Zuschauer an Hauptstädte besser erinnern können als an andere Orte. Kritisch hat sich BODENSIECK (1985) in diesem Zusammenhang mit der Rezeption von Gebäude-Hintergründen (politischer Entscheidungszentren) in westdeutschen Nachrichtensendungen auseinandergesetzt.

h₆ Nachrichten über **Spitzenpolitiker** werden vom Rezipienten eher behalten als Nachrichten über andere Personen.

Die Funktion einer **personalisierenden** Nachrichtendarstellung haben u.a. IYENGAR et al. (1982, 852 ff.); BENNETT (1983); GRABER (1984, 163 ff.)

untersucht. Eine britische Nachrichtstudie interpretiert die Orientierung an politischer Prominenz folgendermaßen: "Awareness was relatively consistent with respect to identification of prominent political figures. ... Political figures who had been prominent in the news over a long period were well known to the respondents ... These findings would suggest that awareness of prominent figures in the new may need to take into account the history of a personality's or an issues appearance in the news in addition to the recent level of prominence, when measuring public awareness and indepth knowledge about this item" (GUNTER 1985, 403).

h7   Nachrichten, die von **bedeutenden Organisationen** berichten, werden eher behalten als Meldungen, in denen von anderen Organisationen berichtet wird.

Die Erinnerung an Organisationen erleichtert dem Rezipienten die Verknüpfung und Zurechnung politischer Entscheidungen. Er kann dann flexibler die Berichterstattung über neue neue politische, ökonomische oder ökologische Kontexte interpretieren (vgl. FINDAHL/HÖIJER 1985, 385 ff.; PETERS et al. 1987, 20 ff.).

h8   Nachrichten mit **konflikthaften Themen** werden vom Rezipienten häufiger erinnert als Nachrichten mit konfliktärmeren Themen.

Dieser Zusammenhang ist in der amerikanischen Nachrichtenforschung gründlich untersucht und häufig bestätigt worden (vgl. u.a. CHAFFEE/BECKER 1975; NEUMANN 1976, 120 ff.; TICHENOR 1980, 188 ff.). Vergleicht man allerdings die direkte Konfliktwahrnehmung und die medial vermittelte Konfliktwahrnehmung, kann man feststellen: "Social conflicts in reality were considered to be more complex and more difficult to solve than in television news" (ADONI/COHEN/MANE 1984, 47). Rezipienten überschätzen die Konfliktintensität, wenn sie Nachrichten rekonstruieren. Die Analyse von Risikokommunikation versucht zu zeigen, wie die Durchschnittsbevölkerung gemeldete Katastrophen und Konflikte mit hochselektiven Strategien der Rationalisierung verarbeitet (vgl. COVELLO et al. 1986 172 ff.; JUNGERMANN/ SLOVIC 1988, 30 ff.).[2]

h9   Nachrichten über **sofort wirksame** Ereignisse können vom Rezipienten leichter erinnert werden als Nachrichten über kaum oder nie wirksame Ereignisse.

Offensichtlich erzwingen solche Nachrichten mehr Aufmerksamkeit und sind für den Rezipienten relevanter. "An event which has great consequentiality for an individual is more likely to be on mind" (BROWN/KULIK 1982, 32). Rezipienten - so ein erstes Resümee - orientieren sich offensichtlich vor allem an Inhalten bzw. Relevanzen der Nachrichten. In einem Regressionsmodell findet MERTEN (1985, 758 f.), daß in Bezug auf die Erinnerung (Zielvariable) die Relevanzvariablen 25 % der Varianz erklären.

Interpretiert man die bessere Erinnerung bestimmter Inhalte als Überhöhung der rekonstruierten Wirklichkeit, so zeigt sich für die Elemente des Nachrichtenschemas folgende Rangfolge (vgl. Tab 7.):

Tab. 7: Überhöhung bestimmter Inhalte (Nachrichtenschema) in der Erinnerung von Nachrichten

Rang	Element des Nachrichtenschemas		Überhöhungsfaktor in der Erinnerung
1.	Spitzenpolitiker	(Person)	1.56
2.	Wichtiges Thema	(Ereignis)	1.37
3.	Bonn Moskau Washington	(Ort)	1.35
4.	Konflikthaftigkeit	(Ursache)	1.14
5.	Wirksamkeit	(Wirkung)	1.06

Der Nachrichtenrezipient selegiert bevorzugt ein eher personalisiertes Bild von Politik, er überhöht hingegen vergleichsweise weniger die Konflikthaftigkeit und die Wirksamkeit der berichteten Ereignisse (vgl. FINDAHL/HÖIJER 1985, 385 ff.).

8.3 Selektivität nach Alter und sozialer Schicht

Ermittelt man die Durchschnittswerte quantitativer und qualitativer Selektionsleistungen differenziert nach Alter und sozialer Schicht der Nachrichtenrezipienten zeigen sich spezifische Unterschiede.

Alter

Für die einzelnen Lebensalterstufen erhält man folgende Durchschnittswerte (vgl. Tab. 8).
Besonders hervorzuheben ist die Gruppe der 31- bis 40jährigen Rezipienten, die vergleichsweise häufig Nachrichten erinnern können. Diese Rezipienten erinnern die Nachrichten korrekter und mit einem besseren, sinngemäßeren Gesamtverständnis.

Tab. 8: Selektionsleistungen nach Alter (R213) der Rezipienten

Selektionsleistung	Alter in Jahren					
	bis 20	21-30	31-40	41-50	51-65	über 65
Zahl definitiv erinnerter Items (Skala 1-9) (EZAHL)	2.9	3.3	3.5	2.8	2.7	2.9
Wiedergabemenge in % (V105)	28.6	34.6*	43.8	37.5	46.6*	44.6*
Richtigkeit der erzählten Nachricht (Skala 1-9) (V106)	5.6	6.0	6.2	5.7	5.7	5.7
Gesamtverständnis (Skala 1-9) (V114)	4.6	5.0*	6.0*	4.9	5.4	4.9
	(n=7)	(n=70)	(n=36)	(n=25)	(n=41)	(n=17)

* : signifikante Gruppenunterschiede
$p \leq .05$ (Duncan's multiple range test)

Soziale Schicht

Die Selektionsleistungen von Nachrichtenrezipienten unterliegen schichtenspezifischen Einflüssen (vgl. Tab. 9). Rezipienten höherer sozialer Schichten können mehr Einzelmeldungen definitiv erinnern, insbesondere aber davon mehr wiedergeben und erzählen. Festzuhalten bleibt als induktive Hypothese:

h_{10} Rezipienten aus der **Oberschicht** können **mehr Informationen** aus erinnerten Nachrichten wiedergeben als Rezipienten aus anderen sozialen Schichten.

Hinweise auf schichtenspezifische Unterschiede beim Nacherzählen von Rundfunknachrichten haben zuletzt LUTZ/WODAK (1987, 149 ff.) und LUTZ (1988, 129 ff.) gegeben.

Tab. 9: Selektionsleistungen nach sozialer Schicht (R289, R291, R292, R295) der Rezipienten

Selektions-leistung	Unterschicht	untere Mittelschicht	obere Mittelschicht	Oberschicht
Zahl definitiv erinnerter Items (1-9) (EZAHL)	3.0	2.9	3.3	3.4
Wiedergabemenge (in %) (V105)	34.8	40.4	40.5	53.5*
Richtigkeit der Wiedergabe (1-9) (V106)	5.2*	5.9*	6.4*	6.4
Gesamtverständnis (1-9) (V114)	4.6*	5.2	5.5*	6.1*
	(n=49)	(n=67)	(n=58)	(n=17)

* : signifikante Gruppenunterschiede
$p \leq .001$ (Duncan's multiple range test)

Fragt man nach der Richtigkeit der Nachrichtenwiedergabe, so zeigt sich deutlich, daß Angehörige der Mittel- und Oberschichten die Nachrichten korrekter erinnern können als Zuschauer aus der Unterschicht. Die Unterschiede sind zum Teil signifikant. Man kann formulieren:

h_{11} Rezipienten aus der **Mittel- und Oberschicht** können erinnerte Nachrichten **richtiger** wiedergeben als Rezipienten aus der Unterschicht.

Empirisch ist dieser Zusammenhang von FINDAHL/HÖIJER (1981, 395 ff.) bestätigt worden. STAUFFER et al. (1981, 253 ff.) nennen weitere Studien zum Einfluß von Bildung, sozialer Schicht und Wissen auf die Qualität der Nachrichtenerinnerung.
Schließlich zeigt sich auch ein schichtenspezifisches Verstehen der Nachricht bzw. ihres politischen Kontextes. Unter- und Oberschichtrezipienten unterscheiden sich signifikant, wenn ermittelt wird, inwieweit sie die Nachrichten sinngemäß verstehen. Die induktive Hypothese lautet:

h_{12} Mit **aufsteigender sozialer Schicht** von Nachrichtenrezipienten nimmt die Qualität ihres **Nachrichtenverständnisses** deutlich zu.

Bestätigt wird diese These von der Nachrichtenforschung, die zwischen pauschalem Erinnern und sinnhaftem Verstehen differenziert (vgl. ROBINSON/LEVY 1986a;

ROBINSON/DAVIS 1986; ROBINSON/LEVY 1986b; LUTZ/WODAK 1987).
Zu klären bleibt, ob und welche Nachrichtentexte tatsächlich nicht von *allen* Rezipienten objektiv verstanden werden können (vgl. LUTZ 1988, 143 ff.).

8.4 Relevanzstrukturen und soziale Schicht der Rezipienten

Im folgenden wird geprüft, inwieweit der Fernsehzuschauer die Relevanz der gesendeten Nachrichten erfaßt und interpretiert. Außerdem werden die Zusammenhänge zwischen Relevanzstrukturen, Hintergrundwissen und Schichtzugehörigkeit des Rezipienten analysiert.

Zur Relevanzeinschätzung wichtiger Nachrichten durch Rezipienten

Ist das, was die *Nachrichten* relevant macht, *auch* für den *Rezipienten* relevant, der diese Nachricht aufnimmt, verarbeitet und rekonstruiert? Die folgende Tabelle zeigt, wie wichtig dem Rezipienten zentrale Themen der gesendeten Nachrichten sind (vgl. Tab. 10):

Tab. 10: Relevanzeinschätzung der wichtigsten Themen durch Rezipienten

Relevanzdimensionen des Rezipienten	Wichtigstes Thema der gesendeten Nachricht (R004)				
	Innere Sicherheit	übrige Innenpol.	Außen-politik	Kultur	Anderes
persönlich relevant (Skala 1-10) (R79)	6.4*	5.8	5.7	3.5*	5.5
allgemein relevant (Skala 1-10) (R80)	6.2	7.2*	6.7	4.5*	5.6*
Vertrautheit (Skala 1-10) (R96)	4.5*	6.1*	2.7*	3.3*	4.3

* : signifikante Gruppenunterschiede
$p \leq .01$ (Duncan's multiple range test)

Persönlich wichtig erscheint dem Rezipienten das Thema "Innere Sicherheit", relativ unwichtig sind für ihn aktuelle kulturelle Ereignisse. Nachrichtenrezipienten fühlen sich mit innenpolitischen Themen erheblich mehr vertraut als mit Außenpolitik, glauben allerdings, daß außenpolitische Themen *allgemein* relevant sind.

Die Zusammenhänge zwischen relevanten Entwicklungen (Nachrichten) und der subjektiven Relevanzeinschätzung durch den Rezipienten fallen unterschiedlich stark aus (vgl. Tab. 11):

Tab. 11: Nachrichtenrelevanz und Relevanzeinschätzung des Rezipienten

Relevanzeinschätzung des Rezipienten	relevante Entwicklungen (Nachrichten)		
	negative Entwicklung (VV1)	Folgen für Bürger (VV3)	Konflikthaftigkeit (VV10)
persönliche Relevanz (Skala 1-10) (R79)	.26*	.29*	.28*
allgemeine Relevanz (Skala 1-10) (R80)	-.02	.44*	-.06
Vertrautheit (Skala 1-10) (R96)	-.23*	.21*	-.28*

* : Spearmans Rho signifikant
p $\leq$ .001

Als induktive Hypothese läßt sich formulieren:

h$_{13}$ Je größer die **Nachrichtenrelevanz** bestimmter Entwicklungen, desto relevanter findet der Rezipient die Nachricht auch **persönlich**.

Negative, folgenreichere oder konflikthaftere Entwicklungen werden vom Rezipienten als potentielle Bedrohung für die **eigene Person** bewertet und mit entsprechender Aufmerksamkeit verfolgt.

Uneinheitlich ist dagegen die Einschätzung der **allgemeinen** Relevanz. Negative oder konfliktreiche Entwicklungen sind für den Rezipienten *zunächst noch nicht* allgemein relevant. Wie vermutet (vgl. Kap. 4.2) schätzen die Rezipienten die persönliche Relevanz **selektiver** ein. "In the present context, it is of some interest to establish whether audiences perceive some much impact on themselves or others, regardless of the kinds of impact that various effects studies are able to substantiate, since such perceptions of general impact constitute an element of the awareness with which the recipients approach television news" (JENSEN 1986, 215).

Differenziertere Einsichten in den Prozeß der Festlegung persönlicher und allgemeiner Relevanz erhält man, wenn man Argumentationsfiguren bei der Nachrichtenrekonstruktion auswertet oder Zusammenhänge von Relevanzeinschätzungen und ihren jeweiligen Begründungen analysiert (vgl. Kap. 10).

Erneut zeigt sich, daß Rezipienten offensichtlich den aktuellen Ereignissen einen anderen Stellenwert für die Allgemeinheit beimessen als die Journalisten, die negative oder konfliktreiche Ereignisse als Nachrichten produziert bzw. interpretiert haben. Der Rezipient aber ist *nicht* mit allen relevanten Entwicklungen gleichermaßen **vertraut**, konkrete negative und konfliktreiche Entwicklungen kann er *nicht* sicher erwarten. Nur mit längerfristigeren Folgen, von denen die Nachrichten berichten, fühlt er sich eher vertraut.

Die Relevanz der Nachrichten wird vom Rezipienten nicht nur gut erinnert und dargestellt, sondern auch *überschätzt* (vgl. IYENGAR/KINDER 1987, 16 ff., 66 ff.). Dies zeigt sich auch durchgängig für die Rekonstruktion weiterer Relevanzdimensionen durch den Fernsehzuschauer (vgl. GIEGLER/RUHRMANN 1988).

Interesse an politischen Fernsehprogrammen

Die Zusammenhänge zwischen Programminteresse und Relevanzorientierung werden nachfolgend analysiert (vgl. Tab. 12):

Tab. 12: Interesse an politischen Fernsehprogrammen und Wiedergabe relevanter Entwicklungen

Wiedergegebene Relevanzdimensionen der Nachricht	Wichtigstes Fernsehprogramm für den Rezipienten allgemein (R186)			
	Leichte Unterhaltung	Ernste Unterhaltung	Kultur und Wissenschaft	Politik
Neg. Entwicklung (Skala 0-4) (V100)	0.6	1.0	1.5*	2.2*
Folgen (Skala 0-4) (V102)	0.3*	1.1	1.2	2.4*
Wirksamkeit (Skala 0-4) (V103)	1.2*	1.9	2.3*	2.4
Konflikthaftigkeit (Skala 0-9) (V104)	0.9*	2.1*	3.4*	5.6*

* : Signifikante Gruppenunterschiede
$p \leq .001$ (Duncan's multiple range test)

Das Interesse an politischen Fernsehprogrammen beeinflußt die Rekonstruktion von Relevanzdimensionen der Nachrichten. Rezipienten, die sich für politische Inhalte im Fernsehen interessieren rekonstruieren signifikant häufiger bzw. stärker negative Entwicklungen, Folgen oder Konflikthaftigkeit von Entwicklungen. Damit läßt sich als induktive Hypothese festhalten:

h_{14} Rezipienten mit **Interesse an politischen** Fernsehprogrammen **bemerken** und **erinnern** eher **relevante** Entwicklungen von Nachrichtenereignissen als Rezipienten, die sich für andere unterhaltende Fernsehprogramme interessieren.

Diesen Zusammenhang bestätigen auch NEUMANN (1976, 119) und HILL (1985, 348 ff.). In einer anderen Studie heißt es: "People who are interested in media information because it provide them with ample gratifications are likely to learn more than those who express little interest" (GRABER 1984, 117). LUTZ/WODAK (1987, 127) ermitteln, daß Interesse an Politik und Reproduktionsleistung des Nachrichtenrezipienten positiv miteinander korrelieren. Es wird allerdings nicht die Qualität bzw. die Relevanzorientierung, sondern allein die Dauer von Nacherzählungen codiert. Schließlich ist hier auf Arbeiten hinzuweisen, die den Zusammenhang zwischen Interesse an politischen vs. unterhaltenden Fernsehprogrammen und Realitätswahrnehmung untersuchen (vgl. KORZENNY et al. 1987, 75 ff.; BARTH 1988, 72 ff.).

Weitere Zusammenhänge zwischen Rezipient, Schichtzugehörigkeit und der Wiedergabequalität sind in einer Korrelationsmatrix von Faktoren zusammengefaßt (vgl. GIEGLER/RUHRMANN 1988), die mit Hilfe der Maximum-Likelihood Faktorenanalyse[3] ermittelt werden.

Der Faktor "subjektive Verständlichkeit" bezieht sich auf die vom Rezipienten selbst gegebene Einschätzung formaler und inhaltlicher Verständlichkeit der Meldung. Gewonnen wird der Faktor aus den Variablen R93, R95 und R96 (erklärte Varianz 53,7 %; Eigenwerte: 2.02, .64 und .34).

Der Faktor "Relevanzorientierung" wird aus den Wiedergabe-Variablen V102, V103 und V104 ermittelt und erfaßt Qualität und Umfang der rekonstruierten Relevanzdimensionen. Die erklärte Varianz beträgt hier knapp 40 % (Eigenwerte 1.73, .74 und .54).

Der Faktor "Korrektes Nachrichtenschema" mißt schließlich den Grad der korrekten Wiedergabe der Personen, Orte und Hauptereignisse (vgl. R104, R105 und R106) und Zahlen (vgl. R103). Gemessen wird auch die inhaltliche Richtigkeit der wiedergegebenen Texte *und* Kontexte (vgl. V106). Dieser Faktor klärt nur noch 26.8 % der Varianz auf (Eigenwerte 1.98, 1.02, .81, .67, .53); eine probeweise durchgeführte Extraktion und Rotation eines weiteren Faktors ergibt keine inhaltliche Verbesserung der Faktorstruktur.

Die übrigen Variablen werden direkt erhoben (vgl. Tab. 13).

Tab. 13: Korrelationsmatrix zwischen Schicht, Verständlichkeit, aktivierbarem Hintergrundwissen und Qualität der Nachrichtenwiedergabe

	soziale Schicht (R289 ff.)	FAKTOR: subjek. Verständlichkeit (formal u.inhaltlich)	aktiv. Hintergrundwissen (Skala 1-5) (R99)
FAKTOR: Relevanzorientierung	.21*	.16*	.31*
FAKTOR: Korrektes Nachrichtenschema	.20*	.22*	.47*
Gesamtverständnis (Skala 1-9) (V114)	.18* (a)	.19* (b)	.32* (a)

(a) Spearmans RHO
(b) Pearson's Korrelationskoeffizient
* : signifikant p ≦ 001

Als induktive Hypothese kann formuliert werden:

h_{15} Je besser Rezipienten ihr **Hintergrundwissen** zum Thema aktivieren können, desto **korrekter** können sie Nachrichten wiedergeben.

Dieser Zusammenhang ist in der bisherigen Nachrichtenforschung unter dem Stichwort "knowledge updating" beschrieben und empirisch überprüft worden (vgl. LARSEN 1985, 34 f.). "Although a high level of knowledge was no gurantee that a subject also absorbed much news information, we can see that a low level of knowledge implied that a subject would fail to obtain high retention" (FINDAHL/HÖIJER 1985, 388 f.).
Weiterhin bleibt festzuhalten:

h_{16} Je besser Rezipienten ihr **Hintergrundwissen** zum Thema aktivieren können, desto umfassender verstehen sie die Nachricht.

Dieser Zusammenhang wird ebenfalls von der "knowledge updating"-Forschung bestätigt (vgl. LARSEN 1983, 35). Allerdings ist auch festgestellt worden, daß Rezipienten mit Hintergrundwissen die Nachricht mißverstehen und nur das verstehen, was sie verstehen wollen (vgl. LUTZ/WODAK 1987, 130 f.). Dies deutet auf komplexere Zusammenhänge zwischen Hintergrundwissen und fiktiver Rekonstruktion von Nachrichten hin (vgl. Kap. 10).

Deutlich wird auch hier, daß mit steigender sozialer Schicht die Qualität der Nachrichtenrekonstruktion zunimmt: Relevante Entwicklungen werden häufiger wiedergeben, die Hauptereignisse, Akteure und Orte des Geschehens werden korrekter rekonstruiert.

Positive Zusammenhänge existieren zwischen subjektiver Verständlichkeit der Nachrichten und ihrer korrekten Wiedergabe (vgl. THORNDYKE 1979; FINDAHL/HÖIJER 1981). Aufgrund der Resultate ist noch genauer zu prüfen, inwieweit Rezipienten die Nachrichten nicht nur objektiv verständlich finden, sondern auch objektiv besser verstehen und den größeren politischen Kontext der Meldung erfassen können (vgl. GIEGLER/RUHRMANN 1988).[4]

Resümee und Ausblick

Die **Selektivität** der Nachrichtenrezeption hängt *nicht nur* von der **Relevanz** der **Meldungen** ab, sondern *auch* vom aktivierbaren **Hintergrundwissen** des Rezipienten, seinem **Interesse** an politischen Fernsehprogrammen und von seiner **Schichtzugehörigkeit**. Die formulierten **induktiven** Hypothesen können zu weiterer Reflexion über Nachrichtenrezeption anregen. Denkbar und durchführbar sind beispielsweise

- detailliertere Argumentationsanalysen gesendeter und erinnerter Nachrichten,
- Tests zu allgemeinem Wissen der Rezipienten und zu ihren speziellen politischen Kenntnissen (in Abhängigkeit von Nachrichtenrezeption),
- differenzierte Analysen zum Verstehen und Mißverstehen rezipierter Nachrichten und
- Vergleiche mit Rezeptionsleistungen privater Fernsehnachrichtenprogramme (vgl. MERTEN 1988).

Zunächst aber sind weitere Zusammenhänge zwischen Nachrichtenrezipient und Nachrichtenwiedergabe darzustellen.

9. Prozeß und Struktur der Nachrichtenwiedergabe

Nachfolgend wird beschrieben, wie die befragten Rezipienten Nachrichten rekonstruieren. Ermittelt werden soll, welche Phasen, Kontext- und Wirklichkeitsbezüge bei der Nachrichtenrekonstruktion auftreten. Abschließend werden Ergebnisse einer Faktorenanalyse vorgestellt, die paralinguistische und stilistische Merkmale der Nachrichtenwiedergabe zusammenfaßt.

9.1 Phasen der Nachrichtenrekonstruktion

Zunächst versucht der Rezipient in einer **Orientierungsphase** (= **Phase 1**) Erinnerungsberichte vorzubereiten und zu planen.[1] Für die Phase liegen zwar keine introspektive Daten vor, man kann aber analysieren, wie schnell der Rezipient auf die Aufforderung, die erinnerte Nachricht zu erzählen reagiert (vgl. Tab. 14).

Tab. 14: Erzählbeginn bei der Nachrichtenrekonstruktion (V43)[2]

Erzählbeginn bei der Nachrichtenrekonstruktion	Häufigkeit (in %)
eher zögernd	65.8
mittlere Ausprägung	9.2
eher spontan	25.0

(n=198)

Zwei Drittel aller Rezipienten reagieren eher zögernd, da sie sich offensichtlich mehr oder weniger mit der Planung ihrer Erinnerungsberichte (Erzählungen) beschäftigen. Nur ein Viertel der befragten Rezipienten *beginnt spontan*, die erinnerte Nachrichtensendung zu *erzählen* (= **Phase 2**). Diese Zuschauer benötigen nur eine kurze Orientierungsphase. Analysiert man, inwieweit die erinnerten Meldungen auch tatsächlich flüssig erzählt werden, ergibt sich folgende Verteilung (vgl. Tab. 15):

Tab. 15: Redefluß bei der ersten freien Nachrichtenwiedergabe (V41)

Redefluß bei der Nachrichtenrekonstruktion	Häufigkeit (in %)
eher flüssig	52.5
mittlere Ausprägung	15.8
eher stockend	31.7

(n = 198)

Mehr als die Hälfte aller befragten Rezipienten können die Nachrichten eher flüssig erzählen.[3] Bei 31.7 % der Zuschauer treten Pausen und Verzögerungen auf, was typisch für die **3. Phase (Versuch der Ablaufschilderung)** ist.
Gibt es einen Zusammenhang zwischen der zweiten und dritten Phase? Berechnet man den Pearsonschen Korrelationskoeffizienten zwischen den Variablen "Erzählbeginn" (V43) und "Redefluß" (V41), so ergibt sich ein Wert von r = −.48 (p ≦ .001).
Vermutlich wiederholen sich die ersten drei Phasen der Nachrichtenrekonstruktion mehrfach (in Zyklen) (vgl. BARTLETT 1932, 18; KEBECK 1982, 135). Die Rezipienten wollen die Nachrichtensendung "möglichst gut" nacherzählen (vgl. LUTZ/ WODAK 1987, 66).
Ein weiteres Merkmal der Ablaufschilderung ist das chronologische Ordnungsprinzip: Es wird versucht, einzelne Meldungen in der 'richtigen' Reihenfolge zu rekonstruieren (vgl. Abb. 15).

Die Graphik zeigt, daß die erste (aktuellste) Meldung auch zuerst von 45,5 % der Rezipienten, die zweite Meldung nur noch von 13,1 % der Rezipienten an zweiter Stelle genannt wird. Im weiteren Verlauf der Wiedergabe verschwindet das chronologische Ordnungsprinzip, denn die Rezipienten erinnern weitere Nachrichten gemäß ihrer persönlichen Relevanzkriterien.

Abb. 15: Chronologisches Ordnungsprinzip von Rezipienten in der Ablaufschilderung einer Nachrichtensendung (V44 - V52)

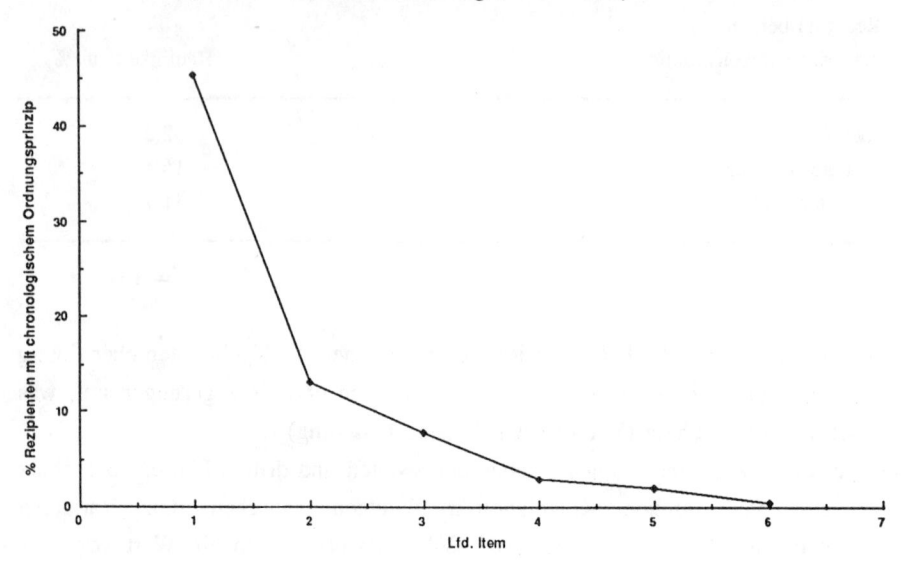

Zur empirischen Überprüfung der **Komplettierungsphase** (= **Phase 4**) liegen ebenfalls keine introspektiven Daten vor. In 12.6 % aller Fälle aber verbalisieren Nachrichtenrezipienten (auf entsprechende Nachfragen) noch weitere inhaltliche Details aus der Nachrichtensendung.

Fast immer kündigen Rezipienten den **Abbruch** ihrer Rekonstruktion an (= **Phase 5**) und leiten das Ende ihrer Ausführungen mit einer Schlußformel ein ("Mehr weiß ich nicht", "das war es" usw.).

9.2 Kontext und Wirklichkeitsbezug

Sofern der Rezipient Nachrichteninhalte darstellt bzw. mit anderen Inhalten verbindet (vgl. V89 und V90), etabliert er einen Wiedergabekontext. Man kann die Übergänge von Anfangs- zum Endkontext folgendermaßen typologisieren:

- Beibehaltung eines *reduzierten* Kontextes (V89; V90, Code 1-3);
- Übergang von einem *reduzierten* zu einem *komplexen* Kontext (V89, Code 1-3; V90, Code 4-6);
- Beibehaltung eines *komplexen* Kontextes (V89; V90, Code 4-6);
- Übergang von einem *komplexen* zu einem *reduzierten* Kontext (V89, Code 4-6; V90, Code 1-3).

59 (58.4 %) der reduzierten und 303 (79.5 %) der komplexen Anfangskontexte bei der Nachrichtenrekonstruktion werden vom Rezipienten beibehalten (vgl. Tab. 16).

Tab. 16: Reduzierter und komplexer Anfangs- und Endkontext der Nachrichtenrekonstruktion

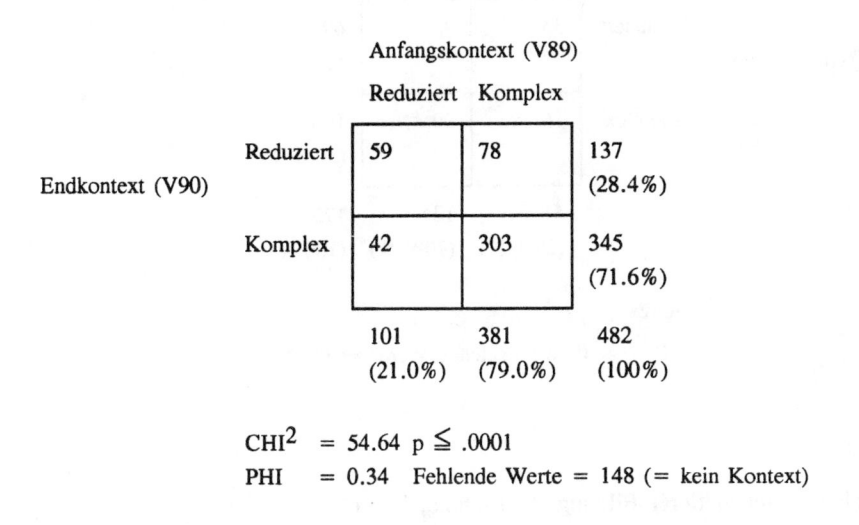

	Anfangskontext (V89)		
	Reduziert	Komplex	
Endkontext (V90) Reduziert	59	78	137 (28.4%)
Komplex	42	303	345 (71.6%)
	101 (21.0%)	381 (79.0%)	482 (100%)

CHI^2 = 54.64 p $\leq$ .0001
PHI = 0.34   Fehlende Werte = 148 (= kein Kontext)

Der Wechsel von einem zunächst komplexeren zu einem reduzierten Kontext tritt 78 mal auf. Analysiert man die Kontextübergänge in Abhängigkeit von der Schulbildung der Rezipienten so zeigen sich folgende Verteilungen (vgl. Tab. 17):

Mit zunehmender Bildung können die Rezipienten komplexere Wiedergabekontexte etablieren. Während bei Rezipienten mit geringerer Bildung 60.6 % der Wiedergabekontexte zumindest hinreichend komplex ausfallen, orientieren sich gebildete Zuschauer in fast 82 % der Fälle u.a. an Ursachen und Wirkungen der geschilderten Thematik und können sie auch darstellen.

Tab. 17: Kontextübergänge in Abhängigkeit von Schulbildung (R289A)

Rezipienten mit geringerer Schulbildung (Hauptschule, Lehre)

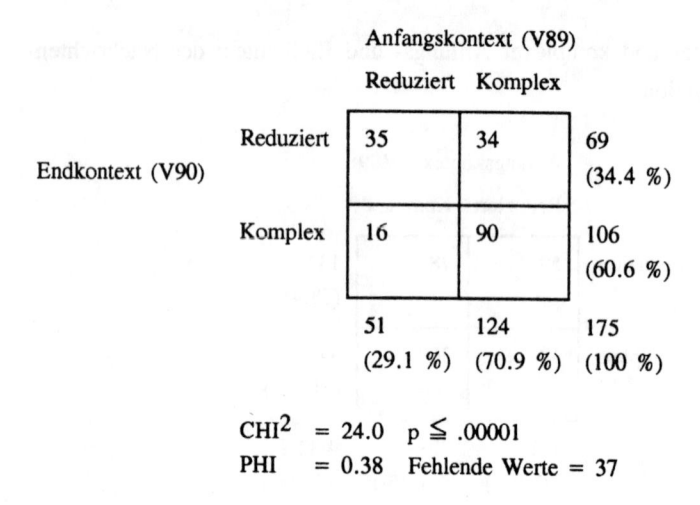

		Anfangskontext (V89)		
		Reduziert	Komplex	
Endkontext (V90)	Reduziert	35	34	69 (34.4 %)
	Komplex	16	90	106 (60.6 %)
		51 (29.1 %)	124 (70.9 %)	175 (100 %)

CHI^2 = 24.0 $p \leq .00001$
PHI = 0.38   Fehlende Werte = 37

Rezipienten mit mittlerer Bildung (Realschule, Lehre)

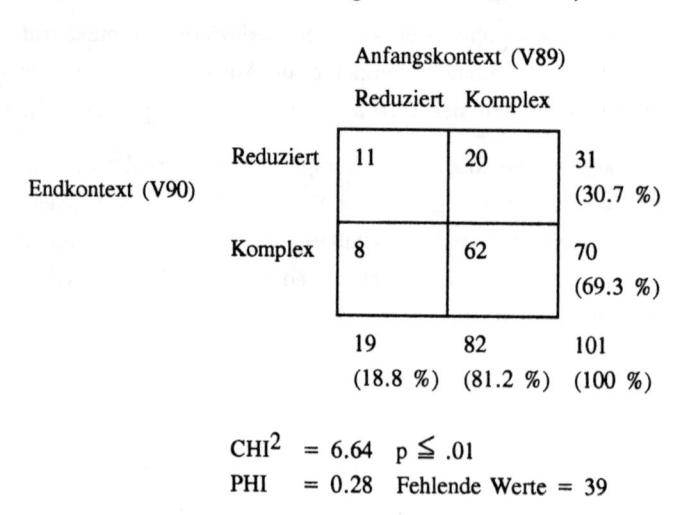

		Anfangskontext (V89)		
		Reduziert	Komplex	
Endkontext (V90)	Reduziert	11	20	31 (30.7 %)
	Komplex	8	62	70 (69.3 %)
		19 (18.8 %)	82 (81.2 %)	101 (100 %)

CHI^2 = 6.64 $p \leq .01$
PHI = 0.28   Fehlende Werte = 39

Tab. 17: Fortsetzung

Rezipienten mit höherer Bildung (Abitur, Studium)

		Anfangskontext (V89)		
		Reduziert	Komplex	
Endkontext (V90)	Reduziert	13	24	37 (18.1)
	Komplex	18	149	167 (81.9)
		31 (15.2 %)	173 (84.8%)	204 (100 %)

$CHI^2 = 12.12 \; p \leq .0005$
$PHI = 0.26$ Fehlende Werte = 71

Sie sind in der Lage, einzelne Nachrichten in größere Zusammenhänge einzuordnen und mit anderen darüber zu kommunizieren.

Fiktion und Wirklichkeitsbezug

Nicht auf die unmittelbare *Nachrichten*wirklichkeit bezogene Darstellungen, d.h. Fiktionen (vgl. Kap. 6.5) entstehen relativ häufig, wenn die Rezipienten eine Meldung frei erinnern und wiedergeben (vgl. Tab. 18).

Tab. 18: Fiktiver Anteil der Nachrichtenrekonstruktion (V112A)

Anteil fiktiver Inhalte	Anzahl der Wiedergaben	in %
keine	249	39.5
bis 15 %	287	45.5
bis 30 %	69	11.0
bis 60 %	10	1.6
mehr als 60 %	15	2.4
	630	100.0

39.5 % der Wiedergaben beziehen sich ausschließlich auf Nachrichteninhalte, die auch (an Vortagen) gesendet wurden. In 45.5 % aller Wiedergaben machen die fiktiven Zusätze ungefähr ein Sechstel der wiedergegebenen Informationen aus.

Immerhin 11 % aller Nachrichtenrekonstruktionen enthalten bis zu einem Drittel fiktive Inhalte. Insgesamt knapp 4 % aller Wiedergaben sind fiktive Geschichten, die zwar die subjektive soziale Realität des Rezipienten repräsentieren, jedoch die Nachrichteninhalte verdrängen.

Es zeigt sich, daß fiktive Zusätze meistens nur in Wiedergaben zu finden sind, die *überhaupt* einen Kontext entfalten, stichwortartige Nachrichtenwiedergaben hingegen präsentieren selten fiktive Details (z.B. Zahlen, Zeitangaben usw.). Der Zusammenhang zwischen *Qualität* fiktiver Zusätze und dem Gesamtverständnis der Nachricht ist schwer zu interpretieren. Möglicherweise begünstigen fiktive Rekonstruktionen Verstehensprozesse, allerdings nicht durchgängig (vgl. Tab. 19).

Tab. 19: Qualität der Fiktion und Gesamtverständnis

Qualität der Fiktion (V112)	Gesamtverständnis (V114) (Skala 1 - 9)
keine Fiktionen	2.7
unverknüpfte Details	1.3*
verknüpfte Details	4.3*
Ereignis/ Einzelthema	5.8*
Ursache/ Wirkung (Zusammenhänge)	7.1*
längere 'Geschichten'	2.8

* : signifikante Gruppenunterschiede
$p < .001$ (Duncan's multiple range test)

Rezipienten, die komplexere fiktive Zusammenhänge rekonstruieren, die sich aber auf 'richtige (Original-) Meldungen beziehen, verstehen die Nachricht besser. Zuschauer hingegen, die gar keine fiktiven Zusätze bringen oder aber anstelle der Nachrichten ausschließlich 'fiktive Geschichten' erzählen, sind kaum in der Lage, die (Original-) Meldung insgesamt gut zu verstehen. Es läßt sich sogar feststellen, daß diese Rezipienten viele der von ihnen frei erfundenen Inhalte auf entsprechende Nachfragen gar nicht ausreichend verstehen. Festzuhalten bleibt als induktive Hypothese:

h_{17} Mit zunehmender **Qualität** (*nicht*: Quantität) seiner **fiktiven Zusätze** versteht der Rezipient die Nachricht insgesamt **besser**.

Interessante Erklärungsmuster für diese These finden sich in den Theorien über "Knowledge updating" von Nachrichten durch Rezipienten (vgl. LARSEN 1983, 21 ff.; LUTZ/WODAK 1987, 130 f.). In einem neueren Review-Artikel wird der Zusammenhang folgendermaßen beschrieben: "Since comprehension is a constructive process, this recall may not be 'correct' or 'complete', when compared to the original texts, but misguided or fragmentary, depending on previous knowledge and beliefs. In other words, after a certain delay, we no longer recall news reports, but the (subjective) models we have built on the basis of news reports" (van DIJK 1987, 9 f.).

9.3 Paralinguistische und stilistische Merkmale

Der Rezipient realisiert seine Nachrichtenwiedergabe mit Hilfe sprachlicher Strukturen. Eine Faktorenanalyse verschiedenster verbaler und nonverbaler Merkmale gibt erste Hinweise auf Zusammenhänge kognitiver und emotionaler Dimensionen der Nachrichtenrekonstruktion.

Berücksichtigt werden paralinguistische und stilistische Variablen (V91-V99, V116-V128) (vgl. Codierbuch)[4] in einer Hauptkomponentenanalyse.[5] Das KMO-Maß = 0.89 bietet eine gute statistische Voraussetzung für eine Faktorenanalyse (vgl. NORUSIS 1985, 129).
Nach einem Scree-Test (vgl. Abb. 16) zeigt sich an der steil abfallenden Kurve ein Knick an der Stelle, wo den Faktoren mit 'großen' Eigenwerten[6] die Faktoren mit kleineren Eigenwerten folgen. Der Test betrachtet die ersten Faktoren als bedeutsam (vgl. dazu CARTELL 1966; BORTZ 1985, 663). Die Anteile der von den Faktoren erklärten Varianzen (vgl. Tab. 20) zeigen, daß eine 5-Faktoren-Lösung aus statistischen Gründen[7] vertretbar ist.
Die inhaltlichen Ergebnisse, d.h. die nach Varimax rotierten Faktorladungen (vgl. NORUSIS 1985, 143 ff.) sind in Tab. 21 zusammengestellt.

Abb. 16: Scree-Test mit Eigenwerten zur Bestimmung der Zahl der Faktoren

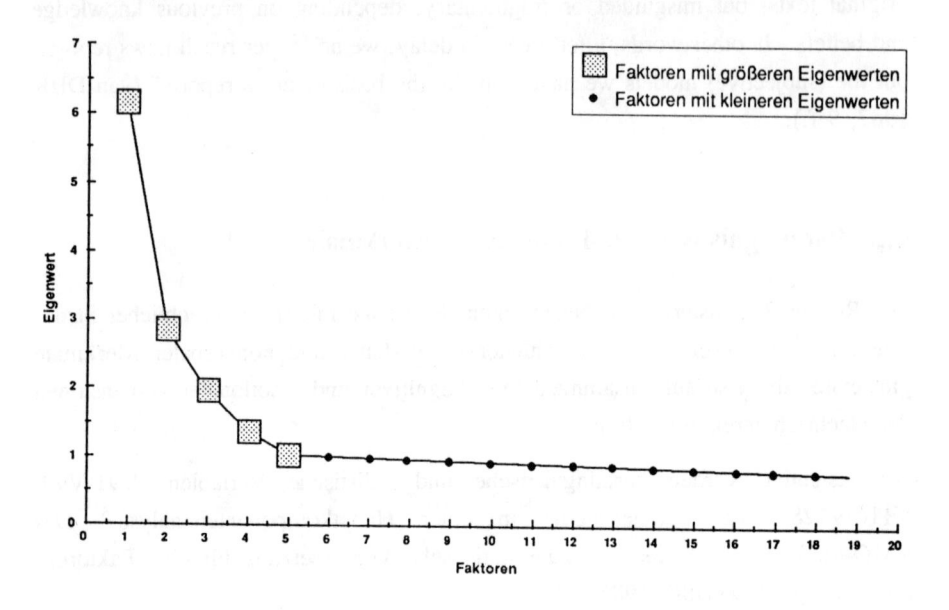

Tab. 20: Eigenwerte und Anteil der erklärten Gesamtvarianz von fünf Faktoren

Faktor	Eigenwert	% der Gesamtvarianz	kumulativ (%)
1	6.13	32.5	32.5
2	2.84	15.0	47.5
3	1.95	9.9	57.4
4	1.36	7.2	64.6
5	1.01	5.3	69.9

Tab. 21: Rotierte Faktor-Matrix[a] verschiedener Wiedergabemerkmale

Wiedergabemerkmale (Skala 1-7)	Var.	Faktor 1 Oberflächl.	Faktor 2 Prägmngl.	Faktor 3 Affekt.	Faktor 4 Ironie	Faktor 5 Unruhe
komplex-einfach	(V127)	.82				
gründlich-oberflächl.	(V116)	.77		.31		
originell-abgedrosch.	(V123)	.72				
sicher-unsicher	(V93)	.68	.37			
elegant-schwerfällig	(V119)	.58	.57			
flüssig-stockend	(V97)	.56	.37			-.46
geordnet-ungeordnet	(V124)		.83			
prägnant-langatmig	(V118)		.83			
präzise-diffus	(V125)	.42	.72			
klar-unklar	(V121)	.34	.63	.32		
persönl.-unpersönl.	(V122)			.81		
natürlich-affektiert	(V120)			.76		
emotional-rational	(V126)	-.32	-.40	.51		-.40
ernst-spött./ironisch	(V92)				.82	
fröhlich-traurig	(V94)				-.70	
nonverbale Aktivität (Sonderlaute)	(V128)		.38		.66	
ruhig-unruhig	(V98)					.80
zögernd-spontan	(V99)	-.42				.58
bedächtig-hastig	(V95)	.45				.52

a) Varimax konvergiert in 8 Iterationen; es werden Werte − .30 ≦ r ≧ .30 aufgeführt.

Faktor 1: **Oberflächlichkeit**
Dieser Faktor mit einem Eigenwert von 6.13 und einem Anteil erklärter Varianz von 32.5 % beschreibt die wenig elaborierte, oberflächliche Rekonstruktion der Nachricht. Die Wiedergaben des Rezipienten wirken eher abgedroschen und unsicher.

Faktor 2: **Prägnanzmangel**
Charakterisiert wird dieser Faktor durch eine ungeordnete und langatmige Darstellung. Der Stil der Wiedergabe läßt sich durch die Adjektive "diffus" und "unklar" kennzeichnen. Der Faktor hat einen Eigenwert von 2.84 und erklärt eine Varianz von 15.0 %.

Faktor 3: **Affektiertheit**
Der dritte Faktor mit einem Eigenwert von 1.95 und einem Anteil erklärter Varianz von 9.9 % bezeichnet den Zusammenhang zwischen unpersönlicher, unnatürlich-affektierter, aber nicht emotionaler Wiedergabe.

Faktor 4: **Ironie**
Der Faktor setzt sich u.a. aus den Variablen ironische Darstellung und "nonverbale" Aktivität mit relativ hohen Ladungen zusammen. Erklärt wird noch 7.2 % der Varianz, der Eigenwert beträgt 1.36.

Faktor 5: **Spannung**
Der fünfte Faktor schließlich beschreibt eine unruhige und hastige Nachrichtenwiedergabe. Die erklärte Varianz beträgt 5.3 % und der Eigenwert 1.01.

Die Faktoren 1, 2 und 4 verdeutlichen einen Zusammenhang zwischen **kognitiven** und **emotionalen** (non-verbalen) Formen der Bewertungen (= Meta-Meta-Metatexte) von Nachrichtenrezipienten (vgl. JENSEN 1986, 258 ff.; LUTZ/WODAK 1987, 204 ff.; van DIJK 1987a, 17 ff.)

Resümee und Ausblick

Die Mehrzahl der Rezipienten kann sich nicht spontan an (einzelne Meldungen von) Nachrichtensendungen erinnern, sondern muß die Nachrichten mit Hilfe verschiedener Strategien rekonstruieren. Während Zuschauer mit geringerer (Schul-)Bildung nur in 60 % der Fälle einen komplexen, auf die Nachricht bezogenen Wiedergabekontext etablieren können, sind mehr als 80 % der Rezipienten mit Abitur in der Lage, die Meldung in einem komplexeren Kontext zu rekonstruieren. Fiktive Rekonstruktionen korrespondieren mit dem Gesamtverständnis, das der Fernsehzuschauer den Nachrichten entgegenbringt. Erinnern und Verstehen von Nachrichten sind aktive Prozesse der Aneignung und Veränderung sozialer Wirklichkeit. Durch die nonverbale Bewertung seiner verbalen Aussagen und Bewertungen verstärkt der Nachrichtenrezipient die Selektivität seiner Interpretationsleistungen und demonstriert, was ihm die Nachrichten kognitiv und emotional 'wirklich' bedeuten.

Die hier ausschnitthaft präsentierten empirischen Ergebnisse beantworten nur vorläufig Fragen, die eine Theorie der Nachrichten (-rekonstruktion) stellt. Weitere Analysen könnten u.a. noch differenzierter zeigen, *wie* verschiedene Rezipienten

- einzelne Aussagen und Argumente der Nachrichten in das eigene Weltbild integrieren,
- ganz bestimmte Elemente fiktiver Wirklichkeiten (re-) konstruieren, um Nachrichten leichter erinnern und verstehen zu können,
- stilistische Merkmale des Nachrichtenkontextes (auch enstprechend) rekonstruieren,
- nonverbale Aussagen und Bewertungen in Fernsehnachrichten rekonstruieren und bewerten.[8]

In der nachfolgenden multivariaten Zusammenhangsanalyse von Rezipient, Nachricht und Nachrichtenwiedergabe werden die ersten vier Faktoren der (hier empirisch ermittelten) Wiedergabemerkmale als aktive Variablen mitberücksichtigt.

10. Typologisierung der Nachrichtenrekonstruktion

Nachfolgend wird der multivariate Gesamtzusammenhang zwischen Rezipient, Nachricht und Nachrichtenrekonstruktion entfaltet. Analysiert werden typische *Kombinationen* von Merkmalen des Rezipienten (u.a. Alter und soziale Schicht), der Nachricht (u.a. Form und Inhalt) und der Rekonstruktion (u.a. Qualität und Quantität) sowie der *Stellenwert*, den einzelne Merkmale dabei haben.

10.1 Aufgabe und Verlauf der Profil-Clusteranalyse

Aufgabe der Profil-Clusteranalyse ist es, eine bestimmte Anzahl typischer Rekonstruktionsprofile der Nachrichtenrezipienten zu ermitteln, die sich wenigstens an eine Meldung aus der Heute-Sendung oder Tagesschau erinnern können. Die Profil-Clusteranalyse klassifiziert Merkmalsprofile[1] nach Ähnlichkeit, wobei die Cluster intern möglichst homogen sind, sich untereinander aber deutlich unterscheiden (vgl. BORTZ 1985).[2]

Ein wichtiger Vorteil der Clusteranalyse (gerade für eine explorative Studie) gegenüber anderen multivariaten Verfahren liegt darin, daß gruppenspezifische Besonderheiten der Nachrichtenrekonstruktion entdeckt werden können. In einer Kritik der klassischen, linear ausgerichteten multivariaten Analysemodellen, die varianzarme Variablen vernachlässigen, heißt es: "Gerade derartige Variablen bzw. deren Zusammenhänge können aber einen hohen, mitunter auch sogar entscheidenden Informationswert beinhalten, nur daß derartige Zusammenhänge nicht mehr in Form von Je-desto-Aussagen ..., sondern in Form von Wenn-dann-Aussagen gefaßt werden müssen. Die Erfassung derartiger Zusammenhänge stellt eine weitere Besonderheit der Profil-Clusteranalyse dar, die sich daraus ergibt, daß dieses Analysemodell auf alle gruppenspezifisch-strukturellen Besonderheiten im Variablengeflecht eines Datensatzes in organischer Weise einzugehen und diese detailliert zu beschreiben vermag, und sie eben gerade nicht in ein der Datenstruktur oft unangemessenes linear-orthogonales Prokrustesbett einzuzwängen versucht" (GIEGLER 1982, 405/6).[3]

Die in einem Cluster zusammengefaßten Merkmalsprofile werden als einander ähnlich betrachtet und lassen sich auch - so SCHLOSSER (1976, 155) "auf dieselben Ursache-Wirkung-Verflechtungen zurückführen." Die Homogenität des einzelnen Cluster wird durch die Prüfung einzelner Merkmalsvarianzen ermittelt. Bei kleiner Varianz eines Merkmals in einem Cluster geht man davon aus, daß es sich um ein für die Clusterbildung sehr wichtiges Merkmal handelt. Ist die Varianz hingegen groß, so liegt ein für das betreffende Cluster unwichtigeres Merkmal vor.[4]

Verfahren der Clusteranalyse

Die hier verwendete nichthierarchische[5] Clusteranalyse wird mit mehrfachen Iterationen nach dem Hill-Climb-Algorithmus[6] durchgeführt und vollzieht sich in folgenden Schritten (vgl. SCHLOSSER 1976, 170 ff.; LORR 1983, 11 ff.):

- Eine Ausgangskonfiguration von Clusterzentren wird selegiert und Startwerte[7] werden bestimmt.
- Nacheinander wird jeder Fall dem jeweils nächstgelegenen Clusterzentrum zugeordnet.[8]
- Sodann werden erneut Merkmalsprofile zugeordnet und anschließend die Schwerpunkte und Homogenitäten der Cluster[9] berechnet.

Beschreibung des Vorgehens

Folgende Vorarbeiten sind für eine Clusteranalyse notwendig:

- *Selektion* der theoretisch wichtigen Variablen,[10] die hier aus drei Gruppen stammen:

  Rezipient: Berücksichtigt werden zentrale demographische Variablen des Rezipienten (Alter, Geschlecht, Bildung, soziale Schicht sowie Rezeptionsgewohnheit und Rezeptionssituation).

  Nachrichten: Ausgewählt werden die wichtigsten inhaltlichen Variablen (Ereignis (Thema), Person, Ort, Folgen, Ursache (Konflikt) u.a.), Relevanz, Prominente[11] sowie formale Variablen: Rang, Dauer.

  Wiedergabe: In Betracht kommen Variablen der Rekonstruktion einzelner Dimensionen des Nachrichtenschemas, der inhaltlichen Richtigkeit bzw. Verständnisses, der allgemeinen und persönlichen Relevanz der Elaboriertheit, des Umfanges sowie der nonverbalen und stilistischen Merkmale der Wiedergabe.

- *Recodierung* derjenigen Variablen, die für multivariate Analyse zunächst nicht geeignet sind.
  Ein Teil der in die Clusteranalyse einbezogenen Variablen muß re- und umcodiert werden, um eine monotone Skalierung zu erreichen. Nominal skalierte Variablen werden in Ausprägungen "Merkmal vorhanden/ nicht vorhanden" recodiert.

- Behandlung von *"Missing Values"* durch Recodierung auf Null.
  In dem hier verwendeten Clusterprogramm existieren keine befriedigenden Routinen zur Verarbeitung von fehlenden Werten, die bei vielen Variablen

der qualitativen Wiedergabe zwangsläufig auftreten. Deshalb werden hier alle fehlenden Werte als "Null" codiert.
- *Skalentransformation* aller in die Clusteranalyse einbezogenen Variablen.
Für jedes Cluster werden das arithmetische Mittel und Standardabweichungen für alle in die Analyse einbezogenen Variablen errechnet. Um die arithmetischen Mittel und die Standardabweichungen vergleichbar zu machen, müssen notwendigerweise die Werte aller Variablen vorher standardisiert werden. Sie werden so transformiert, daß sie alle den gleichen Mittelwert (x = 0) und die Standardabweichung (s=1) haben (Z-Transformation der Ausgangsdaten[12]).

10.2 Ergebnisse der Profil-Clusteranalyse

Auf der Basis von Wiedergaben erinnerter Nachrichten werden - beginnend mit einer Ein-Cluster-Lösung - zehn Cluster-Lösungen gerechnet.

Die Entwicklung des Varianzkriteriums (= Aufsummierung über alle Cluster der jeweiligen Lösung) (vgl. GIEGLER 1982, 431; STEINHAUSEN/ZÖRKENDÖRFER 1984, 134) ergibt in den neun aufeinanderfolgenden Lösungen folgende Werte: 25007 (2), 23769 (3), 22908 (4), 22238 (5), 21714 (6), 21161 (7), 21110 (8), 20960 (9), 20812 (10) (in Klammern: Zahl der Cluster). Aus der Abfolge dieser Quersummen läßt sich im Sinne eines Scree-Tests ein deutlicher Sprung zwischen dem Wert der 7-Cluster- und 8-Cluster-Lösung ausmachen. Bis zur 7-Cluster-Lösung nehmen die Werte um jeweils ca. 1360, 700 bzw. 500 ab, während sie von der 8-Cluster-Lösung an nur noch um ca. 150 und weniger abnehmen.

Neben diesem formal-statistischen Kriterium sind inhaltliche Aspekte ausschlaggebend: Wieviele Cluster gibt es, die bei *verschiedenen* Lösungen wiederholt in annähernd *gleicher* Weise auftreten? Eine 7-Cluster-Lösung erweist sich hier als sinnvoll. Die nachfolgende Tabelle (vgl. Tab. 22) führt neben den aktiven Variablen (fett gedruckte) weitere passive Variablen auf, die *keinen* Einfluß auf die Clusterbildung haben. Ihre Zugehörigkeit zu den einzelnen Clustern wird hier aber aus inhaltlichen Gründen mitabgedruckt.

Tab. 22: Cluster-Analyse der Nachrichtenrekonstruktion

	Clus 1 n=140	Clus 2 n=115	Clus 3 n=91	Clus 4 n=66	Clus 5 n=79	Clus 6 n=74	Clus 7 n=65	ETA^2	Sig.
Rezipient									
Alter (R212)	+	--	-- --	++	+	--	++	.24	***
Einstellung (R201-R211)	0	--	-- --	++	++	-- --	++	.22	**
Bildung (R289A)	0	+	++	-- --	+	+	-- --	.20	**
Schicht (R291A R292A, R295)	+	0	+	-- --	++	+	--	.17	***
Prestige Zeitg. (R160-R165)	+	0	++	--	-- --	--	--	.15	*
Interesse an Zeitg. (R180)	+	--	+	-- --	0	+	--	.08	*
Geschlecht (R213)	+	--	+	--	+	+	--	.05	**
Gespräch (R131)	0	--	+	--	--	+	0	.05	**
Reden ü. N. (R144)	++	--	0	--	+	+	--	.05	**
Interesse an TV (R186)	+	--	--	-- --	+	+	+	.05	**
Vorher Rez. (R122)	+	0	+	-- --	0	0	0	.05	**
Nachrichten									
Konflikt (VV10)	--	0	--	+	++	-- --	--	.44	***
Betroff. Pop. (R10)	+	0	++	--	-- --	-- --	+	.43	***
Ausland (R5)	-- --	+	--	--	++	+	--	.37	***
Neg. Entw. (VV1)	0	0	--	+	++	-- --	--	.32	***
Folgen VV3	++	--	+	--	0	-- --	--	.30	***
Ort (R6)	--	+	--	+	++	+	-- --	.30	***
Relevanz (R8)	++	--	++	--	-- --	--	0	.29	***
Inland (R4)	+	--	+	--	-- --	--	+	.26	***
Wiederhlg. (R6)	--	+	--	+	++	--	--	.21	***
Dauer (R3)	+	--	++	0	-- --	--	++	.15	***
Rang (R2)	--	+	--	+	++	++	--	.12	***
Wörter (R63)	+	--	++	--	-- --	--	++	.11	***
Zoom (R72)	--	--	+	0	-- --	++	+	.10	***
Überrasch. (R19)	--	+	--	+	++	+	--	.09	***
Prom. (V67-69)	--	+	+	--	--	+	++	.05	***
Wirksamkeit (VV5)	0	0	--	--	++	--	+	.05	***
Schnitte (R71)	--	+	+	+	-- --	--	++	.05	***

Tab. 22: Fortsetzung

	Clus 1 n=140	Clus 2 n=115	Clus 3 n=91	Clus 4 n=66	Clus 5 n=79	Clus 6 n=74	Clus 7 n=65	ETA^2	Sig.
Rekonstruktion der Nachrichten									
Konfl. r. (V104)	+	-- --	0	-- --	++	--	--	.59	***
Anfangskont. (V89)	+	-- --	+	0	+	+	+	.54	***
W.-menge (V105)	++	-- --	--	--	+	+	0	.49	***
Endkontext (V90)	++	-- --	+	--	+	+	0	.47	***
Verständnis (V114)	++	--	--	--	+	+	--	.46	**
Folgen r. (V102)	++	-- --	0	--	+	--	--	.40	***
Wirkung r. (V103)	+	-- --	--	--	++	+	0	.38	***
Oberflächl. (PC 1)	-- --	++	+	+	--	--	+	.35	**
Fiktion (V112)	0	-- --	--	--	++	0	0	.32	***
Betroffen (V84)	++	-- --	--	--	+	--	+	.28	***
Neg. E. r. (V101)	+	-- --	0	0	++	--	0	.27	***
inh. richtig (V106)	+	--	+	-- --	+	++	--	.23	**
Neg. Wert. (V107)	++	--	0	--	+	+	+	.20	**
Item korr.? (R106)	++	--	0	-- --	+	+	0	.18	**
Aktivierbarkeit d.									
H.-Wissens (R99)	+	--	0	-- --	+	+	+	.18	**
Fiktionsm. (V112A)	+	--	+	+	--		0	.18	**
A. Relevanz (R80)	++	--	+	+	--	-- --	+	.15	**
P. Relevanz (R79)	++	--	--	--	+	-- --	+	.14	**
Präg.mangel (PC2)	--	0	-- --	++	0	--	+	.14	**
Hauptp.bek. (R88)	0	--	--	--	++	++		.12	***
Weltbild (R102)	+	--	0	--	+	+	--	.10	*
Ironie (PC4)	0	--	+	--	--	++	-- --	.08	**
Affektiert (PC3)	--	+	+	+	0	0	--	.07	*
Itemmix (V110)	+	--	--	++	+	--	+	.07	***
Ps. Richtig (R104)	+	-- --	0	--	0	++	0	.06	**
Ort richtig (R105)	--	+	--	0	+	+	0	.05	**

Zeichenerklärung:
Abweichung vom Mittelwert: ++ stark positiv, + positiv
0 keine, -- negativ, -- -- stark negativ
Signifikanztest Bartlett' (F-Box): *** p $\leq$ .0001; ** p $\leq$ .001; * p $\leq$ .05

10.2.1 Beschreibung der Cluster

Cluster 1

Dieses Cluster ist das größte und repräsentiert ca. 22 % der Nachrichtenrezipienten. Es erweist sich über alle Lösungszyklen hinweg als stabil: Von der 2- bis 7-Cluster-Lösung tritt es mit ähnlichem mittleren Merkmalsprofil regelmäßig in Erscheinung (und splittet sich auch in 8-, 9- und 10-Cluster-Lösungen nicht auf). Die Quadratsumme der Profilabweichungen vom mittleren Merkmalsprofil hat mit 35.07 einen mittleren Wert.

Die **Rezipienten** im ersten Cluster sind durchschnittlich älter, in der Mehrzahl männlich und gehören der oberen Mittelschicht an. Prestigezeitungen (FAZ, Die Welt, FR, Der Spiegel, SZ und Die Zeit) (vgl. R160 - 165) werden von den Rezipienten überdurchschnittlich häufig gelesen. Das Publikum interessiert sich eher für politische Zeitungs- und Fernsehinhalte (vgl. R180, R186). Nachmittags haben die Rezipienten dieses Clusters bereits Nachrichten verfolgt und reden häufig mit anderen über Nachrichten (vgl. R144).

Die rezipierten (= pauschal erinnerten) **Nachrichten** dieses Clusters sind konfliktärmere (vgl. VV10) Inlandsmeldungen mit wichtigen Themen wie Z.B. Arbeitslosigkeit, Ökologie, Frieden und Sicherheit (vgl. R4, R6), die breite Kreise der Bevölkerung (vgl. R10) betreffen. Die längeren Spitzenmeldungen (vgl. R3, R63, R2) wirken nicht besonders überraschend (vgl. R19).

Die **Rekonstruktionen der Nachrichten** orientieren sich überdurchschnittlich stark an Konflikten (vgl. V104). Relevante Entwicklungen (vgl. V102, V103, V101) werden von den Rezipienten bevorzugt wiedergegeben, Umfang und Qualität ihrer Rekonstruktionen (vgl. V105, V90) sind überdurchschnittlich gut. Rezipienten dieses Clusters können die Nachricht nicht nur detailliert und korrekt erinnern (vgl. R106), sondern auch inhaltlich richtig ergänzen (vgl. V106, V112A) und verstehen (vgl. V114). Die rekonstruierten Themen sind von hoher persönlicher und allgemeiner Relevanz (vgl. R79, R80), lösen Betroffenheit aus (vgl. V84) und werden sehr negativ bewertet (vgl. V107). Die Rekonstruktionen wirken insgesamt sehr gründlich, prägnant und wenig affektiert (vgl. PC1, PC2, PC3).

Cluster 2

Das zweite Cluster umfaßt ungefähr 18 % der Nachrichtenrezipienten. Es ist in allen Lösungszyklen das stabilste Cluster: Von der 2-Cluster-Lösung an tritt es mit sehr ähnlichem mittleren Merkmalsprofil in Erscheinung und splittet sich auch in späteren Lösungen nicht auf. Die Quadratsumme der Profilabweichungen vom mittleren Merkmalsprofil hat den Wert 31.04, der kleinste im Vergleich mit den übrigen Clustern.

Die jüngeren, weniger normativ eingestellten **Rezipienten** dieses Clusters sind (vgl. R201 - R211) sind höher gebildet, gehören mittleren sozialen Schichten an und sind in der Mehrzahl weiblich. Sie lesen kaum Prestigezeitungen und interessieren sich

auch nicht so sehr für die politische Berichterstattung ihrer Tageszeitung und Fernsehen. Während der Nachrichtensendung, aber auch sonst sprechen die Rezipienten dieses Clusters seltener mit anderen über die einzelnen Meldungen.
Rezipiert werden kürzere **Nachrichten** aus wichtigen Hauptstädten (Washington, London, Paris), Berichte über zentrale Themen und Ereignisse (vgl. R5), an denen Prominenz beteiligt ist (vgl. V67 - V69).
Die **Rekonstruktionen der Nachrichten** bringen wenig Konflikte, Folgen und Wirkungen berichteter Ereignisse. Umfang und Qualität der Wiedergabe sind überdurchschnittlich schlecht, ereignisbezogene Kontexte können jedenfalls nicht rekonstruiert werden. Die Rezipienten erinnern sich falsch (oberflächlich) und verstehen wenig, geben allerdings auch an, die Meldungen seien ja gar nicht wichtig.

Cluster 3

Das dritte Cluster umfaßt etwa 14 % der Rezipienten. Es erweist sich über verschiedene Lösungszyklen als relativ stabil: Von der 4-Cluster-Lösung an tritt es mit einem annähernd gleichen mittleren Merkmalsprofil regelmäßig in Erscheinung. Die Quadratsumme der Profilabweichungen vom mittleren Merkmalsprofil beträgt 32.40, was im Vergleich zu den Werten der anderen Cluster der zweitniedrigste Wert ist.

Die höher gebildeten **Rezipienten** dieses Clusters sind jüngere, in der Mehrzahl männliche Zuschauer, die der oberen Mittelschicht zuzurechnen sind und häufig die wichtigsten bundesdeutschen Tages- und Wochenzeitungen lesen; das Interesse an politischen Inhalten der Tageszeitungen ist überdurchschnittlich groß. Politische Fernsehsendungen sind für Rezipienten dieses Clusters eher uninteressant, und während der Nachrichtensendung unterhält man sich häufiger mit Anwesenden.
Die erinnerten **Nachrichten** sind relevante, nicht jedoch überraschende Inlandsmeldungen, die einen sehr großen Teil der bundesrepublikanischen Bevölkerung betreffen (vgl. R10). Es handelt sich um die Aufmacher einer Sendung, in denen Filmberichte (vgl. R72, R71) gezeigt werden.
Die **Rekonstruktionen** der Nachrichten sind komplexere und stellen die Inhalte überdurchschnittlich richtig dar. Allerdings werden Personen und Orte, die in den Nachrichten genannt werden, weniger korrekt erinnert. Die Rezipienten dieses Clusters ergänzen auch keine fiktiven Inhalten, verstehen objektiv wenig und wirken in ihrer Darstellung recht geordnet (vgl. PC2).

Cluster 4

Das vierte Cluster ist mit ca. 10 % aller Befragten das kleinste Cluster. Es ist weniger stabil und tritt als eigenständiges Cluster erst in der 5-Cluster-Lösung, in der hier vorliegenden 7-Cluster-Lösung und in weiteren Lösungen als eigenständiges Cluster in Erscheinung. Die Quadratsumme der Profilabweichungen vom durchschnittlichen Merkmalsprofil beträgt 33.6, was einen mittleren Wert darstellt.

Die gering gebildeten **Rezipienten** dieses Clusters sind in der Mehrzahl weiblich, überdurchschnittlich alt und äußern auf entsprechende Nachfragen stark normative Einstellungen. Die Befragten gehören der Unterschicht an, ihr Interesse an politischen Zeitungsinhalten oder Fernsehsendungen ist nur gering und andere Nachrichtensendungen des Tages werden kaum verfolgt.

Rezipiert werden konfliktreiche, negative **Nachrichten** von wichtigen (gut bekannten) Orten.

Bei ihren **Rekonstruktionen** gehen die Rezipienten jedoch nicht auf die Konflikte ein und sind offensichtlich auch nicht in der Lage, ihr Hintergrundwissen zu aktivieren (vgl. R99) bzw. die pauschal erinnerte Meldung mit eigenen Worten, in einem ereignisbezogenen Kontext wiederzugeben. Stattdessen werden häufig Inhalte stark fingiert (vgl. V112, V112A), einzelne Nachrichtenmeldungen miteinander vermischt (vgl. V110) und verfälscht (vgl. V106, R104, R106). Die Darstellungen wirken oberflächlich und stark affektiert.

Cluster 5

Das fünfte Cluster umfaßt ungefähr 13 % der Befragten und tritt von der 3-Cluster-Lösung an jeweils in annähernd gleicher Weise in Erscheinung. Die Quadratsumme der Profilabweichungen vom mittleren Merkmalsprofil hat einen vergleichsweise hohen Wert von 37.98.

Die älteren, höher gebildeten, vorwiegend männlichen Oberschicht**rezipienten** lesen zwar seltener Prestigezeitungen, interessieren sich aber für politische Fernsehsendungen und sprechen häufiger mit anderen über Fernsehnachrichten.

Bei den erinnerten **Nachrichten** handelt es sich hier um außerordentlich konfliktreiche Auslandsmeldungen (u.a. Paris, Washington und London), die über Sicherheits- und Wirtschaftspolitik berichten. Die Ereignisse sind zwar in vorherigen Nachrichtensendungen erwähnt worden (vgl. R16), dennoch überrascht die konkrete Entwicklung (vgl. R19). Für die bundesrepublikanische Bevölkerung sind die Kurzmeldungen allerding weniger relevant und sie werden zum Schluß der Sendung gebracht (vgl. R10, R8, R4).

Die Rezipienten **rekonstruieren** überdurchschnittlich stark Konflikte und stellen sie - ihrer Relevanz entsprechend - komplex und korrekt dar. Mit einem leicht aktivierbaren Hintergrundwissen sind die Rezipienten in der Lage, die erinnerte Nachricht objektiv und sinngemäß gut zu verstehen. Diesen Ergebnissen widerspricht nicht, daß die Rezipienten die ursprüngliche Meldung sowohl quantitativ, als auch qualitativ mit fiktiven Inhalten erweitern. Rezipienten dieses Clusters verfügen über ein eher kompliziertes Weltbild (vgl. R102) und rekonstruieren die Nachricht sowohl gründlich als auch originell.

Cluster 6

Cluster 6 umfaßt ca. 12 % der Rezipienten und ist von der 4-Cluster-Lösung an in allen weiteren Lösungen mit gleichem mittleren Merkmalsprofil vertreten. Die Quadratsumme der Profilabweichungen vom mittleren Merkmalsprofil ist mit einem Wert von 33.96 relativ gering.

Die jüngeren, weniger normativ eingestellten und höher gebildeten **Rezipienten** dieses Clusters sind in der Mehrzahl männliche Angehörige der Oberschicht, interessieren sich für politische Berichterstattung in der regionalen Tageszeitung und im Fernsehen, weniger jedoch für die Lektüre von Prestigezeitungen. Während der abendlichen Nachrichtensendung wird häufig mit anderen auch über Nachrichten geredet.

Bevorzugt werden **Nachrichten** mit kürzeren Filmberichten, die von überraschenden Ereignissen mit viel Prominenz berichten.

Die **Rekonstruktionen der Nachrichten** vollziehen sich in einem anspruchsvolleren Wiedergabekontext. Gleichwohl geben die Zuschauer an, daß sie Nachrichten nicht so wichtig finden. Die Meldungen werden außerordentlich korrekt erinnert, selbst Details werden richtig wiedergegeben. Alles wird sehr gut verstanden, aber auch negativ bewertet (vgl. V107) und ironisiert (vgl. PC4).

Cluster 7

Dieses Cluster enthält nur 10 % der Wiedergaben und ist damit sehr klein. Es tritt das erste Mal in der 5er-Lösung und dann wieder in der 7er-Lösung auf, um dann in weiteren Lösungen als relativ instabiles, aber eigenständiges Cluster erhalten zu bleiben. Die Quadratsumme der Profilabweichungen vom mittleren Merkmalsprofil beträgt 35.44, was einen vergleichsweise ungünstigen Wert darstellt.

Zu den überdurchschnittlich alten **Rezipienten** dieses Clusters gehören in der Mehrzahl weibliche, normativ eingestellte Angehörige der sozialen Unterschicht mit schlechter Schulbildung, die sich wenig für die politische Berichterstattung ihrer Tageszeitungen interessieren.

Rezipiert werden **Nachrichten** über wichtige, allerdings konfliktarme Inlandsthemen mit viel Prominenz. Formal handelt es sich bei den Nachrichten dieses Clusters um gut placierte, längere Filmbeiträge (vgl. R72, R71).

Die **Rekonstruktionen der Nachrichten** sind nur durchschnittlich korrekt, und einzelne Meldungen werden häufiger miteinander vermischt. Persönlich fühlen sich die Rezipienten von der Nachricht betroffen, bewerten die Inhalte negativ und stellen sie nur oberflächlich dar.

10.2.2 Formulierung von Profilhypothesen

Aufgrund dieser komplexen Typologisierung lassen sich folgende Profilhypothesen formulieren:

h_{18} Es gibt einen Typus von **politisch interessierten Oberschicht**rezipienten, die **relevante** Meldungen korrekt erinnern und gut **verstehen** (= Cluster 1).

Von individuellen und sozialen Bedingungen hängt es ab, ob und wie (gut) sich Rezipienten erinnern können (vgl. BARTLETT 1932; PAUL 1959; van DIJK/KINTSCH 1978). Die bisherige Nachrichtenforschung zeigt übereinstimmend, daß relevante Meldungen von interessierten Rezipienten nicht nur leichter erinnert, sondern auch besser verstanden werden können (vgl. WOODALL et al. 1983, 15 ff.; GRABER 1984, 33 ff., 86 ff.; FINDAHL/HÖIJER 1985, 385 ff.).

h_{19} Es gibt einen Typus von jüngeren, **politisch desinteressierten** Rezipienten, die kürzere **Auslandsmeldungen** erinnern, **nicht** jedoch **korrekt** wiedergeben und verstehen können (= Cluster 2).

Für diese These sprechen empirische Befunde von JENSEN (1986, 258 ff.) sowie LUTZ/WODAK (1987, 139 ff.), die beschreiben, daß desinteressierte Rezipienten die Nachrichten mangelhaft erinnern und verstehen. Um objektiv Nachrichten verstehen zu können, müssen die Rezipienten Wissen aktivieren (vgl. van DIJK/KINTSCH 1983, 342 ff.), das wiederum stark von ihren politischen Interessen geprägt wird (vgl. GUNTER 1985, 400 ff.).

h_{20} Es gibt einen Typus von **jüngeren höher gebildeten Rezipienten**, die **wichtige Inlands**meldungen **korrekt** wiedergeben, jedoch *nicht* ausreichend **verstehen** (= Cluster 3).

Diese Differenz von Erinnerung und Begreifen der Nachricht ist mehrfach beschrieben worden (vgl. WOODALL et al. 1983, 4 ff). Möglicherweise 'mißverstehen' gerade die höher gebildeten und interessierten Rezipienten dieses Clusters ganz bewußt die *journalistische* Form der Wirklichkeitskonstruktion (vgl. MORLEY 1983, 108 ff.; van DIJK 1987, 24 ff.; LUTZ/WODAK 1987, 161 ff.).

h_{21} Es gibt einen Typus von weiblichen, **gering gebildeten Unterschicht**rezipienten, die Nachrichten **falsch** wiedergeben, nicht verstehen und mit anderen Meldungen **verwechseln** (= Cluster 4).

Dieser Typus läßt sich durch spezifische Eigenschaften des Rekonstruktionsprozesses, d.h. durch Auslassungen, Rationalisierungen und Transformationen von Inhalten erklären (vgl. BARTLETT 1932; PAUL 1959; van DIJK 1980; KINTSCH 1982). Die bisherige Nachrichtenforschung zeigt außerdem, daß weibliche Unterschichtrezipienten die Nachrichtensendungen - bedingt durch ihre Hausarbeit

- nur unaufmerksam verfolgen und dadurch mangels "inhaltlich kognitiver Schemata" (vgl. LUTZ/WODAK 1987, 77 f.) wenig verstehen. Hinzu kommt, daß diese Rezipienten die Meldungen auch meistens nur im restringierten Code rekonstruieren können (vgl. ALBRECHT 1972, 299 f.).

h_{22} Es gibt eine Typus von männlichen Oberschichtrezipienten, die überraschende Meldungen über internationale **Konflikte korrekt** erinnern und überdurchschnittlich gut **verstehen** (= Cluster 5).

Konflikthaften Ereignissen bilden 'Ankerpunkte', mit deren Hilfe sich der Rezipient gut erinnert und die Meldung leicht wiedergeben kann (vgl. BROWN/KULIK 1982), so daß hier auch von einer spezialisierteren Konfliktwahrnehmung bestimmter Rezipienten gesprochen werden kann (vgl. ADONI/COHEN/MANE 1984, 37 ff.; GRABER 1984, 158 ff. und KORZENNY et al. 1987, 78 ff.).

h_{23} Es gibt einen Typus von jüngeren, **politisch interessierten**, höher **gebildeten** Rezipienten, die unwichtigere Meldungen auch nicht wichtig finden, jedoch **korrekt** erinnern und inhaltlich gut verstehen (= Cluster 6).

Befragungen amerikanischer und britischer Nachrichtenrezipienten zeigen, daß dieser Rezipiententyp plausibel ist (vgl. ROBINSON/LEVY 1986a, 91 ff.; ROBINSON/DAVIS 1986, 108 ff.). Schließlich kann als letzte induktive Profilhypothese formuliert werden:

h_{24} Es gibt einen Typus älterer, **gering gebildeter** Rezipienten, die **auffällig gestaltete** Inlandsnachrichten (mit viel Prominenz) zwar **pauschal erinnern**, jedoch nur **schlecht verstehen** und wiedergeben können (= Cluster 7).

Bekanntlich lassen sich Elemente des Nachrichtenschemas (Personen, Orte und Themen) leichter erinnern, wenn die Meldung auffällig präsentiert wird (vgl. FINDAHL/HÖIJER 1976; STRASSNER 1982, 316 ff.; BERRY 1988, 164 f.).[13] Wenn die Rezipienten die Nachrichten verstehen (vgl. WOODALL 1986, 145 ff.; LUTZ/WODAK 1987, 117 ff.), aktivieren sie zuvor komplexe Wissensstrukturen, die aber in der Regel von Präsentationsfaktoren nicht ohne weiteres induziert werden können.

10.2.3 Stellenwert einzelner Variablen für die Clusterbildung

Das Maß ETA^2 gibt an, wieviel Prozent der Varianz einzelner Variablen durch die ermittelte Clusterstruktur 'erklärt' wird. Die möglichen ETA^2-Werte liegen zwischen Null und Eins. Ein höherer ETA^2-Wert besagt, daß sich die Gesamtvarianz der jeweiligen Variablen auf die zuvor ermittelte Clusterstruktur zurückführen läßt. Ausweislich der Größe der ETA^2-Werte zeigt sich, daß u.a.

- **Alter, Einstellungen** und **Bildungsniveau** der Rezipienten,
- **Konflikthaftigkeit** von und **Betroffenheit** durch Nachrichten sowie
- **Konfliktorientierung, Wiedergabekontext**, und objektives **Gesamtverständnis** des Rezipienten bei der **Nachrichtenrekonstruktion**

einen hohen Stellenwert für das Zustandekommen des *gesamten Clusterergebnisses* haben. Dabei fungiert die Cluster*zugehörigkeit* einzelner Rezipienten als unabhängige Variable.

Das heißt: Rezipienten lassen sich am ehesten hinsichtlich ihres **Alters**, ihrer **Schulbildung** und ihren **kognitiven Fähig- und Fertigkeiten** *typologisieren*, die in den Nachrichten präsentierten **Konflikte** zu **erinnern** *und* zu **verstehen**. Weitaus weniger bedeutsam für die Clusterbildung sind situationale Faktoren der Nachrichtenrezeption, formale Merkmale der erinnerten Nachrichten oder die richtige Erinnerung etwa von Personen oder Orten.

Ausblick

Die für das Zustandekommen des Clusterergebnisses wichtigen Variablen können noch weiter analysiert werden; zu denken wäre an Clusteranalysen (mit weiterentwickelten Computerprogrammen z.B. CONCLUS; vgl. BARDELEBEN 1985) im Rahmen einer Langzeitbeobachtung von Rezipienten, die unterschiedliche Nachrichtenprogramme (der öffentlich-rechtlichen und der privaten Sender) verfolgen. Auf der Basis von Resultaten der Clusteranalyse können andere multivariate Analyseverfahren eingesetzt werden, um weitere Einblicke in die Strukturen und den Prozeß der Nachrichtenrekonstruktion zu bekommen. Sinnvoll wäre etwa ein Regressionsmodell, in dem Verstehensleistungen erklärt werden oder - noch besser - ein LISREL-Modell, das erklären kann, wie die einzelnen zentralen Variablen nach Richtung und Stärke miteinander kausal vernetzt sind (vgl. GIEGLER/ RUHRMANN 1988).

11. Resümee

Nachrichtenrezeption läßt sich als komplexer Selektionsprozeß beschreiben, dessen theoretische Beschriebung und empirische Analyse einigermaßen schwierig ist. Die klassischen Ansätze einer Theorie der Nachricht allein reichen nicht aus, um Rezeptionsverhalten zu erklären oder gar vorherzusagen. Wenn tatsächlich eine 'Nachrichtentheorie' entwickelt werden soll, muß interdisziplinär gearbeitet werden und bekannt ist, wie schwer das den traditionellen Disziplinen Publizistik oder Zeitungswissenschaften fällt. Jedoch beginnt die soziologische System- und Kommunikationstheorie zu begreifen, wie Rezipienten Nachrichten 'aktiv' rekonstruieren. Auch die Kognitionspsychologie, die Computerlinguistik und die Texttheorie liefern Innovationen für eine neue, komplexere Nachrichtenforschung.

Die vorliegende Arbeit beschäftigt sich mit den Selektionskriterien und -strategien von Rezipienten, die je nach ihrer sozialen Herkunft, ihrer Bildung, ihres Vorwissens ganz unterschiedlich auf aktuelle Meldungen 'reagieren'. Aufmerksamkeit ist dabei ein Moment der selektiven Wahrnehmung, die wesentlich von Erwartungen und Wissensstrukturen des Rezipienten gesteuert wird. Fernsehzuschauer verarbeiten die rezipierten Nachrichten nach Relevanzkriterien, die schwierig zu fassen sind und in sich mehrdimensional strukturiert sind. In der vorliegenden Arbeit werden Relevanzstrukturen der Nachrichten operationalisiert u.a. als:

- Grad der existentiellen Betroffenheit,
- Nennung von (prominenten) Personen,
- Konflikthaftigkeit der berichteten Ereignisse,
- Wahrscheinlichkeit und Umfang von Folgen, die ein Ereignis auslöst etc.

Relevante Nachrichten zu rezipieren bedeutet für den Rezipienten, die aktualitätsorientierte Selektion von (Nachrichten-) Ereignissen nach allgemeiner und persönlicher Relevanz sowie Vertrautheit selektiv zu bewerten. Rezipienten orientieren sich weniger an echten Neuigkeiten, sondern nehmen bevorzugt Nachrichten auf, mit deren Themen und Ereignissen sie im Grunde schon vertraut sind. Sie können Meldungen erinnern und verstehen, deren Kerninformationen (Ursachen, Ereignisse, Orte, Personen, Folgen) sie mit ihrem (Hintergrund-) Wissen vernetzen können. Organisiert wird diese Informations- und Wissensverarbeitung durch Schemata, mit deren Hilfe Rezipienten die inhaltliche Struktur der Nachricht erfassen, bewerten, speichern, verändern und in der Regel stark vereinfachen. So glauben viele befragte Nachrichtenrezipienten über *die* "Ursachen" von Arbeitslosigkeit Bescheid zu wissen, Politiker zu kennen und *die* "Folgen" von Umweltkatastrophen immer schon vorausgesehen zu haben.

Fernsehzuschauer re-rekonstruieren die soziale Wirklichkeit entweder in einem biographisch-personalisierenden, in einem ereignisbezogenen oder auch in einem komplexeren Kontext mit z.T. fiktiven Überlegungen zu Hintergründen und Folgen der Nachrichten.

Die empirischen Ergebnisse der Studie demonstrieren, daß Nachrichten tatsächlich nicht nur - wie GUNTER (1983) bemerkt - zum "Vergessen" da sind, sondern auch zum falschen Erinnern und zum Mißverstehen. Nur jeder 33. deutsche Zuschauer kann eine ARD- oder ZDF-Nachrichtensendung überhaupt ausreichend verstehen *und* korrekt wiedergeben. Ein Vergleich gesendeter und erinnerter Nachrichten ergibt, daß Nachrichtenrezipienten ohnehin nur die für sie persönlich relevantesten Meldungen behalten und wiedergeben können. Angehörige der Oberschicht und der oberen Mittelschichten sind noch am ehesten in der Lage, die Nachrichten halbwegs korrekt zu erinnern. Sofern sich die Nachrichtenrezipienten für andere politische Fernsehprogramme interessieren, bemerken und erinnern sie auch eher die relevanteren politischen Entwicklungen. Je besser Rezipienten ihr Hintergrundwissen zum Thema aktivieren können, desto umfassender verstehen sie auch die Meldung. Zuschauer erzählen die erinnerten Nachrichten in bestimmten typischen Phasen und Kontexten, deren Qualität je nach Bildung und Wissen recht unterschiedlich ausfällt: Eine Meldung kann als Geschichte aus dem eigenen Leben, oder aber auch als ein politisch tatsächlich relevantes Nachrichtenereignis verstanden und wiedergegeben werden.

Wenn die Variablenprofile (aus über 100 Einzelmerkmalen) der Rezipienten, die in jeweils ähnlicher Art und Weise Fernsehnachrichten rekonstruieren, in Cluster zusammengefaßt werden, lassen sich sieben Zuschauertypen deutlich voneinander unterscheiden:

- Politisch interessierte Rezipienten aus der Oberschicht mit guten Verstehens- und Erinnerungsleistungen.
- Politisch desinteressierte Rezipienten, die Nachrichten mangelhaft verstehen und erinnern.
- Jüngere, höher gebildete Rezipienten, die wichtige Inlandsmeldungen zwar korrekt erinnern, aber mißverstehen.
- Gering gebildete Zuschauer, meist ältere Frauen, die einzelne Nachrichten falsch erinnern und miteinander verwechseln.
- Oberschichtrezipienten, die sich stark an internationalen Konflikten orientieren.
- Jüngere gebildete Zuschauer, die selbst unwichtigere Nachrichten gut verstehen und erinnern.
- Ältere Zuschauer, die auffällig präsentierte Meldungen mit viel Prominenz zwar pauschal erinnern, jedoch nicht verstehen.

Ergebnisse einer vergleichenden Analyse der Rezeption von ARD, ZDF, RTL plus und SAT1 weisen darauf hin, daß die Rezeptionsleistungen von Zuschauern 'privater' Nachrichtensendungen durchgängig *noch* schlechter sind als die von ARD- und ZDF-Rezipienten (vgl. MERTEN 1988). So geben *auch* diese Rezipienten zu verstehen, daß sie nichts verstehen; sie erkennen praktisch nur Politiker, Wahrzeichen von Hauptstädten oder Schlagwörter wieder.

Produzenten von Nachrichtensendungen können sich im Hinblick auf ihre Rezipienten u.a. fragen:

- Welche Sendungsdauer ist angesichts der durchschnittlichen Rezeptionsleistung optimal?
- Wieviele Einzelmeldungen pro Sendung kann der Rezipient am besten verarbeiten und wieviele Meldungen können ihm zugemutet werden?
- Wie komplex können Ursachen und Wirkungen von Ereignissen in Nachrichten dargestellt werden, die der Rezipient verstehen kann.
- Kann die Umformulierung von Nachrichten ihre Verständlichkeit erhöhen?
- Welche und wieviele Nachrichten sind zu wiederholen, um dem Rezipienten einen besseren Eindruck von der Nachrichtenlage zu ermöglichen?
- Inwieweit ist dem Rezipienten zu vermitteln, welche Ereignisse (warum) nicht als Nachricht aktualisiert werden?
- Sollten bestimmte Informationen aus dem Produktionskontext der Nachrichten präsentiert werden, um die journalistische Relevanz der Meldung transparenter zu machen?
- Wie kann das Hintergrundwissen über (die Textsorte) Nachrichten verbessert werden; kann der Umgang mit Fernsehnachrichten - auch mit den Mitteln des Fernsehens - gelehrt, gelernt und reflektiert werden?

Die empirische **Nachrichten**forschung in der Bundesrepublik Deutschland steckt noch in den Anfängen. Die vorliegende Studie berücksichtigt längst nicht alle Variablen der Nachrichten; zu analysieren wären etwa die Präsentation und Kommentation themenspezifischer Argumentationsfiguren oder -strategien politischer Akteure. Mit verschiedenen Methoden könnte noch detaillierter Verhältnis von Form und Inhalt der Nachrichten, der Einfluß verbaler und nonverbaler bzw. visueller Faktoren auf die Rezeptions- und Verstehensleistungen der Zuschauer überprüft werden. Verglichen werden sollten auch Nachrichtensendungen verschiedener bundesdeutscher (ARD, ZDF, RTL plus, SAT1) und europäischer Kommunikatoren in teilweise unterschiedlichen Mediensystemen.

Eine sozialwissenschaftlich orientierte **Rezeptions**forschung müßte korrespondierend dazu u.a. noch genauer ermitteln:
- wie bedeutsam Fernsehnachrichten im Vergleich zu Rundfunk- und Zeitungsnachrichten für den Rezipienten hinsichtlich bestimmter Themen sind;
- welchen Informationswert und welche Relevanz Fernsehnachrichten im Vergleich zu verschiedenen politischen Fernsehmagazinen ("Report", "Kennzeichen D", "WISO", "Monitor" usw.) für den Rezipienten haben;
- ob und wie medienspezifische Verstehens- und Wissensleistungen von Nachrichtenrezipienten erklärt werden können;
- welchen Einfluß soziale Netzwerke und Gruppen, denen der Rezipient angehört, auf sein Verständnis von Nachrichten ausüben;
- ob und wie sich Rezeptions- und Verstehensstrategien der Fernsehzuschauer unter verschiedenen sozialen und (medien-) politischen Bedingungen langfristig verändern;
- wie Nachrichtenrezeption innerhalb Kulturen begriffen und analysiert werden kann.

Die Aktivitäten anspruchsvoller Nachrichten- und Rezeptionsforschung in der Bundesrepublik Deutschland sind unzureichend institutionalisiert. Langfristige Forschungs- und Reputationsstrategien, gar eine theoriegeleitete und theoriebildende Nachrichtenforschung konnten bisher nur in Einzelfällen beobachtet werden. Verbesserungsvorschläge zielen auf mehr Kooperation der Medienforscher untereinander, häufigere Replikation von empirischen Studien, eine stärkere Theorieorientierung und eine anspruchsvollere Methodenausbildung.

Um jedoch in der Nachrichten- und Rezeptionsforschung im internationalen Vergleich bestehen zu können, sind Grundlagen- und Langzeitstudien mit fächerübergreifenden Forschungsdesigns durchführen, die auch eine Zusammenarbeit mit Rundfunk- und Fernsehanstalten sowie mit bestehenden außeruniversitären Forschungseinrichtungen erfordern.

Teil III: Anhang

Der Anhang dokumentiert die in der Arbeit entwickelten induktiven Hypothesen, die Anmerkungen zu den einzelnen Kapiteln sowie alle Erhebungsinstrumente bzw. Codierbücher (der Befragung und Inhaltsanalysen). Die Literaturliste stellt zugleich eine umfangreichere Bibliographie zur Nachrichten- und Rezeptionsforschung dar.

Induktive Hypothesen

h_1 Die jeweils **ersten** Meldungen (Aufmacher) einer Nachrichtensendung werden vom Rezipienten häufiger erinnert als andere Meldungen.

h_2 **Längere** Meldungen erinnert der Rezipient häufiger als kürzere Meldungen.

h_3 Allgemein **relevantere** Nachrichten werden eher erinnert als weniger relevante Nachrichten.

h_4 Nachrichten mit **bedeutenden Themen** (Arbeitslosigkeit, Ökologie, Krieg und Frieden) werden häufiger behalten als Meldungen, die über andere Themen berichten.

h_5 Nachrichtenereignisse aus **wichtigen Regierungszentren** (wie etwa Bonn, Moskau oder Washington) werden vom Rezipienten häufiger erinnert als Nachrichtenereignisse aus anderen Orten.

h_6 Nachrichten über **Spitzenpolitiker** werden vom Rezipienten eher behalten als Nachrichten über andere Personen.

h_7 Nachrichten, die von **bedeutenden Organisationen** berichten, werden eher behalten als Meldungen, in denen von anderen Organisationen berichtet wird.

h_8 Nachrichten mit **konflikthaften Themen** werden vom Rezipienten häufiger erinnert als Nachrichten mit konfliktärmeren Themen.

h9   Nachrichten über **sofort wirksame** Ereignisse können vom Rezipienten leichter erinnert werden als Nachrichten über kaum oder nie wirksame Ereignisse.

h10 Rezipienten aus der **Oberschicht** können **mehr Informationen** aus erinnerten Nachrichten wiedergeben als Rezipienten aus anderen sozialen Schichten.

h11 Rezipienten aus der **Mittel- und Oberschicht** können erinnerte Nachrichten **richtiger** wiedergeben als Rezipienten aus der Unterschicht.

h12 Mit **aufsteigender sozialer Schicht** von Nachrichtenrezipienten nimmt die Qualität ihres **Nachrichtenverständnisses** deutlich zu.

h13 Je größer die **Nachrichtenrelevanz** bestimmter Entwicklungen, desto relevanter findet der Rezipient die Nachricht auch **persönlich**.

h14 Rezipienten mit **Interesse an politischen** Fernsehprogrammen **bemerken** und **erinnern** eher **relevante** Entwicklungen von Nachrichtenereignissen als Rezipienten, die sich für andere unterhaltenden Fernsehprogramme interessieren.

h15 Je besser Rezipienten ihr **Hintergrundwissen** zum Thema aktivieren können, desto **korrekter** können sie Nachrichten wiedergeben.

h16 Je besser Rezipienten ihr **Hintergrundwissen** zum Thema aktivieren können, desto umfassender verstehen sie die Nachricht.

h_{17} Mit zunehmender *Qualität* (*nicht*: Quantität) seiner **fiktiven Zusätze**, versteht der Rezipient die Nachricht insgesamt besser.

h_{18} Es gibt einen Typus von **politisch interessierten Oberschicht**rezipienten, die **relevante** Meldungen korrekt erinnern und gut **verstehen** (= Cluster 1).

h_{19} Es gibt einen Typus von jüngeren, **politisch desinteressierten** Rezipienten, die kürzere **Auslandsmeldungen** erinnern, **nicht** jedoch **korrekt** wiedergeben und verstehen können (= Cluster 2).

h_{20} Es gibt einen Typus von **jüngeren höher gebildeten Rezipienten**, die **wichtige Inlands**meldungen **korrekt** wiedergeben, jedoch *nicht* ausreichend **verstehen** (= Cluster 3).

h_{21} Es gibt einen Typus von weiblichen, **gering gebildeten Unterschicht**rezipienten, die Nachrichten **falsch** wiedergeben, nicht verstehen und mit anderen Meldungen **verwechseln** (= Cluster 4).

h_{22} Es gibt eine Typus von männlichen Oberschichtrezipienten, die überraschende Meldungen über internationale **Konflikte korrekt** erinnern und überdurchschnittlich gut **verstehen** (= Cluster 5).

h_{23} Es gibt einen Typus von jüngeren, **politisch interessierten**, höher gebildeten Rezipienten, die unwichtigere Meldungen auch nicht wichtig finden, jedoch **korrekt** erinnern und inhaltlich gut verstehen (= Cluster 6).

h_{24} Es gibt einen Typus älterer, **gering gebildeter** Rezipienten, die **auffällig gestaltete** Inlandsnachrichten (mit viel Prominenz) zwar **pauschal erinnern**, jedoch nur **schlecht verstehen** und wiedergeben können (= Cluster 7).

Anmerkungen

Kapitel 2

1 In der Praxis des amerikanischen Journalismus sind zehn Nachrichtenkriterien für Ereignisse formuliert worden. Vgl. MOTT (1952); LaROCHE (1987, 61 ff.); WEISCHENBERG (1986, 12 ff.).

2 Eine umfassende Analyse von Informationsüberlastung sozialer Systeme liefert der Soziologe KLAPP (1978, 47 ff.). Für die Nachrichtenproduktion siehe statt anderer WHITNEY (1981).

3 Vgl. zur Bedeutung der "importance of size" PETERSON (1981, 145).

4 Zum 'Zwang' dramatischer Steigerung äußern sich kritisch KUEHNEMANN/WRIGHT (1975, 672). Eine Übersicht über Nachrichtenstudien mit dem Thema soziale Konflikte findet sich bei ADONI/COHEN/MANE (1984, 36).

5 Vgl. dazu RITSCHER/SCHELZ (1981, 17 ff.) und GANS (1980, 42 f.); JENSEN (1986, 54 f.).

6 Problematisch ist bei EMMERICH (1984, 46 ff.) die Unterscheidung "Zahl der Betroffenen" und "Zahl der *potentiell* Betroffenen", wobei es eigentlich um Folgen des Ereignisses geht. Zur Kritik der Studie von EMMERICH (1984) vgl. MERTEN (1985, 27-32).

7 Vgl. dazu bereits SCHRAMM (1949, 268).

8 Zur Unterscheidung von "anticipatory" und "consumptory responses" vgl. SCHRAMM (1949, 262).

9 Vgl. dazu auch FINN (1985, 334) mit Hinweisen auf die Rezeption von "Unvorhersehbarkeit".

10 Siehe dazu die verschiedenen Beiträge im Sammelband von RICHSTAD/ANDERSON (1981).

11 Die **mathematische** Informationstheorie bezeichnet den Betrag an Unsicherheit (als Maß der Information) nicht als eine Funktion dessen, was passiert ist, sondern was *hätte* passieren *können*, jedoch nicht eingetreten ist (vgl. WIENER 1952, 19 f.; GARNER 1962, 2 ff., 7, 13; MITTENECKER 1973, 12, 33 ff.). Die **biologische** Informationstheorie hat allerdings Probleme mit dem mathematischen Informationsbegriff (vgl. BATESON 1985, 576 ff.; RIEDL 1985, 144; KÜPPERS 1986, 82 ff.; MATURANA/VARELA 1987, 41 ff., 223 ff.). Aus der **Gehirnforschung** siehe ECCLES (1985, 45 ff.).

12 Die in den Nachrichten berichteten Ereignisse sollen ungewöhnlich, ja sogar unerwartet sein (vgl. PARK 1940, 678). Ereignisse müssen einen gewissen Überraschungswert aufweisen. Der Informationsgehalt des Ereignisses muß Unsicherheit vermeiden bzw. beenden. Der Informationswert einer Nachricht liegt dabei in der Selektivität des mitgeteilten Ereignisses und ermöglicht sinnhafte Erlebnis- und Nachrichtenverarbeitung.

"Im prozeßmäßigen Ablauf des Erlebens treten laufend Nachrichten über die Welt über die Schwelle des Bewußtseins - sei es von außen, sei es als Selbstmitteilung aus

Kapitel 2

dem Gedächtnis. Solche Nachrichten gewinnen den Charakter von Information, indem sie bewußt, das heißt mit Hilfe von Sinn, als Selektion aus anderen Möglichkeiten interpretiert werden.. Information ist also immer mit Überraschung verbunden" (LUHMANN 1971, 40).

13 Siehe dazu GIBSON (1973, 194); NEISSER (1976, 31); auf der Basis der mathematischen Informationstheorie wird die Auffälligkeitsanalyse entwickelt (maximale Auffälligkeit als maximale Aufmerksamkeit eines 'Rezipienten') für Texte und Bilder (vgl. MERTEN 1983, 184 f. sowie RIEDEL 1966, 39 ff.).

14 Vgl. statt anderer: TANKARD et al. (1977); BENTELE (1985, 99 ff.); SCHMITZ (1985, 137 ff.); BODENSIECK (1985, 167 ff.); KEPPLER (1985a). Weitere Einzelhinweise bei HUTH (1985); OOMEN (1985) und DAVIS/ROBINSON (1986a). Zur empirischen Film- und Tonproduktionsforschung beim Fernsehen allgemein statt anderer: METALLINOS (1985).

15 Dieser *subjektive* Aspekt der Wahrscheinlichkeit des Vergleichs erwarteter mit vorhandener Information ähnelt MacKAY (1969, 61) zufolge einer "gradual construction of a mental model of the external world". Siehe auch KAHNEMANN/TVERSKY (1982, 32 ff.). Individuen versuchen, **"zweckmäßig"** wahrzunehmen und sich auf ein bestimmtes Spektrum von akustischen und visuellen Informationen einzustellen (vgl. statt anderer: WOODWARTH (1947); POSTMAN/BRUNER (1948); NEISSER (1979); HASTIE (1981). Zur Antizipation von Ereignissen vgl. allgemein: BRUNER (1951); POSTMAN (1951); AVANT/HELSON (1973); KELLERMANN (1986, 47). Zur Aufmerksamkeit für Nachrichten CHAFFEE/SCHLEUDER (1986, 78 f.). Der Journalist richtet seine Aufmerksamkeit nicht nur auf aktuelle Ereignisse. Seine Recherchen (vgl. TUCHMAN 1978; MARKOWITZ 1987; MARKOWITZ 1987a) orientieren sich *auch* an den Erwartungen seiner Kollegen (vgl. statt anderer: JENSEN 1986, 40 ff.).

16 **"Harte Nachrichten"** enthalten "überlebensnotwendige" Nachrichten von allgemeiner Wichtigkeit; ihre Verbreitung ist dringlich (vgl. HUGHES 1940, 58; ROSCHO 1975; TUCHMAN 1973, 1978; BURGER 1984).
"Weiche Nachrichten" enthalten interessante Begebenheiten von einzelnen Menschen. Vgl. dazu MOTT (1952, 58); TUCHMAN (1973, 1978); BURGER (1984).

17 **"Spot news"** entstehen bei der ersten Konfrontation mit dem unerwarteten Ereignis. Über Einbrüche, Morde, Unfälle, Natur- oder Reaktorkatastrophen erfährt man zunächst nur, *daß* sie passiert sind (vgl. TUCHMAN 1978, 47-56, 102 f.)

18 **"Developing news"** sind Meldungen, die Unsicherheit und emotionale Erregung erzeugen können, da über Folgen und Wirkungen des Ereignisses weitere Ungewissheit herrscht.

19 **"Continuing news"** entstehen bei Berichten über länger andauernde, relevante Ereignisse (vgl. SMITH 1980), aber auch durch die logistische Vorbereitung bzw. Vororganisation von nachrichtenrelevanten Ereignissen (vgl. TUCHMAN 1978, 56 f., LANGE 1981, 55 ff.; 1982, 85 ff.). Zur Entwicklung des Nachrichtenverkehrs aus der Perspektive einer sich politisch verstehenden Ökonomie siehe HABERMAS (1962,

Kapitel 2

  5 f.). Zum **Nachrichtenfluß** beim Fernsehen vgl. statt anderer LARSON (1984, 23 ff.); DAVIS/ROBINSON (1986, 25 ff.).
20 Siehe dazu auch MOLOTCH/LESTER (1974, 101). Zur Typologisierung der Erwartung des Unerwartbaren allgemein MILLER/PRIMBAM (1960); SCHÜTZ (1971); SCHÜTZ/LUCKMANN (1979); PRINZ (1983, 257); nachrichtenspezifisch: TUCHMAN (1978); THORNDYKE (1979); LARSEN (1983); HENDRIKS (1985).
21 Zur Variation formaler Merkmale vgl. statt anderer SAHIN et al. (1981); MacNEIL (1983); EDWARDSON et al. (1985); CHAFFEE/SCHLEUDER (1986).
22 Vgl. dazu theoretisch auch GARNER (1962, 39 ff.). "Even an action that happened long ago may still be spot news it is only now being disclosed. For example any new information about Noahs Ark would be news" (NEAL/BROWN 1976, 33). Zu weiteren Beispielen des Zusammenhanges zwischen Dauer, Zeitpunkt und Informationsgehalt des Ereignisses vgl. CHARNEY/CHARNEY (1979); GUNTER/JARRETT/FURNHAM (1983); GUNTER/FURNHAM/JARRETT (1984).
23 Es kommt zum Umlernen von Erwartungen, zur Gewöhnung, die den Informationswert reduziert (vgl. MERTEN 1973, 219). Dieses Umlernen setzt jedoch auch Regeln voraus, mit denen neue Informationen und vorhandenes Wissen verknüpft werden. Allgemein dazu: CONVERSE (1975, 97); LANE/SEARS (1964, 46 ff.); FISKE/KINDER (1981, 178); NEUMANN (1983, 113 ff.). Für die Nachrichtenproduktion siehe Park (1940); MOLOTCH/LESTER (1974); TUCHMAN (1978); JENSEN (1986).
24 Nachrichten sind "Mitteilungen zum **Danachrichten**" (DOVIVAT/WILKE 1976, 77). Wert und Nutzen als Funktion des persönlichen und/oder öffentlichen Interesses erwähnen LIPPMANN (1964); KURTH (1942); BREED (1956, 468 ff.); HUGHES (1940, 11 ff.); KOSZYK/PRUYS (1981, 197); EPSTEIN (1973, 47 ff.).
25 Wenn Unerwartetes passiert oder Erwartetes ausbleibt, entstehen zunächst große Inkompatibilitäten zwischen der Information in der Nachricht und den internen Erwartungen des Rezipienten. Es *überlagern* sich interessens- und wissensbedingte **Relevanz** und erwartungsbedingte, reflexartige **Überraschung** (vgl. SCHÜTZ/LUCKMANN 1979, 224 ff.; PRINZ 1983, 257). In einem Bericht über das schwere Erdbeben in Mexiko-City vom 19.9. 1985 heißt es: "Lächelnd sagte die Fernsehansagerin Loudes Guerro am Donnerstag früh: "Es fängt gerade an zu beben. Aber beruhigen Sie sich, das geht vorbei." In der nächsten Sekunde stürzte der 50 m hohe Fernsehturm auf die Studios" (zit. nach BILD vom 21.9.'85, s. 4: "Es war ein Weltuntergang"). Zu theoretischen Überlegungen dieses Überlagerungsphänomens vgl. außerdem SCHRAMM (1964, 19 ff.); SHEATSLEY/FELDMAN (1964); MILLER/ ZIMMERMANN (1964, 270 ff.); GREENBERG/PARKER (1964, 369); ROSCHO (1975, 14 ff.); TUCHMAN (1978); BOGART (1980); BROWN/KULIK (1982) sowie FINDAHL/HÖIJER (1984a).
26 Wie Überraschung durch Relevanz überlagert wird, beschreibt SCHÜTZ (1971). "**Impertinente** Information ist - eben aufgrund ihrer Inkompatibilität mit der der aktuellen Gesamtsituation - häufig zugleich *auch* die **relevante** Information" (PRINZ 1983, 257). Aus der Sicht der Diskursanalyse dazu: van DIJK (1979).

Kapitel 2

27　Vgl. zur Normalisierung unerwarteter Ereignisursachen und -wirkungen eines wahrgenommenen Ereignisses BRUNER (1948, 79). Zur routinisierten Kategorisierung der Alltagswelt vgl. ALLPORT (1955, 9); BRAUNER et al. (1985, 75). Zur Stereotypisierung der Wahrnehmung ausgezeichnet ALLPORT/POSTMAN (1948, 102 f.). Zum "Normalizing" der Nachrichten vgl. BENNETT (1985, 52 ff.). Das "voyeuristische Anprangern von Gewalt" durch Fernsehnachrichten thematisiert WATZLAWICK (1986, 78). Umstritten sind die Thesen von "zusammenhangslosen und im großen und ganzen belanglosen Nachrichten" als Produkt einer Nachrichtenindustrie bei POSTMAN (1983, 85 f.). Siehe dazu auch statt anderer HERZ (1979); HALL (1980, 215); TEICHERT (1987); JENSEN (1987).

28　Bereits LIPPMANN (1922, 1964) beschreibt die Auswahl der Nachrichten als selektive Kontrolle, Korrektur und Interpretation der Ereignisse mit Hilfe bestimmter Stereotypen: Journalisten selegieren die Ereignisse der realen Welt nach bestimmten "Gestalten": "It is not identical with the event; it is an attempt to reconstruct the essential *framework* of the event - essential being defined against a frame of reference which is calculated to make the event meaningful" (SCHRAMM 1949, 259).
Man radikalisiert diese Überlegung, wenn man **Fiktion** als ein Wesensmerkmal von Nachrichten bezeichnet (vgl. PARK 1940, 686; HUGHES 1940; EPSTEIN 1975). Zur Rekonstruktion eines komplexen Weltzusammenhanges durch einen zweiten z.T. fiktiven Zusammenhang (mit weniger Relationen) vgl. allgemein BRUNER et al. (1956); LUHMANN (1984, 49.; Kap. 6).

29　Vgl. statt anderer FISHMAN (1980, 54 ff.); MENCHER (1986, 57 ff.); WEISCHENBERG (1986, 39 ff.); LaROCHE (1987, 82) erwähnt, daß die Fragen nach den "Ws" in Amerika um die Jahrhundertwende "wie journalistisches Gesetz" behandelt werden.

30　Siehe etwa BENNETT (1981, 160 ff.); GOFFMAN (1977, 52 ff.) und TUCHMAN (1978, 1, 7, 192 ff.) ("news as frame") mit diskursanalytischen, kognitionspsychologischen und soziologischen Ansätzen. Bereits FINDAHL/HÖIJER (1976, 4) beschreiben die "schematic structure of news events". Zu 'Schemes' of Interpretation und 'Schemes of Relevance' siehe FISHMAN (1980, 62 f., 69 ff., 76 ff.). Vgl. auch van DIJK/KINTSCH (1983, 104); van DIJK (1983, 37 ff.); FINDAHL/HÖIJER (1981a); FINDAHL/HÖIJER (1982); FINDAHL/HÖIJER (1985); BENNETT/EDELMANN (1985, 164 ff.); JENSEN (1987, 13 ff.).

31　Zu dieser Standardisierung hervorragend auch GANS (1980, 173 ff.); BENNETT (1983, 54): "Effects of Controlled News". Zur ideologiekritischen Dimension der (alltäglichen) "agenda" siehe statt anderer: GLASGOW UNIVERSITY MEDIA GROUP (1976, 140 ff.); DAVIS (1985, 52 ff.); MUMBY/SPITZACK (1983, 162 ff.); JENSEN (1987). Siehe auch das interessante Konzept der "Institutional Voice" von LERMAN (1983, 75 ff.). Die "inherent paradoxes of Institutional Idendity" (LERMAN 1985, 185) müßten allerdings systematischer analysiert werden.

32　"When newsworkers construct their daily product in a form that is perdicated upon conflict, conflict's meaning is seen as ordinary, everyday, routine, and perhaps essential to social life. The daily creation of nonfiction drama, which is supposed to

Kapitel 2

be reconstitution of reality, utilizing a conflict form is likely to encourage the newsworker view the everyday world ... through the frame of conflict" (BANTZ 1985, 240).

33 Siehe dazu: LARSEN (1983, 22 ff.) und DIJK/KINTSCH (1983, 226 ff.). Zu mündlichen Erzählungen klassisch: LABOV/WALEZKY (1967, 12 ff.); Kap. 6.

34 Vgl. auch die Zusammenfassung bei van DIJK (1984b). Zur linguistischen Komplexität narrativer Strukturen in Nachrichten siehe HOUSEL (1984, 505).

35 Vgl. dazu BROWN/KULIK (1982, 31 ff.); FINDAHL/HÖIJER (1984a, 59-74); van DIJK (1986b); RUHRMANN/KOLLMER (1987, 18 ff.).

36 Man kann auch von "kognitiven Landkarten" sprechen, die Orientierungshilfen für die *aktive* Informations*suche* bieten. Siehe dazu: NEISSER (1979, 90 f.); BENNETT (1981, 160 ff.); GRABER (1980); RANNEY (1983, 6); LARSEN (1985, 27, 34); KELLERMANN (1985, 104 ff.). Zur Kritik von (utilitaristischen) Präferenzbegriffen siehe allgemein ELSTER (1987, 213 ff.).

37 Zum Begriff der Reflexivität in sozialer und sachlicher Dimension siehe MERTEN (1977a, 86 ff., 166).

38 Siehe TUCHMAN (1978, 198 ff.); GANS (1980, 206 ff.); LESTER (1980, 984 ff.); BANTZ et al. (1980, 45 ff.); WEISCHENBERG (1985, 494 ff.); MANOFF/-SCHUDSON (1987).

39 Zum Versuch einer historischen Rekonstruktion journalistischer Nachrichtenselektion vgl. WILKE (1986, 34 ff.,59 ff.). Siehe auch Hinweise bei HUGHES (1940) sowie EPSTEIN (1975). Problematisch bei WILKE (1984, 54 ff.) ist aber der Umgang mit dem Begriff "Selektion", dessen semantische Tradition sich wahrscheinlich objektiv und subjektiv stark verändert haben (vgl. LUHMANN 1980, 9 ff.; LUHMANN 1986c, 152 ff.; LUHMANN 1988, 256 ff.).

40 Damit *bleibt* auch fraglich, ob die aus der Theorie der Wahrnehmung entwickelten *individuellen* Selektionskriterien *auch* als *kollektive* Wahrnehmungsfaktoren (vgl. SCHULZ 1976, 15; SCHULZ 1982, 149) aufgefaßt werden können.

41 *Bestätigt* wird der Ansatz der Nachrichtenfaktoren im Bereich der **Relevanz**faktoren. Möglicherweise bietet die Risikoforschung *Lösungsvorschläge* an. Vgl. dazu vor allem: DOUGLAS/WILDAVSKY (1982, 4 ff., 29 ff., 186 ff.); KAHNEMANN/SLOVIC/TVERSKY (1982); BAECKER (1986); LUHMANN (1986, 135 ff.); BECK (1986, 59 ff.); SLOVIC (1986, 404 ff.); SLOVIC (1987, 280 f.); PETERS et al. (1987, 34 ff.).

42 Zur Programmierung von Entscheidung in der öffentlichen Verwaltung ausgezeichnet: LUHMANN (1971b, 113 ff.) in dem Aufsatz: "Lob der Routine". Zur "Intelligenz-Funktion" bei der Nachrichtenselektion EPSTEIN (1973, 133 ff.). Zu den Routinen der Identifizierung nachrichtenwerter Ereignisse siehe LESTER (1980, 982 ff.).

43 Aufnahme, Verarbeitung und Wiedergabe von Informationen durch den Rezipienten erfolgen mit *unterschiedlichen* Selektionskriterien (vgl. dazu NIGRO/NEISSER 1983; NEISSER 1982; KEBECK 1982, KEBECK 1985, SCHMIDT 1987).

Kapitel 3

1 Vgl. allgemein dazu LINDSAY/NORMAN (1981); NEISSER (1974, 28 ff.) sowie KINTSCH (1982, 103). Die visuelle Transformation kommt durch spezifische Koppelung der Rezeptoren zustande (vgl. RATLIFF 1965; ECCLES 1982, 321 ff.; MATURANA 1982, 20 ff.; DELBRÜCK 1986, 116 ff.; POGGIO/KOCH 1987, 78 ff.; SCHNAPF/BAYLOR 1987). Über die akustische Transformation gibt es bisher, insbesondere im Hinblick auf die neuronalen Verschaltungen, wenige Erkenntnisse (vgl. WHITFIELD 1967; SPERLING 1963; DARWEIN et al. 1972, 260 f.; BURCHARD et al. 1987, 73 f.).

2 Es existieren verschiedene Modelle der Mustererkennung:
   1. Das einfachste Modell des Schablonenvergleichs (vgl. SELFRIDGE/NEISSER 1960; UHR 1963; GIBSON 1969) hat sich zur (Wieder-)Erkennung von Mustern als zu inflexibel erwiesen, da es *qualitative* Merkmale nicht erfassen kann (vgl. NEISSER 1974, 92; REED 1982, 14 f.; SELFRIDGE 1956). Vgl. kritisch aus der Sicht der Gestaltpsychologie KÖHLER (1947) und ROCK (1975).
   2. Das Modell des "sequentiellen Suchens nach Attributen" (HEBB 1949, 15 ff.; SUTHERLAND 1959) postuliert Abstraktionsebenen zur Erkennung und Verarbeitung von Mustern.
   3. Die Erkennung von komplexen Mustern (Ganzheitsqualitäten) ist Gegenstand des "Pandämonium-Modell" (SELFRIDGE 1959). Ein erster Versuch ein stark modifiziertes "Pandämonium"-Modell auf die Verarbeitung von Bildern anzuwenden, haben CAMDEN et al. (1982, 327 ff.) vorgelegt.
   4. "Schema-gesteuerte" Kontexte sensorischer Ereignisse diskutieren am Beispiel von "Blickbewegungen" und der "Repräsentation musikalischer Strukturen REINERT (1985, 113 ff.) und STOFFER (1985, 162 ff.). Weitere Hinweise bei RUMELHART/SIPLE (1974); MASON (1975); RUMELHART (1977) und MEYER/SCHVANEVELDT (1976). Speziell zur Frage des Verhältnisses von Teilen zum Ganzen (z.B. Bildpunkte-Gesamtbild) gibt es mehrere Arbeiten zur visuellen Informationsverarbeitung (vgl. GARNER 1974; PALMER 1975; LUPKER 1979; REED 1978; 1982; CLEMENT 1978; WESSELS 1984; WERTHEIMER 1984; SPRINGER/DEUTSCH 1987, 34 ff.; KAHL/PELLEGRINO 1988, 53-103); zu kognitiven Täuschungen: ECCLES (1985, 61 ff.). Zur Extraktion von Merkmalen und Identifizierung von Gegenständen siehe auch TREISMAN (1987, 72 ff.).

3 Siehe auch KINTSCH (1982, 109 ff.); ECCLES (1985, 50 f., 76 ff.). Bei NEUMANN (1983, 51) sowie JOHNSTON/DARK (1986, 63 ff.) finden sich Verweise auf "Schema"- gesteuerte Aufmerksamkeit.

4 Für die Sprachwahrnehmung müssen die akustischen Stimuli segmentiert werden (vgl. MARLER 1975; STUDDENT-KENNEDEY 1975; PAIVIO/BEGG 1981, 133; WALDROP 1987, 1564 f.), wobei Wissensstrukturen postuliert werden (vgl. MILLER/ISARD 1965 sowie HASTIE 1981, 52 f.). Akustische Stimuli sind nach bestimmten Merkmalen zu klassifizieren (vgl. HÖRMANN 1977, 28 f.; BRUNER/GOODNOW/AUSTIN 1956; REED 1982, 200; ISFORT 1986, 6 ff.). Zur Wahrnehmung visueller Reize, ikonischer Speicherung sowie über den Zusammen-

Kapitel 3

hang zwischen verbalen Faktoren und visuellem Gedächtnis siehe BADDELEY (1979, 220-254); RIMMER (1986, 222 ff.).

5 Vgl. MILLER (1956) sowie KINTSCH (1982, 163); KAIL/PELLEGRINO (1988, 78 ff.).

6 Vgl. zur Kapazität des KG die Untersuchungen von PETERSON/PETERSON (1959), die unter nicht experimentellen Bedingungen durchgeführt worden sind (vgl. auch BADDELEY 1979, 147 ff.). Zum Spurenzerfall im KG siehe REITMANN (1974). Im Kurzzeitgedächtnis überlagern sich Informationen vielfach: Eingehende Informationen verdrängen die gerade bearbeiteten Items oder überdecken alle weiteren, später aufgenommenen Informationen. Dieses Phänomen der **"Proaktiven Interferenz"** haben GUNTER/CLIFFORD/BERRY (1980) am Beispiel von Fernsehnachrichten untersucht: Zuerst gesendete bzw. rezipierte Meldungen *behindern* die Aufnahme und Verarbeitung von nachfolgenden Meldungen, sofern diese *nicht* überraschend und/oder relevant sind.

7 Im Kurzzeitspeicher vollziehen sich **Kontrollprozesse** der **Wiederholung** und **Vernetzung** aufgenommener Informationen, mit denen des LG (vgl. ATKINSON/SHIFFRIN 1971). Zu verschiedenen 'Priming'-Effekten (Modality, Identity, Semantic, Schematic) siehe JOHNSTON/DARK (1986, 46 f.).

8 Der Modus der Kontrollprozesse, besonders der Übergang zum LG ist Gegenstand einer breiten Kontroverse innerhalb der kognitiven Psychologie. Zur Kritik des mechanischen Wiederholens vgl. CRAIK/WATKINS (1973); BRANDER et al. (1985, 33). Zur Problematik der Beziehung zwischen KG und LG vgl. CONRAD (1964); SACHS (1967); CRAIK/LOCKHART (1972); ATKINSON/SHIFFRIN (1968); SHIFFRIN (1970); WICKELGREN (1979); KELLERMANN (1985).

9 Das LG ist u.a. für die **Wiedererkennung** von Bildern zuständig (vgl. SHEPARD 1967; NICKERSON 1965; STANDING et al. 1970; WARRINGTON/ACKROYD 1975).
Die Erinnerung muß verbalisiert werden. Sie ist für Bilder relativ schlecht (vgl. ROCK/ENGELSTEIN 1959; HUNTER 1964; 169 ff.; LOFTUS/PALMER 1974).
Zur *Interaktion* des bildhaften und verbalen Systems im LG vgl. YULLIE (1983); PAIVIO/CSAPO (1973); PYLSHYN (1973); KOSSYLIN (1981); HOFFMANN (1983, 133 ff.); WIPPICH (1985, 45 ff., 55) sowie ISFORT (1986, 21 ff., 42 ff., 129 ff.).

10 Vgl. zur Unterscheidung von Erinnern und Verstehen im ELG und SLG einleitend: TULVING (1972); ORTONY (1978).

11 Es werden insgesamt sechs Charakteristika des LG diskutiert (vgl. BATTIG 1979, 26 f.):
- **Multiple** (d.h. sequentielle *und* parallele) **Verarbeitung**
- **Variable Verarbeitung** in Abhängigkeit von der Relevanz der Inhalte.
- **Organisation der Inhalte**
    1. *divergent* durch Vertiefung und/oder Anreicherung mit 'fiktiven' Inhalten (vgl. ANDERSON/REDER 1979, 385-404)
    2. *konvergent* durch gezielte Suche nach 'richtigen' Informationen

Kapitel 3

- Deutlichkeit (**Distinktivität**) der Erinnerung in Abhängigkeit von der Ähnlichkeit der Items (vgl. JACOBY/CRAIK 1979, 2 ff.; EYSENCK 1979, 111 ff.; EYSENCK 1982, 116 ff.
- **Kontext des Abrufes** (Situation) (vgl. DALY et al. 1985, 30-53).
- **Kontexte der erinnerten Information** (vgl. BROWN/KULIK 1982).

12 Kontrovers diskutiert wird der Zeitpunkt der Informationsselektion (vgl. JOHNSTON/DARK 1986, 47 f.).

13 Vgl. bereits JAMES (1890); außerdem: BERLYNE (1951); BERLYNE (1974), MORAY (1979); SANDERS (1979, 56, 62); NEUMANN (1983).

14 Siehe dazu KEGEL et al. (1985). Zu dieser "Minimaldefinition" von Aufmerksamkeit vgl. RÜTZEL (1977, 49 ff.).

15 Siehe dazu EGETH/BEVAN (1973, 395 ff.) sowie KEGEL et al. (1985, 24).

16 Der Umfang der Aufmerksamkeit richte7 sich nach der Zahl der Gegenstände, die in einem Augenblick *gleichzeitig* in den "Blickpunkt" des Bewußtseins treten können. Vgl. dazu bereits KÜLPE (1893); WUNDT (1905) und TITCHENER (1910).

In der älteren Psychologie versteht man Aufmerksamkeit noch als innere Tätigkeit, die bestimmte Inhalte aus dem Kontext des Bewußtseins heraushebt. Dabei interessieren Aspekte der **Tätigkeit** selbst oder die **Änderung** der Klarheit von Bewußtseinsinhalten.

Grundlage der noch einheitlichen Auffassung von Aufmerksamkeit ist die aus dem Jahre 1751 stammende Definition von WOLFF: Aufmerksamkeit als ein "Vermögen ... zu machen, daß ein Gedanke mehr Klarheit bekommt, als die übrigen" (WOLFF 1983, I, Paragraph 268). Diese Definition hat auch Auswirkungen auf die frühe experimentelle Forschung.

In den fünfziger Jahren dieses Jahrhunderts entsteht aber eine Aufmerksamkeitsforschung, die mit einem neuen methodischen Paradigma (das dichotische Hören (CHERRY 1953)) nicht mehr ein 'Vermögen', sondern ein '*Un*vermögen' der menschlichen Informationsverarbeitung beschreibt. Die Aufmerksamkeit hat ihre Funktionsgrundlage in der Unfähigkeit des Menschen, die gesamte im sensorischen Gedächtnis verfügbare Information zu bearbeiten.

17 Das **Filtermodell** von BROADBENT (1958) macht folgende Annahmen:
- Das Nervensystem arbeitet wie ein **einseitiger** Kommunikationskanal mit begrenzter Kapazität.
- Es findet eine **selektive Operation** für diese Input-Information statt.
- Die Auswahl der Informationen ist durch Eigenschaften der **Information** und durch nicht näher spezifizierte Zustände des **Organismus** bestimmt.
- Zwischen dem SG und dem KG gibt es *einen* **Kanal mit begrenzter Kapazität** Das KG arbeitet auf Kosten der Kanalkapazität.
- Der Kanal kann **umgeschaltet** werden, um Informationen nach verschiedenen Kriterien auszuwählen, was Zeit kostet.

Broadbents Modell hat verschiedene *Probleme* aufgeworfen:
- Zunächst ist bemerkenswert, daß *nur* physikalische Merkmale von Informationen, eine Rolle als Selektionskriterium spielen.

Kapitel 3

MORAY (1959) kann aber zeigen, daß die Bedeutung zurückgewiesener Mitteilungen bis zu einem *gewissen Grad* durchaus analysiert und verarbeitet werden. Auch TREISMAN (1964) beweist mit der Versuchsanordnung von BROADBENT (1958), daß "irrelevante Mitteilungen" *hinreichend* verarbeitet werden müssen, *ehe* ihre Selektion erfolgt (vgl. NORMAN 1976; WEISBERG 1980).

- Auffällig ist auch die Vernachlässigung von Erfahrung- und Wissensstrukturen (d.h. von **top-down** - Prozessen der Informationsverarbeitung) (vgl. dazu WEISBERG 1980, 118 sowie WOODALL et al. 1983, 3 f.).
- Ein entscheidendes Problem entsteht mit der Frage, ob alle Informationen, die der Filter nicht durchläßt, zwangsläufig bedeutungslos sind (vgl. TREISMAN 1960).

18 Das sog. **Ressourcenmodell** macht folgende Annahmen (vgl. KAHNEMANN 1973):
- Gleichzeitig und parallel können Informationen dann verarbeitet werden, wenn ihre Komplexität die **Kapazität** des SG nicht übersteigt.
- Es gibt nur einen **Pool** von **Prozeßressourcen**, die *proportional* zur Zahl und Qualität der eintreffenden Informationen *verteilt* werden müssen.
- Beim gleichzeitigen Operieren von *zwei* Kanälen übernimmt der aktuell mit *geringerer* Kapazität ausgestattete Kanal eine Art **Überwachung** zur Bearbeitung von gefahrvollen, überraschenden Reizen. Treten solche Informationen auf, wird der zunächst zweitrangige Kanal sofort mit größerer Kapazität ausgestattet.

Aufmerksamkeit ist *auch* von den Absichten einer Person abhängig. Das Modell nimmt an, daß der Betrag der verfügbaren Kapazität mit bestimmten Aktivierungsgraden steigt, bei Überaktivierung jedoch wieder fällt. Vgl. zu aktivierungstheoretischen Überlegungen HEBB (1955); MELDMANN (1970); KROEBER-RIEL (1984, 79) und KEGEL/ARNHOLD/DAHLMEIER (1985, 19 ff.).

19 In einem Experiment haben NEISSER/BECKLEN (1975) eine Analogie zum Paradigma des selektiven Hörens entwickelt. Zwei Videofilme mit einem komplexen Ereignis (Ballspiel) werden unter Verwendung eines Spiegels so gezeigt, daß sich eine vollständige visuelle Überlappung ergibt, wie wenn ein Fernsehapparat zwei Kanäle mit Nachrichten auf einmal zeigen würde (vgl. NEISSER/BECKLEN 1975, 72). Den Zuschauern wird gesagt, sie sollten *nur* auf das *eine* gezeigte Spiel achten, das andere aber *ignorieren*. Die Ergebnisse des Versuchs zeigen, daß es nahezu so leicht ist, einem Spiel zu folgen, wenn es mit einem anderen überspielt war, wie wenn es einzeln gezeigt wurde. In weiteren Versuchen zeigt sich, daß diese Leistung *nicht* von den Blickbewegungen abhängt, mit denen man den Filmen folgt und *auch nicht* von dem Umstand, daß beide gezeigten Handlungen visuell ähnlich sind. Erst wenn man beide Filme gleichzeitig sehen *muß* (unter wirklichkeitsfremden Bedingungen also), stellen sich hohe Fehlerraten ein, zudem wird die Aufgabe als äußerst *unangenehm* empfunden.

20 Siehe auch zur experimentellen Aufmerksamkeitsforschung die Gehirnforschung bzw. die "splitbrain"-Studien: POPPER/ECCLES (1982, 377-434); von SENGBUSCH

(1977, 373 ff.); GUIARD (1980, 41 ff.); ECCLES (1985) und SPRINGER/DEUTSCH (1987, 58 ff.).

21 Vgl. auch JACOBY/HAYER (1982) sowie WOODALL (1986).
22 McCAIN/ROSS (1979, 121) nennen diesen Prozeß "Cognitive Switching", der entweder als Zustimmung, Ablehnung, Denken oder als Fragestellung abläuft. In Anlehnung an BROADBENT (1958) nehmen die Autoren jedoch an, die Rezipienten könnten jeweils *nur einen* dieser "Switching"-Modi bearbeiten. Vgl. auch RIMMER (1986, 224).
23 Wissen bzw. Relevanz in diesem frühen Stadium der Informationsverarbeitung werden *nur selten* beschrieben. Siehe für die Wahrnehmungspsychologie PRINZ (1983, 255 ff.); für die Text- und Kommunikationstheorie: van DIJK (1979); SPERBER/WILSON (1986, 118 ff.); für die soziologische Systemtheorie: MARKOWITZ (1982); MARKOWITZ (1986, 42 f.).
24 Im Falle sehr überraschender, sensationeller oder für den Einzelnen sehr relevanter Inhalte agieren Schemata "as selective devices, focussing attention on particular stimulus features and generating anticipations about later experiences" (LEVENTHAL 1980, 172).
Mit Hilfe von Schemata kann die Funktion der Aufmerksamkeit, Überraschungen abzuwehren, erfüllt werden. Vgl. RIMMER (1986, 224); JOHNSTON/DARK (1986, 63 f.).
25 Dies geschieht mit erprobten Verarbeitungsregeln, die man mit SCHÜTZ/LUCKMANN (1979, 270) und GOFFMAN (1977, 50) auch als Elemente in der Struktur des Wissensvorrates bezeichnen kann. Unter der Annahme, daß der Großteil der gesendeten Nachrichten für den durchschnittlichen Rezipienten *keine* Überraschungen oder unmittelbaren Bedrohungen darstellt, muß man davon ausgehen, daß der Rezipient aktiv diejenigen Inhalte in den Nachrichten sucht, die für ihn bedrohlich oder interessant sein könnten (vgl. ERBER/FISKE 1984, 709, 710, 722 ff.).

Kapitel 4

1 Vgl. einen ähnlichen Relevanzbegriff bei WESTHOFF (1985, 24). Zum Versuch einer Gleichsetzung des Relevanzbegriffes mit dem Nutzenbegriff siehe ISELER (1976, 16 ff.).
2 Siehe aber FINDAHL/HÖIJER (1975); MERTEN (1977); BROWN/KULIK (1982 25 ff.); NEISSER (1982a, 46) und WOODALL (1986, 153 ff.): Future Research Possibilities.
3 Siehe dazu LUCKMANN (1986, 198); MARKOWITZ (1986, 37 ff.). Für eine Trennung von Aufmerksamkeit und Interesse (= Relevanz) plädiert MARKOWITZ (1986, 40 ff.). Zu Defiziten in der soziologischen Erforschung des Relevanzproblemes siehe statt anderer LEITER (1980, 30 ff.). Für das Problem der Relevanz im Interaktionssystem Unterricht siehe ausgezeichnet: MARKOWITZ (1982).
4 Vgl. dazu aus der Sicht der Kognitionspsychologie NEUMANN (1983); PRINZ (1983, 255 ff.).

Kapitel 4

5   Vgl. GANS (1980); BROWN/KULIK (1982, 27 ff.); van DIJK (1986, 109, 141 ff.). Dieses Interesse des Rezipienten ist beeinflußt durch seine
    - Bildung und Schichtzugehörigkeit (vgl. JENSEN 1986, 122 ff.)
    - Normen und Werte (vgl. LEVY 1977, 197 ff.; GRABER 1984, 31 f.; van DIJK 1986, 109, 141 ff.)
    - emotionale und motivationale Disposition (vgl. KELLY 1977; van DIJK 1979, 120; BOGART 1980, 216 ff.; STAUFFER et al. 1983, 30 ff.).
    Im Kontext familiärer Rezeption dazu: PALMER et al. (1983, 279 ff.); BRYCE et al. (1983, 309 ff.); BRODY/STONEMAN (1983, 329).

6   Die Nachrichtenforschung hat die Überlegungen von Alfred SCHÜTZ (1971) bis heute - sieht man einmal von wenigen Hinweisen ab (vgl. ALTHEIDE 1976; TUCHMAN 1978; LARSEN 1983; MERTEN 1985) - nicht aufgegriffen. Vgl. allgemeine Ausführungen zum Relevanzproblem im Kontext der "Fernsehrezeption" bei GORTNER 1985. Zum Stellenwert von Relevanz im Rahmen von "knowledge updating" bei der Textrezeption findet sich ein kurzer Hinweis bei LARSEN (1985).

7   Alfred SCHÜTZ (1964) beschreibt als erster Theoretiker das Relevanzproblem nicht nur aus der Perspektive (einfacher) sozialer Interaktion zwischen anwesenden Personen, sondern auch zwischen anonymen nur vorgestellten (idealisierten) Augenzeugen (1), Insidern (2), Analytikern (3) und Kommentatoren (4) sowie Mixturen dieser Typen etwa zwischen "editorialist, or propagandist" und anderen "communicators" mit "imposed relevance" (SCHÜTZ 1964, 120, 132 f.).

8   BERGSON (1910; 1911) diskutiert eine Relevanztheorie unter dem Aspekt mehrerer Relevanzsysteme als "schemes of order". Der Historiker und Philosoph VOEGELIN (1952) beschäftigt sich mit den anthropologischen Grundlagen des Relevanzproblems bei SCHÜTZ. GURWITCH (1964) wirft die beiden Fragen auf:
    - welche Erfahrungen Relevanzsysteme hervorbringen und
    - wie sich Relevanzsysteme ableiten lassen, die nicht auf Alltagserfahrungen beruhen.
    Weitere Diskussionen des Relevanzproblems finden sich bei WAGNER (1983, 16 f., 96, 195 ff., 277 f., 255, 277 f., 331).

9   "What is relevance, and what are systems of relevance? How does the phenomenon of relevance arise? How does it come about that one affair is experienced as relevant to another, and to this specific thing, but not something else. Are these relevances matters which relate to **processes** of **consciousness alone** or do they pertain to states of affairs as **objects of consciousness?** Do relevances arise **first at the level of perception** and experience, or at the **levels of cognition proper?** Are relevances **generic or specific? How many kinds** of relevances are there?" (COX 1978, 31).

10 Im Rahmen alltäglicher Rezeption lenken vertraute Meldungen den Zuschauer auch nicht von den Tätigkeiten eines für ihn im Augenblick viel wichtigeren "Hauptvorganges" (etwa Essen oder Zeitunglesen) ab (vgl. GOFFMAN 1977, 239).

11 "Spezifische Wissenselemente kommen je nach ihrer Relevanz für die Bewältigung einer aktuellen Situation von Fall zu Fall zur Anwendung ... Zu einer Kollision kommt es .., wenn sich in einer Situation herausstellt, daß bisher als fraglos relevant

angenommene Wissenselemente zur Bewältigung der Situation nicht mehr ausreichen und daraufhin auch solche, die bisher "weniger" relevant erschienen, herangezogen werden. Wenn nun diese neu herangezogenen Elemente mit den ursprünglich angewandten ihrem Sinn nach unverträglich sind, werden beide Wissenselemente problematisch." (SCHÜTZ/LUCKMANN 1979, 193). Der Rezipient kann versuchen, mit Hilfe von Alltagstheorien unvertraute Nachrichteninhalte mit vertrautem (geltendem) Alltagswissen zu bearbeiten (vgl. MATTHES/SCHÜTZE 1973; GARFINKEL 1973; RUHRMANN/KOLLMER 1987; KLINGEMANN 1987; ZIMMERMANN/ POLLNER 1976; HEINZE 1987).

12 Siehe dazu die wohl zutreffende Vermutung, "daß bestimmte Vorfälle in den Nachrichten, was die Erzeugung von Bedrohtheitsperzeptionen betrifft, eigentlich nicht wichtig sind" (EDELMANN 1976, 11), weil die Ängste und Hoffnungen der Leute vorgefertigt bzw. davon nicht mehr berührt werden.
Wenn man weiß, daß Nachrichten ständig über Situationen oder bedrohliche Krisen berichten, kann man sich an Überraschungen oder Gefahren gewöhnen.

13 Zu dieser Leistung der Aufmerksamkeit bereits: MERLEAU-PONTY (1965, 51 f.); für die Nachrichtenforschung: GARRAMONE (1984, 37 f.).

14 "So scheint das Spezifikum der Fernsehrezeption in der Möglichkeit jener Unterbrechung des Perzeptionsprozesses durch den Rezipienten zu liegen, die das Bewußtsein als ein Hin- und Herschwingen zwischen unterschiedlichen Wirklichkeitsebenen erfährt" (GORTNER 1985, 42).

15 Nach den ersten z.T. routinisierten Schritten der Bewertung hat sich herausgestellt, daß es sich bei der Nachricht tatsächlich um ein bekanntes Zitat handelt.

16 Zu Erwartungssystemen als handlungsleitende Organisationsprinzipien des Wissensvorrates äußert sich in diesem Zusammenhang BOHNSACK (1983, 200.

17 Vgl. dazu statt anderer BOGART (1980). Zum scheinbaren Gegensatz von Unterhaltung und Information siehe DEHM (1984, 221 ff.). Für den hier nicht diskutierten "Use and gratification Approach" siehe statt anderer: PALMGREEN et al. (1981) und WENNER (1985). Zur Kritik des Ansatzes siehe MERTEN (1984). Nachrichtensendungen als "Rahmen für Entertainment und nicht für Bildung, Nachdenken oder Besinnung" entsprechen POSTMAN (1985, 110) zufolge weniger den Bedürfnissen der Zuschauer als vielmehr einer - allerdings nur diffus umschriebenen - "Superideologie des gesamten Fernsehdiskurses".

18 An dieser Stelle ist auf die Fragestellung der "Expectancy-Value-Models" (FEATHER 1982) hinzuweisen. "Expectancy-value-models may be seen as one possible way of filling the theoretical vacuum between knowledge and action by way of bring in evaluation as important component" (FEATHER 1982, 4).

19 Vgl. dazu auch die Unterscheidung existentielle und ideelle Betroffenheit bei RAMMSTEDT (1981, 457); BURKART/VOGT (1983, 25 f.); vgl. auch THORNDYKE (1979); LARSEN (1983, 33 ff.). Zum Begriff der Betroffenheit siehe auch: MARKOWITZ (1982, 101); SIMON/STIERLIN (1987, 43).

Kapitel 4

20 Vgl. RAMMSTEDT (1981, 455ff.); BROWN/KULIK (1982); FINDAHL/HÖIJER (1985); BENNETT (1983, 110); BENNETT/EDELMANN (1985, 169 ff.). Zur Glaubwürdigkeit von Massenmedien allgemein: SCHENK (1987, 64 ff.).
21 Vgl. aus der Perspektive der Gedächtnispsychologie TULVING (1983). Zur Verwendung von episodisch-autobiographischem und semantisch-konzeptionellem Wissen siehe auch LARSEN (1985, 28 ff.).
22 Siehe dazu ausführlicher NAROWSKI (1974) sowie BRÜCKERHOFF (1982).
23 Zu den Konsequenzen der selektiven Wahrnehmung (und Wiedergabe des Wahrgenommenen) vgl. BROWN et al. (1982, 134 ff.); NEISSER (1982, 148 ff.).
24 Vgl. SCHENKEIN (1979, 190); FINDAHL/HÖIJER (1981); IZARD (1985).
25 Dies kann sich äußern als Gefallen oder Mißfallen und wird auch nonverbal kommuniziert.
26 Zu registrieren ist diese Inkongruenz bei der Rezeption von politischen Krisen in ihrem Frühstadium: Etwa bei Berichten über Attentate, schwere Unglücke, Kriegsbeginn (vgl. GREENBERG 1964; BUDD et al. 1965; SHIBUTANI 1966; GANTZ/TRENHOLM 1979, 386; BANTZ et al. 1983, 317 ff.; GANTZ 1983, 56 ff.). Seltener tritt diese Inkongruenz bei extrem 'guten' Nachrichten auf. Siehe dazu HAROLDSON/HARVEY 1979. Entscheidend ist auch die Situation der Rezeption; dazu ausgezeichnet BROWN/KULIK 1982, 23 ff. sowie NEISSER 1982a, 43 ff. Die definitive Trennung zwischen affektivem Gehalt einer Mitteilung und emotionalem Zustand des Rezipienten bleibt schwierig (vgl. EAGLE 1983, 86; VITOUCH 1987).
27 Vgl. etwa zur Angst: SCHWARZER (1983, 123).
28 Interesse in diesem Sinne als ein "Emotionen und Kognitionen verknüpfendes Konzept" diskutieren SCHIEFELE/PRENZEL (1983, 217 ff.).
29 Siehe dazu HAMILTON 1981, 140 ff.; LEVENTHAL/TOMARKEN (1986, 567 ff.).
30 Vgl. dazu nur ansatzweise GRABER (1984, 191 ff.) sowie van DIJK (1986). Zum Problem gültiger Normen und Werte in der Bundesrepublik Deutschland: JAIDE (1983, 13 ff., 28 ff., 131 ff.). Starke Zusammenhänge zwischen Wertewandel Fernsehen in der Bundesrepublik behauptet NOELLE-NEUMANN (1987, 40). Zur empirischen Normen- und Werteforschung: ZUMA-Handbuch Sozialwissenschaftlicher Skalen.
31 Mehrfach äußert sich dazu anschaulich bereits BARTLETT (1932, 53-55, 79 f., 115, 222 ff.). "Wenn Bartlett recht hat und NEISSERs (1967) Konzept von zwei umfassenden Prinzipien der kognitiven Organisation auf das Gedächtnis anwendbar ist, dann ist die Organisation der Kodierung und Speicherung des Gedächtnisses sowohl im Sinne von "Interessen" sowie appetitiven und instinktiven Tendenzen *als auch* im Sinne von abstrakteren, analytischeren und begrifflicheren Dimensionen wahrscheinlich. D.h., wir organisieren das ankommende Stimulusmaterial sowohl im Sinne von allgemein gültigen Kategorien als auch im Sinne von persönlich-affektiven Schemata. Diese zwei Organisationstypen überlappen sich in unterschiedlichem Ausmaß" (EAGLE 1983, 122).
Über die Reihenfolge bzw. einen funktionalen Primat emotionaler oder kognitiver Prozesse wird in der Emotionsforschung und Kognitionspsychologie heftig gestritten.

Zur Vorrangstellung von **Emotionen** vgl. ZAJONC (1980; 1984; 1984a). Zum Primat der **kognitiven** Prozesse vgl. LAZARUS (1984). Im Kontext medial vermittelter Informationen kann man verschiedene schemagesteuerte "cognitive coping strategies" (LAZARUS et al. 1984, 224) vermuten.

32 Vgl. ferner auch BOGART (1980, 243 ff.); BOWER/COHEN (1982, 311), TULVING (1983, 8 ff., 142 ff.) sowie LEVENTHAL (1984, 122 ff.).
33 Vgl. auch SPERBER/WILSON (1982, 75 ff.). Dies gilt auch für die *Erzählung* der erinnerten Nachricht. Vgl. dazu Kap. 6.
34 Zum "Verdrängen" von Spannungen siehe KEBECK (1982, 68 ff.); vgl. auch LEVENTHAL/TOMARKEN (1986, 591 ff.).

Kapitel 5

1 "When a person reads such a story, he presumably uses his stored schema to guide the comprehension of the story by imposing the constraints of the schema on the interpretation of the incoming information. When a story fits the stored schema, comprehension and retention are facilitated by the organizational and integrative" (THORNDYKE 1979, 109 f.). Siehe allgemein zur menschlichen Informationsverarbeitung auch THORNDYKE (1977); RUMELHART (1977); WESSELS (1984) und BRANDER et al. (1985).
2 Vgl. zum Begriff des Alltagswissens SIMON/STIERLIN (1987, 40); RUHRMANN/KOLLMER (1987); HEINZE (1987, 31 f.).
3 Noch älter ist die Vorstellung von Schemata als "cluster of impressions" von David Hartley aus dem Jahre 1749. "The rudiments of memory are laid in ... clusters of impressions ... When these traces or ideas begin to recur frequently, this also contributes to fix them, and their order, in the memory ..." (David Hartley, Observations on Man, 1749 zit. nach OLDFIELD 1954, 14).
4 Eine Form der Aktivierung ist der Muster**vergleich**, die andere Form ist die **Ableitung** speziellerer Schemata.
5 Ähnlich äußert sich bereits 1925 HALBWACHS 1985, 57 ff., 368 f.) in seinem Werk "Das Gedächtnis und seine sozialen Bedingungen".
6 "Jede vollständige Verhaltensbeschreibung sollte soweit gehen, daß sie als Folge von Instruktionen dienen kann. Das heißt, sie sollte die Charakteristiken eines Plans haben ... Für einen Organismus ist ein Plan im wesentlichen wie ein Programm für den Computer, vor allem wenn dieses eine hierarchische Struktur hat" (MILLER/GALANTER/PRIBRAM 1960, 1973, 25). Auch bei dieser Feststellung verweisen die Autoren auf BARTLETT (1932).
7 Vgl. PETÖFI (1976); KINTSCH (1977, 34); MANDLER/JOHNSON (1977, 112 ff.); THORNDYKE (1977, 78); SPIRO (1980, 313 f.); BLACK/BOWER (1979, 309 ff.; 1980, 224 ff.); BALLSTAEDT et al. (1981, 22 ff.); GROEBEN (1982); KINTSCH (1982, 304 ff.); van DIJK/KINTSCH (1983, 307 ff.); HAUSER (1984, 381 ff.); McDANIEL (1984, 46 ff.); SCHMIDT (1985, 123/4); DOBRICK (1985, 25 ff.); RICKHEIT et al. (1985, 10 f.; 27, 32 ff.); ECO (1987, 98 f.); LUTZ (1988, 77 ff.).

Kapitel 5

8   Vgl. die Innovationsforschung: "More relevant ... is the concept of episodic schema or scripts. Simon (1979, 377) defines episodic schema as "a system of temporally and causally related events"... These episodic schema can be stored and manipulated by the consumer to solve problems or to apply them to new situations ... The degree of perceived complexity of an innovation ... is said to be inversely related to the number of scripts (the repertoire) that the individual can use to comprehend the innovations." (DOZIER/VALENTE/GIGLIO 1985, 4/5).

9   Die Schema-Struktur wird zur Erfüllung der beschriebenen Schema-Funktionen postuliert. Siehe dazu u.a. THORNDYKE (1977); SCHANK/ ABELSON (1977); THORNDYKE (1979); THORNDYKE/YEKOVICH (1980); YEKOVITCH/THORNDYKE (1981); PRATT (1982); van DIJK/KINTSCH (1983); CASSON (1983); LANDMAN/MANIS (1983) mit Hinweisen auf ältere Arbeiten; ferner GICK/HOLOYAK (1983); JONES (1984); HIRTLE/JONIDES (1985); NAKAMURA et al. (1985); van DIJK (1985); van DIJK (1986); PETTY/CACIOPPO (1986).

10 Ein Beispiel: Die Meldungen über "Verdachtsmomente" gegen General Kiessling können vom Rezipienten auf verschiedene Weise rekonstruiert werden: Als Führungsproblem in der NATO, als "Affaire Wörner", als Verletzung "soldatischer Ehre" usw.

11 Vgl. SCHMIDT/SHERMAN (1984, 17). Zur "Bewältigung" ungewöhnlicher oder neuartiger Situationen mit Hilfe eines "Interpunktionsschemas" allgemein: WATZLAWICK (1976, 99 ff.); WATZLAWICK et al. (1969, 56 ff.).

12 Vgl. aus der Sicht der Intelligenzforschung: KAIL/PELLEGRINO (1988, 56).

13 Vgl. GORTNER (1985) sowie Kap. 6.5.

14 In einem Review-Artikel der pädagogischen Psychologie heißt es: "These temporary models, or pedagocial theories as I have called them, are regularly devised by ingenious teachers. Such structures, when they are interrogated, instantiated, or falsified, help organize new knowledge and offer a basis for problem solving that leads to the formation of more complete and expert schemata" (GLASER 1984, 101). Vgl. dazu auch BENNETT (1981). Zur Rolle der Schemata für politische Orientierung und Partizipation siehe BECK/JENNINGS (1982).

15 Vgl. allgemein TULVING (1972, 381 ff). und TULVING (1983, 27 ff.); für die Nachrichtenforschung WOODALL et al. (1983, 6 ff.).

16 Vgl. auch LARSEN (1983, 33 f.); FINDAHL/HÖIJER (1984b, 125 ff.).

17 Siehe zum Einfluß von themenbezogenem Vorwissen auf das Verständnis von Fernsehnachrichtentexten STRASSNER (1982, 353 f.).

18 Vgl. BRANSFORD/FRANKS (1971); FREDERIKSEN (1975); van DIJK/KINTSCH (1978; 1983); SPIRO (1980); HASTIE (1981); KIERAS (1982); REDER (1982); BREWER/HAY (1984); GRABER (1984); FINDAHL/HÖIJER (1985).

19 Vgl. ALLPORT/POSTMAN (1948, 67 ff.); TAYLOR/CROCKER (1981, 91); ELDER/COBB (1983, 19 ff.).

20 Vgl. die Vorstellung "selbstreferentieller Prozessierung" durch "soziale Schematisierung" bei LUHMANN (1984, 126).

Kapitel 5

21 In schweren sozialen Krisen wirkt Vertrauen in Politiker kompensierend (vgl. EDELMANN 1976, 160). Kritisch zur politischen Organisierbarkeit von "Allbetroffenheiten" BECK (1986, 61).

22 Vgl. dazu bereits LANE (1962); PUTNAM (1973); BENNETT (1976); OSTROM et al. (1981, 16 ff.); TAYLOR/CROCKER (1981, 91); REEVES et al. (1982, 315 f.); BUSS et al. (1984, 77 ff.); KIHLSTROM/CANTOR (1984, 4 ff.).

23 Schemata können so im wahrsten Sinne des Wortes als handhabbare Abziehbilder von Politik fungieren. Siehe auch TEUBNER (1987, 438 ff.).

24 Zur Analyse *und* als Beispiel: NOELLE-NEUMANN (1980, 178 ff.); NOELLE-NEUMANN (1987a). Theoretisch anspruchsvoller zu diesem Thema: OFFE (1985, 817 ff.); BERGMANN (1987, 373 ff.). Zum Interesse an vereinfachenden Sichtweisen in der Publizistikwissenschaft siehe HACHMEISTER (1987).

25 Vgl. zu "News for the Initiated": FINDAHL/HÖIJER (1981, 401 f.); van DIJK (1986a, 5 f.); LUTZ/WODAK (1987) sprechen von: "Information für Informierte".

26 Vgl. zur Schematisierung und Moralisierung von Politik ausgezeichnet LUHMANN (1981, 279 ff.); LUHMANN (1986a, 29); LUHMANN 1988a, 7 ff.).

27 Hinter dieser Norm steckt die utilitaristische Annahme, man könne nur mit vollständigen Informationen rational handeln (vgl. ELSTER 1987, 239 ff.).

28 Vgl. aus psychoanalytischer Perspektive allgemein: HALL/LINDZEY (1986, 270).

29 Hilfreich für die medienpolitische Diskussion in der Bundesrepublik wäre es, eine mögliche Korrespondenz der behaupteten Unausgewogenheit (speziell: die Nachrichten sind zu *negativ*) und der Reproduktion dieser These durch Nachrichtenrezipienten zu untersuchen.

30 Vgl. RUBIN et al. (1985); WENNER (1985); ELLIS et al. (1983, 367 ff., 372 f.); DAVIS/ABELMANN (1983).

31 Siehe ATKIN/GANTZ (1978, 184 ff.); ERBRING et al. (1980, 16 ff.); ELDER/COBB (1983, 68 ff.); BOURDIEU (1987, 94, 741 ff.).

32 Vgl. dazu statt anderer: BONFIADELLI (1981, 217); ELDER/ COBB (1983, 57 ff.); KRONER (1981, 105 ff.).

33 *Spezialisierung* und *Dauer* der Bildung sind zu unterscheiden.

34 SCHÜTZ (1964, 122) geht von drei Wissenstypen aus:
"The experts knowledge is restricted to a limited field but it is clear and distinct. His opinions are based upon warranted assertions; his judgements are not mere guesswork or loose suppositions.
The men on the street has a working knowledge of many fields which are not necessary coherent with one another. His is a knowledge of recipes indicating how to bring forth in typical situations typical results by typical means.
The well-informed citizen stands between the ideal type of the expert and that of the man on the street. On the onehand he neither is, nor aims at being, possessed of expert knowledge; on the other, he does not acquiesce in the fundamental vagueness of a mere recipe knowledge or in the irrationality of his unclarified passions and sentiments" (SCHÜTZ 1964, 122).

Kapitel 5

Zur gesellschaftlichen Verteilung von Wissen im Zusammenhang der Wissenskluft-Forschung siehe GAZIANO (1983, 462 ff.); BONFIADELLI (1985, 65-86).

35 Zur Komplexität der verwendeten Interpretationsschemata GLASER (1984, 99); LARSEN (1983).

36 Soziale Schichten repräsentierten Ungleichheiten von Status, Besitz, Einfluß, Sprache und Bewußtseinslage der Rezipienten. Vgl. dazu statt anderer: LANE (1962); ALBRECHT (1972); OEVERMANN (1972); PUTNAM (1973); HEDINSSON (1981, 26 ff., 58 ff.); NIEPOLD (1981); DITTMAR (1982, 30); DITTMAR (1983, 20 ff.); HOBBS (1985); BOURDIEU (1987).

37 Bisher nur angedeutet, aber empirisch unerforscht, sind schichtenspezifische Einflüsse auf die Verwendung von Schemata. Vgl. jedoch zu Stereotypen in der Programmkritik von Arbeitslosen und zur Typologie von Fernsehverhalten PROTT (1986, 407, 409 ff.). Zu schichtenspezifischen Präferenzen medialer Information vgl. statt anderer NEGT/KLUGE (1972); FRANK (1975, 46 ff.); HEDINSSON (1981, 75 ff.) PROKOP (1981, 69 ff.); McQUAIL (1983, 57 ff., 195 ff.); ESPE et al. (1985, 473 ff.) mit ausgedehntem empirischen Material. Umfassend zum Zusammenhang von Freizeitverhalten und Schichtenstruktur: GIEGLER (1982, 147 ff., 188 ff., 355 ff., 431 ff.). Neuere Arbeiten der Schema-Theorie berücksichtigen auch soziologische Aspekte (vgl. LANDMAN/MANIS 1983, 110 f.). Zu "klassenspezifischen ... Wahrnehmungs- und Beurteilungsschemata" siehe allgemein auch BOURDIEU (1987, 656 f., 676, 682, 719).

38 Bei BARTLETT (1932) wird "Schema" nicht explizit definiert.

39 Ausgehend von der Untersuchung der Erinnerungsprozesse interessiert sich BARTLETT (1932) für drei Bezugsgrößen, die das Erinnerungsvermögen beeinflussen: Die Natur des **Inhaltes** des zu Erinnernden, das **Interesse** an den Inhalten sowie die individuellen und **kulturellen Unterschiede** bei den Interessenten. BARTLETT (1932) betont den Einfluß sozialer Gruppen und der eigenen Kultur, die die Erinnerung beeinflussen "by providing a persistent framework of institutions and customs which acts as a schematic basis for constructive memory" (BARTLETT 1932, 64). Auch später wird der Begriff nicht explizit definiert (vgl. PAUL 1959, 4 ff.; NEISSER 1979, 50; WESSELS 1984, 32 f., 203 ff., 326 ff.). Andererseits wird von diesen Autoren - stellvertretend für eine Reihe anderer Kognitionspsychologen - hervorgehoben, daß die "Schema-Theorie" zentral für die Aufklärung von Erinnerungs- und Verstehensprozesse komplexerer Informationen sei. "Schema-Theorie" wird als "the most comprehensive and comprehensible way" (LACHMANN et al. 1979, 33) zum Verstehen und Erklären von Denken, Wahrnehmung und Gedächtnis bezeichnet.

Zu "Social Balance"- Schemata siehe HEIDER (1958); zum "Group Stereotyping" vgl. ALLPORT/POSTMAN (1948); "Social Ordering"-Schemata erforscht DeSOTO (1960); für die sozialen Interaktion erforscht PLANALP (1985) "Relational Schemata". ANDERSON (1988) spricht von "Ereignisschemata".

Zur Beschreibungsleistung anderer Konzepte wie Gestaltpsychologie, Vorurteilsforschung (Stereotypen), Prototypen u. a. im Vergeich zur "Schema-Theorie" vgl. HASTIE (1981) sowie LANDMAN/MANIS (1983).

40 Dies betonen z.B. OLDFIELD (1954); PAUL (1959); THORNDYKE (1977; 1979); NEISSER (1979; 1982); van DIJK/KINTSCH (1983); ZIMMER (1985); NAKAMURA et al. (1985); van DIJK (1986) sowie PETTY/CACIOPPO (1986); ferner siehe THORNDYKE/YEKOVICH (1981, 40); BALLSTAEDT et al. (1981, 29 f.); MEYER (1983, 233); WESSELS (1984, 334); LARSEN (1985, 27).

41 Vgl. zu persönlichen affektiven Schemata (als frühe Dimension der Kodierung) EAGLE (1983, 117 ff.); LEVENTHAL (1980; 1985) und FISKE (1982, 61 ff.).

42 Vgl. zu anderen experimentellen Arbeiten KEENAN et al. (1982, 315 ff.); BERRY et al. (1982); BERRY (1983, 360 ff.); STAUFFER et al. (1983, 29 ff.) sowie CHAFFEE/SCHLEUDER (1986).

43 Die "Schema-Theorie" ist dennoch ein vorläufiges Erklärungskonzept für die Rezeptionsforschung (vgl. THORNDYKE 1979, 96; BENNETT 1981, 91, 132 f., 160; LARSEN 1982, 216; LARSEN 1983, 22 ff.; HÖIJER/FINDAHL 1984, 15 ff.; FINDAHL/HÖIJER 1984, 31 ff.; 1985, 390; KROEBER-RIEL 1984, 297 ff.; LARSEN 1985, 30 ff.). "The schema paradigm has stood up well in the face of such criticisms and has attracted a larger following than any compiting theory. By applying the model to political data, the findings presented here expand the study of information processing in general, as well as providing information about processing strategies in a particular area of knowledge" (GRABER 1984, 23).

Kapitel 6

1 "Die Sinne werden als eine Art Nachrichtensystem betrachtet, daß unterschiedliche Aspekte der ontischen Welt in das Bewußtsein des Erlebenden leitet. Die ersten Denker der Antike stellten sich diese "Nachrichten" als Miniaturbilder vor ..." (GLASERFELD 1985, 3). Fraglich beibt, *wie* die objektive Wirklichkeit erlebt, kategorisiert und begriffen wird (vgl. von FOERSTER 1985, 21 ff.). McLEOD/CHAFFEE (1972, 51 ff.) haben darauf hingewiesen, wie problematisch die Definition von sozialer Wirklichkeit ist.

2 Vgl. zur *konstruktivistischen* Wahrnehmung: NEISSER (1974, 27, 123 ff., 270 ff.); NEISSER (1979); von GLASERFELD (1985, 3 ff.); von FOERSTER (1985, 37 ff.); RICHARDS/von GLASERFELD (1987, 192 ff.); von GLASERFELD (1987); PROBST (1987, 42 ff.); MATURANA/VARELA (1987); ROTH (1987, 414 ff.); zur *Beobachtung*: MATURANA (1982); HEJL (1985, 87 ff.); MATURANA/VARELA (1987); zur Interpretation und Kommunikation sozialer bzw. *medialer* Wirklichkeit vgl. BERGER/LUCKMANN (1970, 21 ff.); SCHÜTZ (1971a, 5 ff.); McLEOD/CHAFFEE (1972, 53, 80 ff.); BENNETT (1975, 27 ff.); FRÜH (1983, 327 ff.); RUSCH (1986, 64 ff.); BOSCH (1986, 247 ff.); RUSCH (1987, 378 ff., 392 ff.); POTTER (1988, 24 ff.); zur *"Erfindung"* von 'objektiver' sozialer Wirklichkeit: von

Kapitel 6

FOERSTER (1985); WATZLAWICK (1981, 91 ff.); WATZLAWICK (1985, 69-83); SCHMIDT (1987, 57 ff.).

3 Siehe zu Selektionsfaktoren SCHULZ (1976); WILKE (1984); SCHOLTEN (1985); zu Strategien der Produktion: ALTHEIDE (1976); KEPPLER (1985); ALLEN/HATCHETT (1986); zur Realität der Inhalte: EPSTEIN (1973); TUCHMAN (1978): GOLDING/ELLIOTT (1979); GANS (1980); BENNETT (1983); BENNETT/GRESSETT/HALTOM (1985); MERTEN (1985a); van DIJK (1985); van DIJK (1986); KRÄMER (1986); WILKINS/PATTERSON (1987). Zur Verarbeitung von Nachrichten vgl. statt anderer: De FLEUR (1987).
Der Philosoph und Publizist ANDERS (1980) bezeichnet im Zusammenhang von Massenmedien und Nachrichten "das Wirkliche als Reproduktion seiner Reproduktion". Die soziologisch relevante Frage der Wahrnehmung von Wahrnehmung und der dadurch aufgeworfenen Selektionsproblematik (vgl. HEJL 1985, 86 ff.) ist bisher vernachlässigt worden.

4 Vgl. ALLEN/HATCHETT (1986, 102); siehe auch FRÜH (1983, 328); ADONI/MANE (1984); JENSEN (1986, 75 ff.); LUTZ/WODAK (1987, 65 ff.); SCHENK (1987, 435 f). Für die konstruktivistische Tradition siehe HEJL (1985, 88 ff.); SCHMIDT (1985, 121, 129); SCHMIDT (1987, 48 ff., 63 ff).

5 Vgl. NEISSER (1979); NEISSER (1983); MORROW (1985); TRABASSO/SPERRY (1985).

6 Vgl. zum sog. Konstruktivismus auch WATZLAWICK (1981, 192 ff.); von GLASERFELD (1981, 16 ff.) sowie von FOERSTER (1981, 39 ff.). Aus der Sicht der neueren Kommunikationsforschung SWANSON (1981, 169 ff.). Die "konstruktivistische" Perspektive für selbstreferentielle Systeme (**Autopoesis**) der Informationsverarbeitung erwähnt LUHMANN (1986, 47, 40 ff.; 48 f.); LUHMANN (1987, 31 ff.) und LUHMANN (1987a, 311 ff.).

7 Vgl. statt anderer: KINTSCH (1982, 309); LUTZ/WODAK (1987, 60). Treffend in diesem Zusammenhang LUHMANN (1984, 49): "Von Reduktion der Komplexität sollte man ... in einem engeren Sinne immer dann sprechen, wenn das Relationsgefüge eines komplexen Zusammenhanges durch einen zweiten Zusammenhang mit weniger Relationen *rekonstruiert* wird. *Nur* Komplexität (!) *kann* Komplexität reduzieren ... So bewahrt ein Mythos, beschränkt durch die Möglichkeiten mündlicher Erzählung, die Welt und Situationsorientierung eines Volksstammes". Vgl. zu diesem Problem auch aus informationstheoretischer Perspektive KLAPP (1978, 26 ff.). Zur Re-Rekonstruktion der Alltagsrealität durch ältere Fernsehrezipienten: BOSCH (1986, 247 ff.).

8 Seit dem Erscheinen von "Remembering" wird kontrovers diskutiert, ob Textwiedergabe **reproduktiv** oder **rekonstruktiv** ist. WESSELS (1984, 204) vertritt allerdings die Ansicht, daß es unvernünftig sei, einen ganz bestimmten Typ der Erinnerung zu postulieren. Das Gedächtnis sei außerordentlich flexibel. *Wort*-getreues (reproduktives) *und* rekonstruktives Gedächtnis treten unter jeweils verschiedenen Bedingungen auf. "What importation proportion indicates reconstruction? Clearly, meaningful demarcation criteria cannot be specified arbitrarly" (SPIRO 1980, 84).

Entscheidend ist, ob die präsentierten Informationen den Erwartungen der Rezipienten entsprechen. Ist dies nicht der Fall, tendieren die Rezipienten zu "not conscious fabrications to fill gaps in memory .. recall involves a process of accomodating details of what is to be remembered to what is known at the time of recall. In other words, the past is not reproduced, but is reconstructed, guided by knowledge - based on principles of coherence" (SPIRO 1980, 94). Vgl. auch SPIRO (1980a, 315).

9   Vertrautes Material (Texte) kann genauer als fremdartiges Material erinnert werden. Vgl. GOMULICKI (1956), ZANGWILL (1972) und COFER (1973).

10 Die Versuche von BARTLETT (1932) hat PAUL (1959) wiederholt:"The Schema Processes of Explication, Importations, and Skeletonization" (54). Siehe auch DAWES (1966). Bei der Rekonstruktion von abstrakten Formen (Bildern) nennt bereits WULFF (1922) drei Ursachen für die Veränderung des Ausgangsmaterials (Input):
    1. **Normalisierung** durch Angleichung an ein bekanntes Objekt
    2. **Betonung** bemerkenswerter Merkmale
    3. **Vereinfachung und Schematisierung** in Abhängigkeit von der Zeitspanne zwischen Darbietung und Abruf. Bei Texten spielt die Zeitspanne eine unwichtigere Rolle!

11 Vgl. ausführlich BARTLETT (1932, 84-98).

12 Vgl. zu dieser Methode die Bemerkung von WINGFIELD/BYRNES (1981, 93): "This seems more a study of gossip than of memory". Zu dieser Feststellung kommen bereits ALLPORT/POSTMAN (1948, 57) bei ihrer ausführlichen Würdigung von "Remembering". Siehe auch ROSNOW/FINE 1976, 37-41.

13 BARTLETT (1932) prüft auch die Erinnerung von Formen und einfachen Bildern und stellt ähnliche Typen von Veränderung fest.

14 Vgl. zu dieser Einschätzung auch HÖIJER/FINDAHL (1984, 24), die allerdings - ohne Quellen zu nennen - davon ausgehen, daß das Zusammenspiel Textinhalt-Wissen-Fertigkeiten schon seit der Jahrhundertwende erforscht würde. Vgl. hierzu auch LERG (1970, 79, 169, 204, 276-281).

15 Dazu ist ein nachrichtenähnlicher Text (503 Worte) über die ökonomische Lage eines Landes viermal (nach jeweiliger Präsentation) wiederzugeben. FREDERIKSEN (1975, 165 ff.) findet 43 % wahrheitsgetreue Wiedergaben, 40% Konstruktionen und 17% Elaborationen. Die wahrheitsgetreuen Wiedergaben nehmen über die vier Durchgänge sehr stark zu, die Konstruktionen bleiben in der Abfolge der Wiedergebeversuche konstant und die Elaborationen nehmen in der Versuchsreihe ab. FREDERIKSEN geht davon aus, daß Konstruktionen *keine Fehler* sind. Sie werden über die Durchgänge hinweg beibehalten und die Zahl der Konstruktionen korreliert schwach positiv mit der Zahl wahrheitsgetreuer Wiedergaben. Als Resultat rekonstruktiver Prozesse *während* der Reproduktion würde man eine negative Korrelation erwarten: Da mehr wahrheitsgetreue Informationen verfügbar sind, nehmen Rekonstruktionsversuche ab. **Übergeneralisierungen, Pseudo-Diskriminierung** und **Schlußfolgerungen** sind rekonstruktive Prozesse. Die Elaborationen korrelieren negativ mit der Zahl richtiger Reproduktionen.

Kapitel 6

Kritisch ist anzumerken, daß die vorab informierten **Versuchs**personen bereits im zweiten Durchgang gezielt ihre Reproduktionen verbessern und jeweils neue 'Rekonstruktionen' stattfinden. Eine *spontane, freie* Rekonstruktion wird also gar nicht gefordert!

16 Vgl. zu Hinweisen auf die Bedeutung von BARTLETT für die Nachrichtenforschung van DIJK (1986, 89 f.).

17 Vgl. auch SCHMIDT (1980, 258 ff.); wenig hilfreich ist hier die Kritik veralteter Modelle von van DIJK durch HEUERMANN et al. (1982, 51 ff.); Siehe zur *Unterscheidung* von **Regeln** und **Strategien**: van DIJK/KINTSCH (1983, 67).

18 Siehe auch LOFTUS (1979) am Beispiel von (Augen-)Zeugenaussagen.

19 Zur Frage der Operationalisierung existieren keine Hinweise. Perspektiven bietet möglicherweise das "Elaborations"-Konzept von REDER (1982). Siehe auch RICKHEIT et al. (1985, 9 ff., 24 ff.).

20 Vgl. dazu vorerst: FINDAHL/HÖIJER (1985, 386 f.); GUNTER (1985, 398); van DIJK (1986, 146).

21 Vgl. auch MORROW (1985, 304 f.; 318); TRABASSO/van den BROEK (1985, 612 ff.); TRABASSO/SPERRY (1985, 595 ff.); MORROW (1985, 304 f.); KIERAS (1982, 58 ff.); LOFTUS/MARBURGER (1983, 114 f.); BREWER/HAY (1984, 237 ff.).

22 Wieweit darüber "Metaaussagen" des Rezipienten im Rahmen eines "**Metagedächtnisses**" (als Prozeßbeschreibungen, Erklärungen und Umschreibungen seiner Erinnerung) empirisch meßbar werden, ist erst seit Mitte der 70er Jahre Gegenstand der Gedächtnisforschung geworden (vgl. KEBECK 1982, 110-114).

23 Siehe dazu die Erzählforschung mit beiläufigen Bemerkungen zum **kognitiven Aufbau** von Erinnerung CICOUREL (1977; 1974, 54 ff.) sowie KALLMEYER/SCHÜTZE (1977). Ausführlich diskutiert WIEDEMANN (1986, 71 ff.) den Erzählaufbau. Vgl. auch KEBECK (1985); KEBECK (1982, 135); KINTSCH (1982, 260 ff.); STOFFER (1985, 155 f.); NEUMANN (1985, 3 ff). Aus der Nachrichtenforschung liegen Andeutungen bei van DIJK/KINTSCH (1983); GRABER (1984); van DIJK (1986, 124 ff.) vor.

24 Die Aufzählungen nennt BARTLETT (1932, 18 ff.) "impressions". Zur Spontanität der Wiedergabe unter paralinguistischen Gesichtspunkten siehe GOLDMAN-EISLER (1968) und SIEGMAN (1978, 206 f.) sowie Kap. 6.6.

25 Semantisches Wissen (vgl. KEBECK 1982; besonders TULVING 1983; GRABER 1984; LARSEN 1985) ist hier aber auch *während der ersten spontanen* Nachrichtenwiedergabe vorhanden (vgl. Kap. 8).

26 Etwa als:
- Übergänge zwischen *erzählender* und *stichwortartiger* Wiedergabe;
- Exkurse, die eigene *Erinnerungsprobleme* thematisieren;
- Übergänge zwischen *Darstellung* und *expliziter Bewertung*;
- Beginn des jeweils nächsten *Item*;
- Ankündigungen, die Darstellung *abzubrechen*.

Kapitel 6

27 Zum "Constructivist approach to politicial Communication" siehe programmatisch: SWANSON (1981, 176). Vgl. auch PUTNAM (1973); ROBERTS (1981) sowie BENNETT (1981, 116 ff.). Vgl. auch STAUFFER et al. (1983, 34 ff.); GRABER (1984, 10-20).

28 Zum Aufschwung der Erzählforschung vgl. hier EHLICH (1980); BENNETT/EDELMANN (1985); BUDE (1985); FISCHER (1985); LUCAITES/ CONDIT (1985); MATTHES (1985); GERHARDT (1985); WIEDEMANN (1986); ECO (1987); HILDENBRAND/JAHN (1988).
Hinweise auf Analyseprobleme finden sich nur vereinzelt: Vgl. etwa STERN (1902); ALLPORT/POSTMAN (1948, 50 ff., 99 ff.). Von weiteren, historisch interessanten Studien über Erinnerung (im Gespräch) berichtet LERG (1970, 272 ff.). Zu einem experimentellen *Vergleich mündlicher und schriftlicher* Wiedergabe von erinnertem Material siehe HOROWITZ/NEWMAN (1964). Zur Analyse freier mündlicher Wiedergabe siehe auch NEISSER (1982b, 140, 143); STAFFORD/DALY (1984, 380); WIEDEMANN (1986) sowie mit wissenssoziologischen Bezügen: LUCKMANN (1986, 196).

29 Vgl. allgemein dazu: SCHÜTZE (1976, 10 ff.); QUASTHOFF (1980, 27); van DIJK (1980, 140).

30 Vgl. LABOV/WALETZKY (1967); van DIJK (1979, 119); Quasthoff (1980, 72 ff.); HIGGINS (1983, 525-529); WIEDEMANN (1986, 71 ff.).

31 Vgl. dazu auch LUHMANN (1984, 370 ff.).

32 Vgl. dazu ausgezeichnet: SCHÜTZE (1976, 16 ff.); CICOUREL (1977, 133 ff.); SCHÜTZE (1977); KALLMEYER/SCHÜTZE (1977); QUASTHOFF (1979); HENNE/REHBOCK (1982); SCHÜTZE (1984, 80 ff.); GÜLICH/QUASTHOFF (1985, 171). Die **Erzähl-** bzw. **Erläuterungs**kompetenzen lassen sich noch weiter differenzieren in
- **soziale Grundlagenkompetenzen**; vgl. KALLMEYER/SCHÜTZE (1976, 9); KINTSCH (1982, 309 ff.); PLANALP (1985, 3 ff.); DOBRICK (1985, 38 ff., 44 ff., 104 ff.).
- **linguistische Kompetenzen**; vgl. HYMES (1973); SCHÜTZE (1976, 16); KEGEL et al. (1985); GALAMBOS/BLACK (1985, 157 ff.); SANDIG (1986, 141 ff.).
- Fähigkeiten zur **Herstellung eines Zusammenhanges** (z.B. Frage-Antwort); vgl. KEMPER et al. (1985, 227); GOLDMAN (1985, 247 ff.).
- "**Relevanzfestlegungs- und Kondensierungszwänge**" (KALLMEYER/SCHÜTZE 1976, 188). Erzähler haben sich an sog. **Konversationspostulate** zu halten (vgl. GRICE 1967; SEARLE 1969; SCHMIDT 1980, 68 ff., 152 ff.), mit denen sie die Relevanz (vgl. SPERBER/WILSON 1986) und die Form ihrer Aussagen laufend überprüfen.

33 Gut sichtbar wird dies bei der ersten (nach-)erzählenden Wiedergabe der Nachrichten. Zum Kontext der rekonstruierten Inhalte siehe allgemein auch GOFFMAN 1977. Zum Begriff der Indexikalität siehe ausgezeichnet GARFINKEL (1967); LEITER (1980) und HANDEL (1982). Zur Schaffung einer Sphäre der *Realitäts- und Relevanzerzeu-*

Kapitel 6

gung durch **Lern**kontexte siehe HARNEY/MARKOWITZ (1987, 4 ff.). Zur Verwendung des Kontextbegriffes in der Nachrichtenforschung siehe TUCHMAN (1978, 188 ff.) (Produktion von Nachrichten) und JENSEN (1986, 94 ff.) ("Context of use"). Zum Kontextbegriff der Kognitionspsychologie äußern sich TULVING (1983, 44 ff., 149 f.); HIGGINS/LURIE (1983, 525 ff.); BATESON (1985, 374 ff.).

34 *Nicht* zum Kontext gehören nach van DIJK (1980, 70)
    - physische Merkmale des Rezipienten,
    - soziodemographische Merkmale (Schulbildung, Schicht),
    - personale Merkmale (Intelligenz, Gedächtniskapazität, Lesegeschwindigkeit, Motivation),
    - konventionelle Merkmale einer Kommunikationsgemeinschaft.

    DAHLGREN (1983, 314) hingegen unterscheidet global zwischen dem "Kontext der übrigen Fernsehprogramme", dem "Kontext der Alltagswelt" und dem "soziopolitischen Kontext der öffentlichen Sphäre". Auf die *Operationalisierungsprobleme* der "Kontexte der Rezeption" weist DAHLGREN (1983, 307, 313) allerdings auch hin. Zum "immediate context of newsviewing" siehe JENSEN (1986, 175 ff.).

35 Für die Erzählung und Erläuterung der Nachrichten müssen diese Wissensbestände aber nicht explizit artikuliert werden (vgl. van DIJK 1983, 54; REDER 1982; KIERAS 1982).

36 Vgl. zur Kategorie der "Summaries" auch QUASTHOFF (1980) sowie BALLSTAEDT et al. (1981, 68 ff.).

37 Vgl. dazu HIGGINS/LURIE (1983, 525, 535 ff.); van DIJK/KINTSCH (1983, 84 f.); DAHLGREN (1983, 314); JENSEN (1986, 168 ff.).

38 Die Meldungen werden manchmal in einem größeren politischen Problemzusammenhang geschildert. Hierzu stellt der Rezipient Vergleiche an, bezieht sich auf ähnliche Ereignisse und versucht dabei auch, auf die Ursachen und Gründe eines Ereignisses einzugehen, wobei er (Alltags-)Wissen verwendet (vgl. LARSEN 1985; KLINGEMANN 1987).

39 Vgl. EVANS (1974), van DIJK (1985).

40 Der Begriff des Fiktiven wird meistens literarisch definiert (vgl. ANDEREGG 1973; ANDEREGG 1983; ANDEREGG 1983a; ISER 1983; STIERLE 1983), seltener jedoch auf konversationelle Erzählungen bezogen (vgl. STEMPEL 1980; 1983).

41 Auf eine bedeutende Studie über die Auswirkungen imaginärer Annahmen weist WATZLAWICK (1985, 75 f.) hin: Die Philosophie des "Als ob" von VAIHINGER (1911). Im Sinne von BARTLETT (1932) und PAUL (1959) verwenden Rezipienten, die Schwierigkeiten bei der Erinnerung und Wiedergabe der (episodisch) gespeicherten Nachrichteninformation haben, fiktives Wissen. Solches Wissen ist dann Grundlage für wertende Schlußfolgerungen (vgl. BREWER/TREYENS 1981; WESSELS 1984, 329); zur Alternative "Wirklichkeit oder Fiktion" siehe auch HERZOG (1986, 361).

42 Paralinguistik ist ein Teilbereich der nonverbalen (akustischen) Kommunikation (vgl. KEY 1977; KELLY 1977; HARPER/WIENS/MATARAZZO 1978). Zur weiteren Erforschung vokaler Kommunikation perspektivisch SCHERER (1982a, 9 ff.); zur hier nicht behandelten nonverbalen Kommunikation im visuellen Bereich vgl. statt

Kapitel 6

anderer EKMAN/FRIESEN (1969) sowie aus der Sicht der darwinistisch orientierten Entwicklungspsychologie ELLGRING (1987, 260 ff.); JÜRGENS/PLOOG (1982, 20 ff.).

43 Vgl. dazu auch allgemein MEHRABIAN (1972, 84 ff.); SCHERER/WALBOTT (1985, 200 ff.).

44 Die gesprochene Sprache (SCHERER/EKMAN 1982, 16 f., 37 f.) des Nachrichtenrezipienten läßt sich **phonetisch** beschreiben (vgl. FRYE 1980, 233 f.; WINKLER 1981, 15 f. u.a.);

über **Lautstärke der Stimme** (vgl. SCHERER 1982, 124; HÖRMANN 1977; FÄHRMANN 1982, 142; ESPENSCHIED 1985, 226; SCHERER/OSHINSKY 1982),

über **Ironie** vgl. (GROEBEN/SCHEELE 1984; STEMPEL 1980, 386; TRABANT 1986, 171; SANDIG 1986),

über **Sicherheit** (vgl. SIEGMAN 1978, 220 ff.; DRUCKMAN et al. 1982, 46, 52; KUHL 1983, 208),

über positive oder negative **Stimmung** (vgl. MEHRABIAN 1972, 195 f.; MANDLER 1982, 21; TOMPKINS 1982, 176 ff.),

über **Nervosität** (vgl. FÄHRMANN 1982, 152),

über **Sprechtempo** (vgl. SCHERER/OSHINSKY 1977; ESPENSCHIED 1985, 225) sowie

über **Verzögerung** und **Stockung** (vgl. MAHL 1959, 111 ff.; MAHL/SCHULZE 1969, 318 ff.; SCHERER 1974, 131; SIEGMAN 1978; BROWN/FRASER 1979, 86; SCHERER 1979, 161; BLIESNER 1980, 166 ff.; QUASTHOFF 1980, 210 ff.).

45 Vgl. allgemein dazu ADDINGTON (1968); SCHERER (1979, 147 ff.).

46 Vgl. allgemein dazu BAINBRIDGE (1985, 201 ff., 214); RUSCH (1986, 69).

47 Vgl. allgemein dazu DAVITZ (1964, 23); KEBECK (1982, 58 ff.); BOWER/COHEN (1982, 291 ff.); EAGLE (1983, 115 ff.); HALBWACHS (1985).

48 Vgl. statt anderer SANDELL (1977); SPILLNER (1984) sowie umfassend: SANDIG (1986). Sprachstrukturelle Merkmale (vgl. ALBRECHT 1972, 298 ff.; MERTEN 1983, 140 ff.) sog. "antecedents of style" (SANDELL 1977, 47, 58, 35) sowie **stilistische** Merkmale (vgl. BREWER/HAY 1984, 237) sind wichtige Unterscheidungskriterien für einzelne typische Profile der Nachrichtenrekonstruktion durch den Rezipienten. Kritisch zum Stilbegriff bzw. zur Stilistik: TRABANT (1986, 171 f., 180 f.); LUHMANN (1986b, 632 ff.); PFEIFFER (1986, 685 ff.); LUCKMANN (1986).

49 Vgl. dazu bereits auch CICOUREL (1970, 215). Zu Metaanalysen in der empirischen Sozialforschung vgl. statt anderer: GLASS et al. (1981, 21 ff., 217 ff.); MERTEN/ RUHRMANN (1982, 711). Zu erkenntnistheoretischen Problemen solcher Analysen siehe u.a. SEARLE (1986, 71 ff.); DOBRICK (1986, 143 ff.); RUSCH (1986, 70 f.); RUSCH (1987, 385 ff.).

50 Dies kann mit Hilfe des LISREL-Ansatzes der Kausalanalyse von latenten, *nicht direkt beobachtbaren* Variablen der Nachrichtenrekonstruktion geschehen. Siehe dazu: GIEGLER/RUHRMANN (1988).

Kapitel 7

1 Vgl. MERTEN (1987, 103 ff.). Versuche, in der Nachrichtenforschung mit einem Mehrmethodendesign zu arbeiten, finden sich bei JENSEN (1986, 145 ff.) sowie LUTZ/WODAK (1987, 85 ff.).
2 Siehe zur inhaltsanalytischen Methode MERTEN/RUHRMANN (1982); MERTEN (1983); CAROLL (1985).
3 Die Interviewerausbildung erfolgte in "Integrierten Methodenkursen" an den Universitäten Bielefeld und Giessen und in mehreren Sonderkursen. Zur Interviewerschulung vgl. statt anderer: ERBLÖH/WIENDIECK (1974, 86 ff.); BRENNER (1982, 150 ff.); BRENNER (1985, 32 ff.); BUDE (1985); DOUGLAS (1985).
4 Die Zugangsproblematik bei Befragungen erörten angemessen: CICOURCEL (1970, 87 ff.); ESSER (1974, 110 ff.); DeLAMATER (1982, 14 ff.); JENSEN (1986, 155).
5 Gedächtnisforscher konfrontieren Befragte - wenn incidentelles Erinnern überprüft werden soll (vgl. MOSS/GOLDSTEIN 1979; HERRMANN 1979; KEBECK 1982, 104 f.) - mit Anforderungen, die vorher nicht angekündigt werden (hier: Aufforderung, sich an die Nachrichtensendung zu erinnern und diese mit eigenen Worten zu erzählen).
6 Vgl. dazu: FELDMANN (1984, 10 ff.); ESSER (1974, 121); BORTZ (1984,179).
7 Im vorliegenden Fall erhielten die potentiellen Rezipienten einige Tage vor dem Interview ein Anschreiben, in dem eine Befragung zu Problemen der Freizeitgestaltung angekündigt wurden. Dabei wurde darauf hingewiesen, daß aus 'technischen' Gründen die Befragung *erst abends* durchgeführt werden könne.
8 Die Rezipienten haben damit eine "ganz *konkrete Situation* erlebt: Sie haben einen Film gesehen ... hypothetisch bedeutsame Elemente sind vom Forscher ... vorher (durch *Inhaltsanalyse*) analysiert worden. ... Auf der Grundlage dieser Analyse hat der Forscher einen Interviewerleitfaden entwickelt. ... Eigentliches Ziel des Interviews sind die *subjektive Erfahrungen* der Personen, die sich in der vorweg analysierten Situation befinden" (MERTON/KENDALL 1979, 171).
9 Unerwünschte Interferenzen konnten diesbezüglich vermieden werden (vgl. zu allgemeinen Implikationen für das Design: BADDELEY 1979a, 16 ff. sowie für die Nachrichtenforschung: GUNTER et al. 1980).
10 Die Herstellung des Rapports (= vertrauensvolle Gesprächsatmospäre bzw. Qualität der Beziehung zwischen Forscher und untersuchter Person) beschreiben MOLENAAR (1982, 77 ff.); HAGENAARS/HEINEN (1982, 115 ff.); MISHLER (1986, 29 ff.).
11 Mit der Aufforderung, die Nachrichten wiederzuerzählen sowie mit weiteren offenen Fragen versucht der Interviewer, die Erfahrungs- und Orientierungsbestände des Informanten (vgl. ALBRECHT 1972), die relevanten Erinnerungen des Informanten zu rekonstruieren. Die Wirksamkeit solchen Vorgehens beruht auf der alltäglichen Fähigkeit des Rezipienten zum Erzählen. Die Erzählfähigkeit wird negativ beeinflußt durch Assoziationen zu Prüfungen, Arztbesuche, Verhöre usw. Die neuere Interviewforschung spricht sogar von der "autoritären Situation des Interviews" (STEINERT 1984, 35).
"Obwohl das Forschungsinterview eine gewisse Asymmetrie enthält, die sich aus dem externen Bezugsrahmen und der Sachorientiertheit des Interviews und der eher per-

sönlichen Motivation und dem subjektiven Bezugsrahmen des Befragten erklärt" (NOWOTNY/KNORR 1974, 101 f.), soll der Interviewer versuchen, den Rezipienten möglichst wenig zu beinflussen. D.h. der Interviewer sollte u.a.
- den Rezipienten ausreden lassen,
- dessen Redefluß nicht stören,
- Interesse an den Antworten des Rezipienten zeigen,
- unterstützende Sprechersignale geben,
- keine verbalen und nonverbalen Bewertungen vornehmen.

Siehe dazu MERTON/KENDALL (1979); CICOURCEL (1970); ESSER (1975); KALLMEYER/SCHÜTZE (1977); EHLICH (1980); HOFFMANN-RIEM (1980); HENNE/REHBOCK (1982); BRENNER (1985); ESSER (1986); HEINZE (1987).

12 Siehe dazu allgemein KÄCHELE et al. (1973, 902 ff.); BRENNER (1985a, 1550 ff.); TAGG (1985, 171 ff.) sowie für die Nacherzählung von Rundfunknachrichten durch Rezipienten: LUTZ/WODAK (1987, 112).

13 Vgl. dazu allgemein: EHLICH/SWITALLA (1976); EHLICH (1980, 23 ff.); WINKLER (1981, 17 ff.); WEST/ZIMMERMANN (1982, 515 ff.); SCHERER (1982, 170 f.); SCHERER/EKMAN (1982, 37 f.); ULMER (1988, 21 ff.). Für die Nachrichtenforschung: NEUMANN (1982, 471 ff.).

14 Damit sind u.a. Schwierigkeiten der (soziologischen) Erzählforschung angesprochen. Vgl. GARFINKEL (1967); HYMES (1973); GARFINKEL/SACHS (1976); FUCHS (1984, 274 ff.); SCHÜTZE (1984, 78 f.); GERHARDT (1985, 243 f.); MISHLER (1986, 66 ff.). Zur qualitativen Analyse von Nachrichtenerzählungen durch Rezipienten siehe LUTZ (1985); LUTZ/WODAK (1987, 99 ff.); LUTZ (1988, 140 ff.).

15 "One key piece of data us missing: the level of detailed learning under everyday viewing conditions" (BERRY 1983, 370); vgl. dazu auch JENSEN (1986, 170 f.) und WOODALL (1986, 156 ff.); IYENGAR/KINDER (1987, 12 ff.).

16 Vgl. aber ansatzweise JENSEN (1986) und LUTZ/WODAK (1987).

17 Siehe ZIMMERMANN (1982, 79); MERTEN (1983, 309).

18 Meistens werden Reliabilitätskoeffizienten in der Nachrichtenforschung gar nicht angegeben. Vgl. aber Hinweise bei SCHULZ (1976, 123 ff.); LICHTY/BAILEY (1978, 121); PATTERSON (1978, 181 ff.); GERBNER/SIGNORIELLI (1978, 193 ff.); NEUMANN (1982, 475); HASKINS et al. (1984, 524-528); HOYER/JACOBY (1985, 442); WURTZEL (1985, 12 f.); CAROLL (1985, 55); HOCKING (1985, 66 ff.); JENSEN (1986, 170); ROBINSON/DAVIS (1986, 112).

19 Vgl. zum Aspekt *bewußter* Selektion (Rezeption) und Konstruktion (Rekonstruktion) und ihrer Reproduzierbarkeit GITTINS (1979, 92 ff.); HINDLEY (1979, 100 ff.); PRINZ (1983, 84 ff.); NEUMANN (1985, 213 f.) und LUHMANN (1987, 36).

20 Damit wird die Möglichkeit präattentiver Prozesse (vgl. NEISSER 1976, 80 ff.; NEUMANN 1985, 199 f.) oder die Rolle des Unbewußten (FREUD 1900; MERLEAU-PONTY 1965) *nicht* ausgeschlossen.

21 Dazu klassisch: EBBINGHAUS (1895). Siehe zur aktuellen Diskussion der Vergessenskurve statt anderer: BADDELEY (1979a, 13 ff.); LINTON (1982, 79 ff.).

Kapitel 8

22 Allgemeine Hinweise dazu bei KINTSCH (1974); NORMAN/RUMELHART (1978, 5) und KIERAS (1982).
23 Zu diesen funktionalen Fragekategorien schlagen GRAESSER/MURACHVER (1985, 21) eine Kombination von Frage-Funktionen und Inhalten (Handlung, Ereignis, Zustand) vor, um Suchstrategien nach Antworten differenzierter beschreiben zu können.
24 Genauere Hinweise über verschiedene Stadien der symbolischen Hinweise finden sich bei GRAESSER/MURACHVER (1985, 24 ff.); SINGER (1985, 121 ff.). Siehe auch BERGER (1972, 84 f.); FRÜH (1983, 329); HEINZE (1987, 65 ff.) sowie den Sammelband von HIPPLER/SCHWARZ/SUDMANN (1987).
25 Vgl. GRAESSER/MURACHVER (1985, 27.). Siehe auch SCHUMAN/PRESSER (1981, 10 ff.); MOLENAAR (1982, 64 f.); BRENNER (1985, 20 ff.); BRENNER (1985a, 155 f.).
26 Zur Sprechakttheorie siehe GRICE (1967); SEARLE (1969); zur Beeinflussung der Sprechakte durch Situation, Alter, Geschlecht oder Schicht des Rezipienten siehe statt anderer BROWN/FRASER (1973, 33 ff.); HELFRICH (1979, 64 ff.); SMITH (1979, 110 ff.) und ROBINSON (1979, 211 ff.).
27 Vgl. dazu auch DOBRICK (1985, 15 ff.); JENSEN (1986, 175); van DIJK (1987a, 17 f.); HEINZE (1987a, 61 f.).

Kapitel 8

1 Vgl. auch KATZ et al. (1977, 233); STAUFFER et al. (1981, 261); GUNTER et al. (1982, 18 ff.).
2 Siehe auch: DOUGLAS/WILDAVSKY (1982, 2 ff.); KASPERSON (1986, 276 ff.); KEENEY/von WINTERFELDT (1986, 417 ff.); SLOVIC (1986, 404 ff.); KOCH (1987, 215 ff.); PETERS et al. (1987, 9 ff.); PETERS et al. (1987a, 765 ff.); LUHMANN (1988a, 5 ff.).
3 Mit einer **Faktorenanalyse** können Variablen, die enger zusammenhängen und stärker miteinander korreliert sind, in voneinander unabhängigen Gruppen klassifiziert werden. Faktoren sind dabei aus den einzelnen Beobachtungen des Sprachverhaltens abgeleitete (mathematische) Größen, deren Analysen differenziertere Aussagen über die Struktur der Zusammenhänge der Variablen und Faktoren ermöglichen, ohne daß man sich vorher auf eine bestimmte Struktur festlegen muß (vgl. ÜBERLA 1971, 4).
Aus einer Faktorenanalyse resultieren wechselseitig voneinander unabhängige Faktoren, welche die Zusammenhänge zwischen den Variablen erklären, ohne daß dabei entscheindende statistische Information verloren geht (vgl. BORTZ 1985, 616).
Der Variablenmenge wird eine Ordnung unterlegt, aus der sich eine spezifische, empirisch ermittelte Korrelationsmatrix erklären läßt. Allerdings gibt es nicht nur **ein** Ordnungsprinzip, das die Merkmalszusammenhänge erklärt, sondern theoretisch eine unendliche Menge von Ordnungsschemata. Die Faktorenanalyse filtert das theoretisch beste Ordnungssystem heraus. Das Ordnungssystem kann weitere Aussagen über Merkmale der untersuchten Strukturen anregen.

Die Faktorenanalyse vollzieht sich in drei Schritten: Zunächst wird eine Korrelationsmatrix aus relevanten Variablen erstellt. Durch mathematische Transformationen wird in einem zweiten Schritt eine Extraktion von Anfangsfaktoren vorgenommen, die in einem letzten Schritt zu den eigentlichen Endfaktoren rotiert werden.
Vgl. zur Prozedur allgemein ÜBERLA (1971); KIM (1975); HUNTER (1980); BORTZ (1985). Zu verschiedenen Qualitätsmaßen und Tests vgl. BARTLETT (1950); CARTELL (1966); KAISER (1974); GIEGLER (1982) und GIEGLER (1988).
4   Vgl. andeutungsweise zu dieser Frage auch NEUMANN (1982, 471); STRASSNER (1982, 393); LUTZ (1988, 122 ff.).

Kapitel 9

1   Die Rezipienten sind u.a. damit beschäftigt, die an sie ergangenen Instruktionen, sich frei zu erinnern, in Erzählpläne umzusetzen (vgl. KEBECK 1982, 138 ff.).
2   Nach mehrmaligem Abhören der mit Tonband aufgenommenen freien Wiedergaben wurde mit Hilfe einer siebenstufigen Skala ermittelt, ob die Erinnerung des Rezipienten eher zögernd oder eher spontan erfolgt, wobei Äußerungen wie z.B. "hm ... gar nicht einfach, ich überlege grad mal ... ja, ich glaub zu Anfang hm ... war ein Bericht über ..." als Reaktion selbst verzögert artikuliert werden.
3   Unter diesen Personen, die ihre erinnerten Meldungen flüssig wiedergeben, befinden sich allerdings auch solche, die Brüche (oder nachträgliche Orientierungsphasen) in ihrer internen Erzählplanung *nicht* anzeigen. Diese Sprecher verfügen über Routinen, mit deren Hilfe sie Erinnerungs-, Planungs- und Wiedergabeengpässe überwinden.
4   Probehalber wurden die Variablengruppen V91-V99, V128 und V116-V127 jeweils getrennten Faktorenanalysen unterzogen: Dabei zeigten sich im Vergleich zur 'großen Lösung' jeweils ähnliche Zusammensetzungen der paralinguistischen und stilistischen Faktoren mit hohen Ladungen.
5   Die Hauptkomponentenanalyse generiert zunächst keine neuen inhaltlich voll erklärten Faktoren, sondern dekomponiert nur eine größere Zahl von Variablen zu überschaubareren Komponenten, die aber durch Rotation interpretierbarer gemacht werden können (vgl. HUNTER 1980, 223 f.; BORTZ 1985, 630).
Bekanntlich berücksichtigt die Hauptkomponentenanalyse nicht die empirischen Werte der Anfangskommunalitäten, die angeben, wie weit eine Variable durch zu bildenden Faktoren erfaßt werden kann.
In einer probeweise nach der Maximum-Likelihood-Methode (vgl. SIEGLER 1982, 275 ff., NORUSIS 1985, 137; BORTZ 1985, 680) durchgeführten Faktorenanalyse wurden alle Anfangskommunalitäten geschätzt. Variablen mit einem Wert $h^2 \leq 0.30$ wurden dann nicht mehr weiter berücksichtigt, da sich dies negativ auf Eigenwert und Anteil der erklärten Varianz auswirkt. Es handelt sich dabei um die Variablen V91 (laut-leise), V96 (konstant-variabel) und V117 (abstrakt-konkret).
6   Mit Eigenwert eines Faktors wird der durch den Faktor aufgeklärte Anteil der Gesamtvarianz bezeichnet.

Kapitel 10

7 Ein Indikator für die Angemessenheit des Samples vergleicht die Stärke der beobachteten Korrelationen mit der Größe der partiellen Korrelationskoeffizienten. Kleine Werte dieses Maßes verraten, daß die Faktorenanalyse der Variablen kein gutes Konzept ist, da die Korrelationen zwischen den einzelnen Variablen nicht durch andere Variablen erklärt werden können (vgl. NORUSIS 1985, 129). Sinkt der Wert unter 0.60, so ist die Faktorenanalyse nur Mittelmaß, bei KMO = 0.50 liegt eine schlechte Faktorenanalyse vor und bei Werten KMO = 0.50 sollte man von einer Faktorenanalyse Abstand nehmen (vgl. KAISER 1974, 31 ff.). Wenn die Korrelationen zwischen den Variablen klein sind, ist es unwahrscheinlich, daß sie zu gemeinsamen Komponenten gehören. Der **Bartlett-Test** (BARTLETT 1950) überprüft, ob die empirisch ermittelte Korrelationsmatrix signifikant von der Identitätsmatrix abweicht. Der Bartlett-Test beträgt in diesem Falle einen Wert von 5412.1 (p $\leqq$ .00001).

Die **Kommunalitäten** (h^2) liegen alle deutlich über .50 und weisen auf die statistische Zulässigkeit der Lösung hin. (Die Kommunalität (h^2) gibt an, in welchem Ausmaß eine Variable durch die Faktoren aufgeklärt bzw. erfaßt wird). Theoretisch gibt es so viele Faktoren, wie zur vollständigen Erklärung der Varianzen aller Variablen notwendig sind. Die Berechnung dieser Faktoren wird jedoch abgebrochen, weil man durch wenige Faktoren bereits wesentliche Varianzteile erklären kann.

8 Siehe dazu auch Versuche, Wirkungen bzw. Rezeption nonverbalen Verhaltens von Spitzenpolitikern in politischen Fernsehsendungen zu untersuchen (vgl. LANZETTA et al. 1985, 85 ff.; Mc HUGO et al. 1985, 1513 ff.).

Kapitel 10

1 Zur Bestimmung der Ähnlichkeit oder Unähnlichkeit von Elementen durch Merkmale bzw. Merkmalsräume einleitend gut: SODEUR (1974, 9 ff.).
2 Siehe allgemein: SANDRI (1969); ZIEGLER (1973) und LORR (1983). "Clustering seeks to group or to lump together objects or variables that share some oberverd qualities or, alternatively, to partition or to divide a set of objects or variables into mutually exclusive classes whose boundaries reflect differences in the observed qualities of their members. Clustering thus extracts typologies from data which in turn represent a reduction of data complexity ..." (KRIPPENDORFF 1980, 260).
3 Vgl. zu Anwendungen und Geschichte der Clusteranalyse HARTIGAN (1975, 1-7); SCHLOSSER (1976, 156-158); BORTZ (1985, 685). Vgl. zum Stellenwert der Clusteranalyse innerhalb der multivariaten Analyse ausgezeichnet: HUNTER (1980, 243 ff.); SCHLOSSER (1976, 14 ff., 34 ff., 46 ff., 205 ff.); GIEGLER (1985); BARDELEBEN (1985, 1 ff.); GIEGLER (1988, 472) mit weiteren Verweisen.
4 Mit der Zufalls- bzw. Nullhypothese würde man zufällige, unsystematische und für jeweilige Gruppen unspezifische Nachrichtenrekonstruktion annehmen, deren mittlere Merkmalsprofile sich zudem noch signifikant voneinander unterscheiden müßten!
5 Vgl. zu hierarchischen Verfahren (divisive und agglomerative Methode) SCHLOSSER (1976, 161 ff., 163 f., 180); NORUSIS (1985, 169 ff.) sowie DEICHSEL/ TRAMPISCH (1985, 29 ff.).

Kapitel 10

6 Vgl. dazu STEINHAUSEN/ZÖRKENDÖRFER (1984, 131 ff.); DeLANGE/STEINHAUSEN (1981, 3 ff., 17 ff.); NORUSIS (1985, 165 ff.); SCHUBÖ/UEHLINGER (1985, 341 ff.). Die durchgeführte Simulation von Iterationen (vgl. STEINHAUSEN/ZÖRKENDÖRFER 1984, 142 f.) bringt gute Ergebnisse (stabilere Cluster).

7 Die euklidische Distanz (= Aufsummierung der quadratischen Differenzen aller Merkmalen zweier Merkmalsprofile) zwischen allen analysierten Merkmalsprofilen wird errechnet. Einige der Profile werden zu Schwerpunkten deklariert, die auf einem hohen Ähnlichkeitsniveau eine maximale Zahl von Elementen umfassen und die als Clusterkerne einen Mindestabstand haben.

8 Zuordnungskriterium ist einheitlich die euklidische Distanz eines Falles zum Zentrum (Schwerpunkt) eines Clusters. Nach jeder Zuordnung wird die Lage des Zentrums korrigiert, d.h. der tatsächliche Schwerpunkt wird neu errechnet.

9 Dieser Prozeß wird solange iteriert (die jeweils vorhandenen Clusterzentren dienen in einem 2., 3., ...ten Durchgang als Ausgangswerte), bis die Homogenität in den einzelnen Clustern nicht mehr zunimmt. Vgl. STEINHAUSEN/LANGER (1977, 21, 118 ff.). Im Programmpaket von STEINHAUSEN/ZÖRKENDÖRFER (1984, 134) wird ein Konvergenzprotokoll für die Hill-Climb-Methode ausgedruckt.

10 Vgl. zu Clusteranalysen von Programm-Interessen FRANK (1975, 40 ff.); RADER (1981, 270 ff.); ESPE et al. (1985, 474 ff.) sowie DEHM (1984, 137 ff.). Zu Typisierungsversuchen von Nachrichtenrezipienten, die allerdings *noch nicht* mit Hilfe einer Clusteranalyse erstellt wurden vgl. u.a. FINDAHL/HÖIJER (1974, 22 ff.); STRASSNER (1982, 183 ff.); GRABER (1984, 183 ff.); JENSEN (1986, 339 ff.); MERTEN (1988, 23 ff.).

11 Hierunter wurden folgende Persönlichkeiten zusammengefaßt (vgl. R67-R69 im Codierbuch): Blüm, Brandt, Dregger, Geißler, Genscher, Honecker, Hussein, Kelly, Kohl, Lambsdorff, Papst, Queen Elizabeth II., Reagan, Riesenhuber, Schily, H. Schmidt, Stoltenberg, Strauß, Thatcher, Tichonow, Walesa, Vogel, Weizsäcker und Wörner.

12 Vgl. GIEGLER (1982, 412 f.). Das Clusteranalysenprogramm CONCLUS (BARDELEBEN 1985, 6) ermöglicht eine stichprobenunabhängige Standardisierung der Variablen.

13 In diesem Falle kann man davon ausgehen, daß die formale Gestaltung der Nachricht dem Rezipienten das Behalten erleichtert haben. Vgl. dazu bisher SALOMON/COHEN (1977, 612, 615 ff.); RENCKSTORF (1977, 388 ff.); FÜHLAU/WOHLERS (1977, 399 ff.); GUNTER (1980, 131 ff.); DEBUS (1985, 5 ff.); EDWARDSON et al. (1985, 371 ff.) sowie RIMMER (1986, 221 ff., 235).

Die Erhebungsinstrumente

Für die Dokumentation und die Nachvollziehbarkeit der empirischen Untersuchung ist es unerläßlich, die Erhebungsinstrumente selbst zur Hand zu haben. Die folgenden Abschnitte dokumentieren

1. das Codierbuch der Nachrichtenanalyse (INPUT),
2. das Codierbuch für die erinnerten Nachrichten (ITEM),
3. das Codierbuch für die Transkriptionen der Rekonstruktionen der Items (NEU) und
4. den Originalfragebogen (in Auszügen) (BEFRA).

1. Codierung von Nachrichten (INPUT)

Jedes Item einer Nachrichtensendung wird nach insgesamt 75 Variablen codiert. Um das Selektionskriterium "Relevanz" noch besser zu erfassen, werden zusätzlich 12 Variablen (VV1 bis VV12) berücksichtigt (vgl. MERTEN 1985, 191 ff.).

Variable	INHALT	Code
R1	**Identifikations**-Nummer der Sendung 11-52	
R2	**Rangfolge** des Beitrags (1.,2.,3. Position in der Sendung)..........................01-99	
R3	**Dauer** des Beitrags in Sekunden 001-999	

R4	**Inhaltliche Kategorie**
	Doppelcodierung, wichtigster Aspekt zuerst:
	
	INNENPOLITIK:
	    - Arbeitslosigkeit 1
	    - Frieden... 2
	    - Verteidigung/äußere
	      Sicherheit/Bundeswehr 3
	    - Innenpolitik/innere Sicherheit 4
	    - Medienpolitik/Verkabelung 5
	    - Bildungs- u. Kulturpolitik 6
	    - Jugend- u. Familienpolitik.......................... 7
	    - Energiepolitik 8
	    - Ökologie u. Umweltpolitik......................... 9
	    - Regional- u. Kommunalpolitik 10
	    - Sozialpol./Wohnungsbau 11
	    - Wirtschafts- u. Finanzpolitik 12
	    - sonstiges... 13
	
	AUSSENPOLITIK:
	    - allgem. Beziehung zwischen Staaten
	      bzw. in internat. Organisationen................ 14
	    - Wirtschaftliche u. finanz.
	      Zusammenarbeit allgem. 15
	    - Außenhandel... 16
	    - Entwicklungspolitik 17
	    - Verteidigungs- u. Abrüstungspolitik............. 18	

- Konflikte u. Kriege zwischen Staaten 19
- Energieversorgung u. Energiepolitik 20
- Bildungs- u. Kulturpolitik 21
- Medienpolitik 22
- Ökologie- u. Umweltpolitik 23

GESELLSCHAFTLICHE PROBLEME:
- Unglück/Verbrechen 24
- Religion 25

KULTUR:
- Bildung, Wissenschaft, Technik, Erziehung 26
- Theaterpremiere etc. 27
- Sport 28
- Geburtstage v. Personen/ histor. Jahrestage 29
- Ableben 30
- anderes 31

R5	Zweiteintrag: dto. 1-31
R6	**ORT DER HANDLUNG:** - Bonn .... 1 - eigenes Bundesland (NRW oder Hessen) .... 2 - angrenzendes Bundesland .... 3 - andere Bundesländer .... 4 - BRD gesamt .... 5 - Nachbarländer West .... 6 - DDR .... 7 - Westeuropäische Länder .... 8 - UdSSR .... 9 - andere osteurop. Länder .... 10 - USA .... 11 - Japan .... 12 - China .... 13 - Vorderer Orient .... 14 - sonstiges Asien .... 15 - Afrika .... 16 - sonstiges Amerika .... 17 - Australien u. Neuseeland .... 18 - Weltraum 19

Codierbuch INPUT

R7	Zweitcodierung (bei relationaler Region) 1-19	
	entfällt ....bl	
R8	**RELEVANZ** des Ereignisses für den Durchschnittsbürger in der BRD:	
	Skala (1 = gar nicht/ 10 = maximal)........................01-10	
R9	Differenzierte Relevanz (gewichtet) ....0.1 - 9.9	
R10	**BETROFFENE POPULATION:**	
	Einzelperson(en)..1	
	Gruppe (z.B Abgeordnete)...2	
	Minorität (z.B. Zigeuner)...3	
	Anteil d. Bevölkerung (z.B. Frauen) 4	
	alle...5	
R11	**RELEVANZ REGIONAL:**	
	Ort unter 100.000 Einwohner in der BRD 1	
	Ort über 100.000 Einwohner in der BRD 2	
	Landeshauptstadt/Metropole 3	
	Region in der BRD 4	
	ein Bundesland...5	
	mehrere Bundesländer 6	
	gesamte BRD 7	
	BRD und angrenzende Staaten.......................................8	
	Europa 9	
	global 10	
	außerhalb Europas, lokal 11	
	außerhalb Europas, Region..12	
	mehrere Kontinente..13	
R12	**RELEVANZ NACH ORGANISATIONEN:**	
	keine Organisation..bl	
	lokale (kleine) Organisation 1	
	regionale Organisation...2	
	auf Landesebene...3	
	auf Bundesebene...4	
	international: UNO..5	
	NATO 6	
	Europ. Parlament/EG...7	
	Warschauer Pakt...8	
	sonst. internat. Organisation...9	

Codierbuch INPUT

R13	**TYP DER ORGANISATION:**
	nichtpolitische Organ./Verein 1
	Interessenvertretung 2
	pol. Parteien: CDU 3
	CSU 4
	FDP 5
	GRÜNE 6
	SPD 7
	Koalition 8
	andere 9
R14	**HIERARCHIE IN DER ORGANISATION:**
	Spitze auf lokaler Ebene 1
	Spitze auf regionaler Ebene 2
	Landesebene 3
	Bundesebene 4
R15	**FRISTIGKEIT DES EREIGNISSES I:**
	Eintagsfliege 1
	mehrere Tage 2
	bis zwei Wochen 3
	mehr als zwei Wochen 4
	k.A./ohne Fristigkeit 9
R16	**FRISTIGKEIT DES EREIGNISSES II:**
	wie oft in den letzten 14 Tagen erwähnt 01-99
R17	**FRISTIGKEIT DES EREIGNISSES III:**
	das Ereignis steht noch am Anfang (Vorbereitung, Vorerwartung, Ankündigung) 1
	das Ereignis entfaltet sich 2
	das Ereignis erreicht seinen Höhepunkt 3
	das Ereignis fällt ab/Normalisierung 4
	Nachwehen/ Nachschlag 5
R18	**FRISTIGKEIT DES EREIGNISSES IV:**
	das Ereignis
	taucht nur einmal und dann nie wieder auf 1
	taucht in veränderter Form vielleicht irgendwann nochmal auf (unwahrscheinlich) 2
	taucht so oder so ähnlich wohl wieder auf 3
	wird immer wieder auftauchen 4
	ist permanent (z.B. Krieg/Unfall/soz. Probleme)..5

Codierbuch INPUT

R19	**ÜBERRASCHUNGSWERT DES EREIGNISSES:** total unvorhersehbar ....4 unwahrscheinlichere Alternative ....3 wahrscheinlichere Alternative ....2 sicheres Ereignis...1 Planung des Ereignisses sicher, aber sein Ausgang überhaupt nicht/ anders 9
R20	Sind Anlaß des Ereignisses und das Ereignis kongruent? ja, total...1 in etwa ....2 wenig..3 nur Aufhänger für das Ereignis, kein Bezug.......4
R21	entfällt
R22-R24	Wenn Personen als **HANDLUNGSTRÄGER** gezeigt: (Mehrfachcodierung: 3 Einträge maximal!) Menschen wie Du und ich................................1 Journalisten..2 Spitzenpolitiker ....3 andere Politiker ....4 Spitzen aus Wirtschaft......................................5 Spitzen aus Kultur ....6 Sportler ....7 andere Prominenz 8
R25-R30	**FORMALE VARIABLEN:** **Typ des Items:** (maximal 6 Einträge bei Mehrfachnennung!) Bericht/Reporterfilm ....1 Nachrichtenfilm..2 Interview..3 Statement ....4 Pressekonferenz...5 anderes 9
R31-48	**Typ von Einzelsequenzen** (chronologisch codieren, maximal 6 Einträge! je Eintrag bis zu 3 Variablen) Nachrichtenfilm..1 Nachrichtenfilm/ Insert....................................2 Korrespondent off ....3 Korrespondent on/ off ....4 Redeausschnitt 5

Codierbuch INPUT

	Sprecher/Weltkarte 6
	Hintergrund Portrait 7
	Hintergrund Foto 8
	Hintergrund Foto/ Stichwort 9
	Hintergrund Foto/ Stichwort/ Insert 10
	Hintergrund Symbol/ Stichwort 11
	Hintergrund Karte/ Stichwort 12
	Hintergrund Film 13
	Vordergrund Graphik 14
	Vordergrund Graphik/ Foto 15
	Vordergrund Graphik/ Foto/ Griffel............16
R49	E n d e der 1. K a r t e !
R50	**Identifikations-Nummer**..11-52

	Sind in der Meldung **BEWERTUNGEN** enthalten?
	(ACHTUNG! Wenn KEINE Bewertungen enthalten,
	gleich weiter mit Variable R60)
	        nein ....bl
	
	        Bewertung kontingent...................................1
	                non-kontingent ....bl
	(ACHTUNG! Wenn Bewertung non-kontingent,
	gleich weiter mit Variable R54)

R51-R53	Wenn kontingent: **WER bewertet?**
	(maximal 3 Angaben!)
	        Journalist..1
	        Politiker..2
	        Organisation/Interessenvertreter.........................3
	        sonstige Personen..4

R54-R56	**WER wird bewertet?**
	(max. 3 Wertungsangaben!)
	        Ereignis 1
	        politische Personen..2
	        Organisation/ Interessenvertreter........................3
	        andere Personen 4

R57-R59	**RICHTUNG** der Bewertung:
	(max. 3 Feststellungen!)
	        stark positiv 5
	        positiv 4
	        neutral 3

Codierbuch INPUT

	negativ 2
	stark negativ 1
	Angabe sinnlos/unmöglich 9
R60-R63	**VERSTÄNDLICHKEIT** der Nachrichten:
	a) Zahl der Wörter/Satz 000-999
	b) Zahl der Abkürzungen pro Item 000-999
	c) Zahl der Fremdwörter pro Item 000-999
	d) Zahl der Wörter pro Item 000-999
R64	Sind ggf. Fremdwörter enthalten, die mit einer **THEMENKARRIERE** in Verbindung stehen und daher insofern geläufig sind?
	nein ....bl
	Ja, und zwar (Zahl) 1-9
R65	Gibt es Hinweise auf die **GLAUBWÜRDIGKEIT** der Darstellung?
	nein ....bl
	Ja, Glaubwürdigkeit bestärkend 1
	Ja, Glaubwürdigkeit verringernd 2
R66	Gibt es Hinweise auf die **OBJEKTIVITÄT** der Darstellung?
	nein ....bl
	Ja, Objektivität bestärkend 1
	Ja, Objektivität verringernd 2
R67-R69	Welche vorkommenden **PERSONEN** waren die wichtigsten? (max. 3 Personen/Politiker) (vgl. Liste) 001-999
R70	War der gesamte Beitrag des Nachrichtenitems in **FARBE** oder nur ein Teil?
	gesamter Beitrag in Farbe 1
	überwiegend in Farbe 2
	Mischform 3
	anderes/ nur Sprecher 4
R71	Zahl der **SCHNITTE** pro Beitrag 01-99
R72	Wurde **ZOOM** verwendet?
	nein ....bl
	ja, und zwar 01-99

R73	Mängel an der fomalen Darstellung (Synchronisation von Bild, Ton, Versprecher etc.) keine Mängel ....bl Mängel, und zwar (Liste) 1-9
R74	Besonderheiten des codierten Nachrichtenitems (Liste 4) 1-9
R75	**KONKORDANZ ARD-ZDF** Das codierte Item tritt in der entsprechenden ARD/ZDF-Sendung nicht auf ....bl auf, als Item Nr. 01-20
VV1	**RELEVANTE ENTWICKLUNGEN** POSITIVE Entwicklung/ Bewertung positiv (auch: status quo) ....1 stark positiv ....2 maximal positiv (Rettung etc.) ....3 entfällt ....bl
VV2	NEGATIVE Entwicklung/ Bewertung negativ ....1 stark negativ..2 maximal negativ (Bedrohung von Leib und Leben)3 entfällt ....bl
VV3	FOLGEN für die deutsche Bevölkerung/den Durchschnittsdeutschen punktuell, gar nicht (z.B. Unglück) (1-2 Tage)...bl einige Tage (2-3 Tage) ....1 längerfristig (z.B. Affäre, Krise) (4-14 Tage) .....2 dauerhaft (z.B. Gesetze etc.) (15 Tage u. mehr)..3
VV4	Ereignis besteht aus/enthält **(FAKTIZITÄT)** Ankündigungen (z.B.: Statements von Politikern).1 Forderungen, Kritik (bezieht sich auf Bonn) ....2 Entscheidungen ....3 nichts davon (z.B. bei allen natürl. Ereignissen) .bl
VV5	**WIRKSAMKEIT/UNMITTELBARKEIT** sofort wirksam (alle de facto-Ereignisse) ....4 bald wirksam..3 irgendwann wirksam 2

Codierbuch INPUT

	ungewiß/nie	1
	keine Wirksamkeit/entfällt	bl
VV6	**ABSTRAKTHEIT/KONKRETHEIT/EVIDENZ**	
	für jedermann klar/ greift klar in den Alltag ein (Ereignisbericht)/ konkreter Gehalt mit maximal konkreten Folgen	4
	konkret, aber nicht alltäglich/ Konkretion als Wirkung vorstellbar	3
	eher abstrakt, Konkretion unklar, ungewiß	2
	völlig abstrakt, Konkretion nicht vorstellbar, Auswirkung nicht ersichtlich	1
	entfällt	bl
VV7	**AFFEKT**	
	positiv	1
	negativ	2
	stark positiv	3
	stark negativ	4
	beides	5
	entfällt	bl
VV8	**EXISTENZRELEVANZ** für Durchschnittsbürger	
	Gefahr für Leib und Leben	9
	Existenz gefährdend (Arbeitslosigkeit)	7
	in Lebenslauf eingreifend (z.B. Steuererhöhung)	5
	marginaler Eingriff	3
	kein Eingriff	bl
VV9	**WAHRSCHEINLICHKEIT** einer Relevanz- oder Konflikt-Implikation im Ereignis (größerer Wert in VV8 bzw. VV10)	
	sicheres Ereignis	9
	fifty/fifty	5
	nie, total unwahrscheinlich	bl
VV10	**KONFLIKTHAFTIGKEIT DES EREIGNISSES**	
	entfällt	bl
	völliger Konsens	1
	unterschiedliche Sichtweisen	2
	verbale Opposition (Meinungen, Ansichten)	3
	faktischer Dissens (Affäre)	5
	brachialer Konflikt (Unglück, Streik)	6
	brachialer Konflikt (Verbrechen)	7
	bewaffneter Konflikt (Krieg)	9

Codierbuch INPUT

VV11	Item behandelt	
	Ereignis selbst	bl
	Aufgreifen des Ereignisses (Behandlung, Nachschlag)	1
VV12	Item wurde vom Rezipienten	
	erinnert	1
	nicht erinnert	bl

2. Codierung der erinnerten Items (ITEM)

Die vom Rezipienten erinnerten und mittels Casettenrecorder aufgezeichneten Nachrichtenitems werden zunächst soweit möglich codiert, wenn und sofern eine Zuordnung zu tatsächlichen gesendeten Nachrichten möglich ist.
Dabei werden die zugehörigen Nachricht-Items (=Input) mit dem Output verglichen, um Veränderungen in der Wiedergabe etc. zu erfassen **(relationale Codierung)**. Maximal wurden 9 Items erinnert, so daß maximal 9 Items pro befragten Rezipient berücksichtigt worden sind.

(für jedes erinnerte Item eine Karte)

Variable	I N H A L T	Code
R76	Lfd. Interview-Nummer	001-999
R77	Nr. des Items nach Interview **Lfd. Nummer des Items**, Erst-Erinnertes, 2.-Erinnertes etc. Item	1-9
R78	Nummer des Items nach **Input-Abfolge**	01-15
R79	Wie **WICHTIG** war diese Thema für Sie **SELBST**? Skala (1= unwichtig/ 10=sehr wichtig)	01-10
R80	Und wenn Sie an die **ALLGEMEINHEIT** denken, wie wichtig war dieses Ereignis/Thema dann? Skala (1= unwichtig/ 10=sehr wichtig)	01-10
R81	entfällt	
R82-R85	Und kamen in diesem Beitrag **POLITIKER** vor? nein .... Wenn ja, welche? (Liste) 1. Politiker .... 2. Politiker .... 3. Politiker .... 4. Politiker	bl 001-999 001-999 001-999 001-999
R86, R87	Welches, glauben Sie, war(en) dabei die **HAUPTPERSON(EN)**? (ACHTUNG CODIERER! Maximal 2 Hauptpersonen codieren!) k.A .... 1. Hauptperson .... 2. Hauptperson	 bl 001-999 001-999

Codierbuch ITEM

R88	Und ist Ihnen die 1. Hauptperson **BEKANNT** oder nicht so BEKANNT? Können Sie es nach der Leiter sagen? Skala (1 = sehr schlecht, 10 = sehr gut) 01-10
R89	Und die zweite Person? Können Sie auch hier nach der Leiter einschätzen? Skala (1 = sehr schlecht, 10 = sehr gut) 01-10

R90	Und finden Sie diese Hauptperson(en) alles in allem **GUT** oder weniger gut?
	Skala (10 = maximal gut, 1 = maximal schlecht)
	    k.A...bl
	    1. Person..01-10
	    2. Person..01-10

R92	Und was ist Ihnen zu diesem Thema wohl noch so **AUFGEFALLEN**? (Liste) 0-9
R93	Und war das Wesentliche alles in allem richtig daregestellt oder war es irgendwie **VERZERRT**? Skala (10 = vollkommen verzerrt, 1 = vollkommen richtig) 01-10
R94	Und warum, meinen Sie, war das Ereignis verzerrt bzw. richtig wiedergegeben? (Liste) 01-99
R95	Und wie **VERSTÄNDLICH** war die Meldung wohl dargestellt? Skala (10 = maximal verständlich, 1 = minimal verständlich) ..01-10
R96	Sind Sie mit diesem Thema/Ereignis **VERTRAUT**? (10 = maximal vertraut, 1 = minimal vertraut) 01-10
R97	Und was fällt Ihnen zu diesem Thema noch so ein? (Liste) ..0-9
R98	entfällt

R99	Aktivierbarkeit des **HINTERGRUNDWISSENS**
	    keine..0
	    ungenügend..1
	    mangelhaft...2
	    ausreichend..3
	    befriedigend...4
	    gut..5

Codierbuch ITEM

R100	erkennbare sonstige **STÖRUNGEN**: keine .... bl leichte .... 1 schwere 3
R101	entfällt
R102	Struktur des aus der Wiedergabe rekonstruierbaren **WELTBILDES** eher einfach ("man sagt") .... 1 eher differenziert 2
R103	Wiedergabe von **ZAHLEN**angaben Zahlenangaben korrekt .... 5 Zahlenangaben verkleinert .... 1-4 Zahlenangaben vergrößert .... 6-9 im Input keine Zahlenangaben enthalten .... bl
R104	Wiedergabe von **PERSONEN**: korrekt .... 5 vergessen .... 1-4 dazugedichtet .... 6-9 keine Personen enthalten/ entfällt .... bl
R105	Wiedergabe von **ORTEN/ REGIONEN** korrekt .... 5 Weglassungen .... 1-4 Zufügungen .... 6-8 Weglassung und Zufügung .... 9 keine Orte enthalten .... bl
R106	**KORREKTHEIT** der Wiedergabe in Bezug auf die gesendete Meldung Skala (10 = völlig korrekt, 1 = völlig verkehrt) 01-10
R107	**TEMPO** der Wiedergabe Skala (10 = flott, 1 = lahm) 01-10
R108	**PRÄZISION** der Antworten Skala (10 = exakt, 1 = diffus) 01-10
R109	entfällt
R110	**WAHRNEHMBARES INTERESSE** bei der Beantwortung Skala (10 = maximal, 1 = null) 01-10

Codierbuch ITEM

R111	**Wie fragt** der Interviewer? Skala (10 = flott, zügig, 1 = lahm, einschläfernd) 01-10
R112	Skala (10 = freundlich, 1 = muffig)..........................01-10

R113	Werden die **Antworten** insgesamt im Vergleich
	zum vorherigen Item **gereizter?**
	   Nein, gleich...5
	   gereizter...9
	   entspannter 1
	   entfällt bei Item 1, k.A. ....bl

R114	Werden die **Antworten** insgesamt im Vergleich
	zum vorherigen Item **müder?**
	   nein, gleich...5
	   eher müde 9
	   eher wacher 1

R115	Sucht Befragte(r) **Hilfestellung** beim Interviewer? Skala(1 = selten, 9 = immer) nein ....bl
R116	**Beeinflußt** der Interviewer die befragte Person? Skala (1 = selten, 9 = immer) nein ....bl
R117	entfällt

3. Codierung der transkribierten Item-Rekonstruktionen (NEU)

Die auf Tonband mitgeschnittenen ITEM-Nachfragen werden transkribiert (vgl. KALLMEYER/SCHÜTZE (1976) sowie HENNE/REHBOCK 1982)) und dann nochmals relational in bezug auf INPUT genauer analysiert, wobei alle Variablen aus ITEM mit offenen Fragen sowie spontane Zusätze codiert werden, die von ITEM nicht erfaßt werden können.

Die Transkriptionsdaten NEU werden mit der Bezugsdatei RELSYS-E zusammengefügt, die gleichzeitig alle Daten der jeweils gesendeten Inhalte und der befragten Rezipienten enthält (vgl. Abb. 13).

Das Codierbuch für NEU ist zweiteilig konzipiert worden:
In Teil I wird die erste **freie** Wiedergabe der spontan erinnerten Nachrichten**sendung** codiert, die auf die Frage folgt: "Können Sie nun einmal erzählen, über welche Themen und Ereignisse in den Nachrichten berichtet wurde? An was können Sie sich denn noch so erinnern? Erzählen Sie einfach mal!"
In Teil II werden - korrespondierend zu Codierbuch ITEM - **Rekonstruktionen einzelner** Nachrichten durch den Rezipienten codiert.

Teil I: Erste freie Wiedergabe der erinnerten Nachrichtensendung

Variable	I N H A L T	Code
V1	Interview Nr.	004-977
V2	Sendetag	12-92
V3	Wie wird die Nachrichtensendung wiedergegeben? meistens mit Stichwörtern, Titel, Überschriften ..1 meistens mit ganzen Sätzen ....2 sowohl in Stichwörtern als auch in Sätzen 3	
V4-V30	entfallen	
V31	ART des **SPRECHERWECHSELS** durch Interviewer kein Sprecherwechsel ....bl Unterstützung (z.B. "mmh mmh").....................1 sich verbessern mit einzelnen Worten ....2 Präzisierung der gesamten Frage ....3 Nachfrage: Unterbrechung des Redeflusses.........4 Intervention: schwere Störung bzw. Abbruch beim Redefluß..............................5 gleichzeitiges Sprechen, Chaos ....6 anderes 9	

V32	Art des 2. Sprecherwechsels durch Interviewer bl-9
V33	**ANZAHL** der Sprecherwechsel 1-9
V34	**NONVERBALE AKTIVITÄT** (Vokalisationen) Lachen, Seufzen, Stöhnen, Sonderlaute, lange Pausen, eingesprengte Laute (bl = nicht erkennbar, 9 = sehr intensiv) bl-9

V35	Wie ist die **STIMMKLANGQUALITÄT?**
	(7stufige Skala)
	      laut................................leise
	      (1) (7)

V36	Welche **EMOTIONALE QUALITÄT** hat die Wiedergabe?
	(7stufige Skalen)
	      ernst ....spöttisch
	      (1) (7)

V37	sicher ....unsicher (1) (7)
V38	fröhlich...........................traurig (1) (7)

V39	Wie ist das **SPRECHTEMPO?**
	(7stufige Skalen)
	      bedächtig/langsam ....hastig
	      (1) (7)

V40	konstant ....variabel (1) (7)
V41	flüssig ....stockend (1) (7)
V42	ruhig.............................nervös (1) (7)

V43	Der Rezipient reagiert auf die Aufforderung, zu erzählen
	(7stufige Skala)
	      zögernd..........................spontan
	      (1) (7)

Codierbuch NEU I

V44-V52	Input Nr. der 1. - 9. Wiedergabe..................................1-20
V53-V56	entfallen
ATEIL	**WIEVIEL** Informationen - bezogen auf den Umfang der der gesendeten Informationen - (er-) zählt der Rezipient bei der spontanen Wiedergabe auf? (in %) 00-99
EZEIT	**Dauer** der ersten Er- bzw. Aufzählung x (in Minuten)..0.1 - 9.9

Teil II: Codierung der Rekonstruktion einer *einzelnen* erinnerten Nachricht (vgl. Teil "Item" der Datei RELSYS-E (Variablen R76 - R117)

Variable	I N H A L T	Code
V61	Interview 001-999	
V62	Sendetag...12-92	
V63	Nummer des laufenden Items..1-9	

V64	Erläuterungen zur **PERSÖNLICHEN RELEVANZ** (1. Nennung)
	    Ereignis ist gar nicht wichtig 1
	    Verweis auf allgemeine Relevanz 2
	    anderes 3
	    Verweis auf Normen 4
	    Verweis auf gegenwärtige persönliche Situation 5
	    Verweis auf starkes persönliches Interesse..........6	

V65	Typ der dominanten konnektiven Propositionen (1. Nennung)
	    kausal..1
	    intentional 2
	    konditional..3
	    temporal...4
	    anderer Typ 5
	    entfällt...bl	

V66	Erläuterungen zur **PERSÖNLICHEN RELEVANZ** (2. Nennung) 1-6	

V67	Typ der dominanten konnektiven Proposition (2. Nennung) 1-5	
V68	**Erläuterungen** zur **ALLGEMEINEN RELEVANZ**	
	für alle gar nicht wichtig 1	
	Verweis auf persönliches Interesse..................2	
	anderes 3	
	Verweis auf allgemeine Wertvorstellungen/ Normen 4	
	für eine Gruppe wichtig................................5	
	für eine Mehrheit wichtig..............................6	
	für alle wichtig 7	
V69	Typ der dominanten konnektiven Proposition	
	kausal..1	
	intentional 2	
	konditional...3	
	temporal..4	
	anderer Typ 9	
	entfällt..bl	
V70	Nummer des Input-Items in der Nachrichtensendung 01-20	
V71	Was ist dem Rezipienten **AUFGEFALLEN?**	
	Personen 1	
	Orte und Länder...2	
	Handlung, Ereignisschema.............................3	
	Präsentation 4	
	anderes 5	
V72	Typ der bei dieser Schilderung dominanten konnektiven Proposition?	
	kausal..1	
	intentional 2	
	konditional...3	
	temporal..4	
	anderer Typ 5	
	entfällt..bl	
KRI71	Übt der Rezipient spontan **KRITIK?** (1. Nennung)	
	an Personen 1	
	an Organisationen 2	
	an Handlungen...3	
	an der Präsentation......................................4	

Codierbuch NEU II

	anderes ....5 entfält ....bl
KRI72	Übt der Rezipient spontan **KRITIK**? (2. Nennung) 1-5
V73	Was ist dem Rezipienten **AUFGEFALLEN**? (2. Nennung) 1-5
V74	Typ der dominanten Proposition bei (2. Nennung) (V 73) 1-5
V75	**Bemerkungen** zur **VERZERRUNG** (1. Nennung) Verhältnis von Form und Inhalt - Präsentation ....1 inhaltliche Ausgewogenheit ....2 Qualität der Information ....3 Menge der Information ....4 Themenauswahl als solche ....5 "kann man nicht beurteilen" ....6 gut dargestellt ....7 "in Nachrichten gibt es nichts zu verzerren" ....8 Weitererzählen des Ereignisses (kein Bezug zur Frage) 9
V76	Typ der dominanten konnektiven Proposition (1. Nennung) kausal ....1 intentional ....2 konditional ....3 temporal ....4 anderer Typ ....5 entfällt ....bl
V77	**Bemerkungen** zur **VERZERRUNG** (2. Nennung) 1-9
V78	Typ der dominanten konnektiven Proposition (2. Nennung) 1-5
V79	**Erläuterung** der subjektiven **VERSTÄNDLICHKEIT** abhängig von Form und Inhalt-Präsentation ....1 Nachrichten sind nie verständlich ....2 abhängig von Ursache-Wirkung-Kontext ....3 abhängig von eigenem Wissen ....4 abhängig vom Thema selbst 5

	abhängig von eigener Interpretation................6 abhängig von eigener Aufmerksamkeit............7 "Nachrichten sind immer verständlich".............8 anderes...9
V80	Typ der verwendeten dominanten konnektiven Proposition kausal...1 intentional ....2 konditional..3 temporal...4 anderer Typ ....5 entfällt..bl
V81	**Zeitbezug** der **VERTRAUTHEIT** nicht angebbar..1 in der Zukunft (Verweis auf künftige Entwicklung)...................................2 in der Gegenwart (Verweis auf die Nachrichten von heute)............................3 kürzere Vergangenheit (bis zu vier Wochen).......4 mittelfristige Vergangenheit (Monat bis Jahr)......5 langfristige Vergangenheit (Tradition, Wert).......6 stereotyp: man fühlt sich halt vertraut...............7 Weitererzählen des Ereignisses - kein Bezug zur Frage...................................9
V82	Typ der dominanten konnektiven Proposition kausal...1 intentional ....2 konditional..3 temporal...4 anderes...5
V83	Zeigt/ äußert sich der Rezipient **ÜBERRASCHT?** Skala (9 = stark, 1 = schwach, nicht angebbar, nein = bl)........bl-9
V84	Deutet der Rezipient existenzielle **BETROFFENHEIT** an? Skala (9 = viel, 1 = wenig, nicht angebbar, nein = bl) bl-9
V85	Wichtigstes **Interpretationsschema** bei der aktiven Rekonstruktion? persönliche Erfahrung mit dem Thema..............1 Normen, Projektionen 2

	Kritik am Thema, Ereignis ....3 Forderungen an dargestellte Politiker und/oder Programme ....4 Darstellung von nicht gesendeten Inhalten, *als ob* sie Nachrichten wären ....5 Bewertung und Kommentierung *fiktiv* genannter Themen und Ereignisse ....6 anderes ....7 entfällt/ keine Erläuterungen ....bl	
V86	Typ der dominanten konnektiven Proposition (1. Nennung) kausal ....1 intentional ....2 konditional ....3 temporal ....4 anderer Typ ....9 entfällt ....bl	
V87	zweitwichtigstes **INTERPRETATIONSSCHEMA** (2. Nennung) 1-7	
V88	Typ der dominanten konnektiven Proposition (2. Nennung) 1-5	
V89	Wie ist der elaborierte **ANFANGSKONTEXT**, strukturiert, von dem der Rezipient bei seiner Darstellung ausgeht? Der ANFANGSKONTEXT ist: biographisch - bezogen auf *eigene* Person ....1 common sense, normativ ....2 personalisiert - bezogen auf *dargestellte* Person ....3 Handlung, Ereignis selbst ....4 Ursachen, Problemhintergründe ....5 Folgen und Wirkungen ....6 anderes ....9 nicht elaboriert ....bl	
V90	Welches ist der elaborierte **ENDKONTEXT** auf den die Darstellung hinausläuft (bzw. abzielt)? Siehe V 89 1-9	
V91	Wie ist die **STIMMKLANGQUALITÄT**? (7stufige Skala) laut ....leise (1) (7)	

Codierbuch NEU II

V92	Wie wirkt die **DARSTELLUNG** der Meldung **EMOTIONAL**? (7stufige Skalen) 　　　ernst ....spöttisch 　　　(1)　　　　　　　　　(7)
V93	sicher ....unsicher 　　　(1)　　　　　　　　　(7)
V94	fröhlich..........................traurig 　　　(1)　　　　　　　　　(7)
V95	Wie ist das **SPRECHTEMPO**? (7stufige Skalen) 　　　bedächtig........................hastig 　　　(1)　　　　　　　　　(7)
V96	konstant ....variabel 　　　(1)　　　　　　　　　(7)
V97	flüssig ....stockend 　　　(1)　　　　　　　　　(7)
V98	ruhig.............................nervös 　　　(1)　　　　　　　　　(7)
V99	**Reaktion** auf Fragen (7stufige Skala) 　　　zögernd..........................spontan 　　　(1)　　　　　　　　　(7)
V100	**REKONSTRUKTION VON RELEVANZEN**: V100-V104 (vgl. VV1, VV2, VV3, VV5, VV12) durch den Rezipienten **POSITIVE** Entwicklung 　　positive Entwicklung nicht genannt ....bl 　　das Ereignis wird vom Rezipienten 　　eingeschätzt als: 　　schwach positiv...1 　　mittelmäßig positiv......................................2 　　stark positiv ....3 　　Übertreibung, "besser geht es nicht" 4

Codierbuch NEU II

V101	**NEGATIVE** Entwicklung	
	negative Entwicklung nicht genannt	bl
	das Ereignis wird vom Rezipienten eingeschätzt als:	
	schwach negativ	1
	mittelmäßig negativ	2
	stark negativ	3
	Übertreibung,"schlimmer geht es nicht"	4
V102	**FOLGEN** für die deutsche Bevölkerung	
	nicht angesprochen	bl
	der Rezipient rechnet mit Folgen für:	
	einige Tage	1
	längerfristig (4-14 Tage)	2
	dauerhaft (ab 2 Wochen)	3
	dauerhaft und 'irreversibel' (z.B. atomare Verseuchung, Tod, Verstümmelung)	4
V103	**WIRKSAMKEIT**	
	nicht thematisiert	bl
	Der Rezipient nimmt an, die Ereignisse sind:	
	sofort wirksam (alle de facto Ereignisse)	4
	bald wirksam	3
	irgendwann wirksam	2
	ungewiß (niemals wirksam)	1
V104	Rekonstruktion und Thematisierung der **KONFLIKTHAFTIGKEIT** des Ereignisses durch den Rezipienten	
	nicht vorhanden	bl
	völliger Konsens	1
	unterschiedliche Sichtweise	2
	schwache verbale Opposition	3
	starke verbale Opposition	4
	faktische Dissens	5
	starker Konflikt (Streik, Unglück)	6
	starker Konflikt (Verbrechen)	7
	kriegsähnliche Handlungen	8
	Krieg	9
V105	Wieviel Information wird - bezogen auf die Meldung (= 100%) - wiedergegeben (in %)	00-99

V106	Sind die vom Rezipienten wiedergebenen Informationen (auch Zusätze, Nachrichten vom Vortag) **INHALTLICH** korrekt? Skala (1 = völlig falsch, 9 = ganz richtig)......................1-9
V107	**EIGENE BEWERTUNG** der Nachricht alles in allem: maximal positiv..1 mittelmäßig positiv.......................................2 schwach positiv..3 positiv und negativ, neutral ....4 schwach negativ ....5 mittelmäßig negativ ....6 maximal negativ...7
V108	Anteil der wiedergegebenen **PROGNOSEN** (in %) keine Prognosen in der Nachricht (Input) vorhanden ....bl Prognose vorhanden, aber bei der Wiedergabe vergessen ....1 Anteil (in Prozent).................................02-99
V109	Die Prognose wird (9stufige Skala) falsch wiedergegeben .... richtig wiedergeben (1) (9)
V110	'ITEM-MIX':Vermischt der Rezipient das gesendete und erinnerte (derzeit) abgefragte Nachrichtenitem mit anderen fiktiven, gar nicht gesendeten Nachrichtenitems? **x**: gesendetes Item, **y**: fiktives, nicht gesendetes Item Inhalte von Item x(n-1) aufgegriffen (n=1,2,...,19) (x dominiert)..........................1 Inhalte von Item x(n+1) aufgegriffen (n=1,2,...,19) (x dominiert)..........................2 Item y miteinbezogen - x dominiert (x:y=3:1)..3 Item y einbezogen - x,y gleich (x:y=1:1)..4 Item y dargestellt - y dominiert (x:y=1:3)..5 totale Fusion (y dominiert) ....6 keine Itemvermischung ....bl
V111	Item-Mix (2. Nennung) 1-6

Codierbuch NEU II

V112	**QUALITÄT** der **Fiktion** (1. Nennung) Fiktive Zusätze sind: 　　unverknüpfte, bruchstückhafte Details 　　(Namen, Personen Orte) ....1 　　verknüpfte Details (Teilschema) ....2 　　verknüpfte Details und teilweise daraus 　　entwickelte Einzelereignisse, Einzelthemen 　　(Teilsschema, einfaches E-Schema) ....3 　　Ursachen und Wirkungen von Einzelereig- 　　nissen (Einfaches U-W-Schema) ....4 　　Hintergrund und Folgen von Ereignis- 　　ketten (Komplexere U-E-Schemata) ....5 　　längere Geschichte und Episoden 　　(mehrere (fiktive) Schemata) 6
V112A	**UMFANG** der **Fiktion** Anteil der Rekonstruktion fiktiver Handlungssequenzen in % der Gesamtrekonstruktion 　　bis 15 % ....1 　　bis 30 % ....2 　　bis 60 % ....3 　　mehr als 60 % ....4 　　keine Fiktion ....bl
V113	**QUALITÄT** der Fiktion (2. Nennung)　　　　　　　1-6
V114	'Objektives' **GESAMTVERSTÄNDNIS** der wiedergegebenen (Nachrichten-)Inhalte durch den Rezipienten (9stufige Skala) 　　gar nicht verstanden ....maximal verstanden 　　(1)　　　　　　　　　　　　　　(9)
V115	**PRÄZISION** der Fragen durch Interviewer (9stufige Skala) 　　völlig unpräzise ....völlig präzise 　　(1)　　　　　　　　　　　　　　(9)
	Wie wirkt die Item-Rekonstruktion des Rezipienten **STILISTISCH**? 　　(7stufige Skalen)
V116	gründlich ....oberflächlich 　　(1)　　　　　　　　　　　　　　(7)
V117	abstrakt ....konkret 　　(1)　　　　　　　　　　　　　　(7)

193

Codierbuch NEU II

V118	prägnant...............................langatmig	
	(1)	(7)
V119	elegant...............................unbeholfen	
	(1)	(7)
V120	natürlich...............................affektiert	
	(1)	(7)
V121	klar...............................unklar	
	(1)	(7)
V122	persönlich...............................unpersönlich	
	(1)	(7)
V123	originell...............................stereotyp	
	(1)	(7)
V124	geordnet...............................ungeordnet	
	(1)	(7)
V125	präzise...............................vage	
	(1)	(7)
V126	emotional...............................rational	
	(1)	(7)
V127	komplex...............................einfach	
	(1)	(7)
V128	**NONVERBALE AKTIVITÄT** (Vokalisation) Lachen, Seufzen, Stöhnen, Sonderlaute, lange Pausen, eingesprengte Laute: (9stufige Leiter) nicht vorhanden...............................bl schwach...............................sehr stark (1) (9)	
V129	DAUER der Itemabfrage (in Min.)...............................0,1 - 9,9	

4. Befragung der Rezipienten (BEFRA) (Auszug)

Die Rezipienten werden anhand des nachfolgenden Fragebogens (vgl. MERTEN 1985, 200 ff.) zur Rezeptionssituation, zum soziodemographischen Hintergrund und zu ihren Interessen, Motiven und Gewohnheiten befragt.

Variable	I N H A L T	Code
R118	INTERVIEW-Nr.	001-999
R119	Guten Abend, wir machen eine Befragung über Freizeitverhalten der Bevölkerung. Dazu gleich die erste Frage an Sie: Haben Sie gerade die Nachrichten **ZDF-HEUTE o d e r ARD-TAGESSCHAU** gesehen? Wenn ja, gleich zu Var. 120! ACHTUNG INTERVIEWER! Wenn **BEIDE** Sendungen heute gesehen, **KEIN** Interview durchführen! Gleich zu R2A! Wenn "NEIN", Zusatzfrage: Haben sie heute Abend FERNSEHEN gesehen? Ja, ARD .... 1 Ja, ZDF .... 2 Beides, ARD und ZDF 3	
R2A	Jetzt Nachfrage nach Alter, Geschlecht und Schulabschluß und Interview mit Dank für Auskunft beenden.	
R120	Welche Nachrichtensendung haben Sie gerade gesehen? 19.00-ZDF-HEUTE .... 1 20.00-ARD-TAGESSCHAU .... 2 ACHTUNG INTERVIEWER! Wenn ANDERE Angaben außer diesen beiden, Interview DOCH beenden und gleich zu Variable Nr. R2A zurück!	
R121	Sehen Sie die Nachrichten immer im **GLEICHEN** Programm? Würden Sie sagen immer ARD-TAGESSCHAU .... 1 immer ZDF-HEUTE .... 2 meistens ARD-TAGESSCHAU 3	

Codierbuch BEFRA

	meistens ZDF-HEUTE 4
	Wenn es geht, sehe ich die Nachrichten
	in beiden Programmen 5
	ganz verschieden, wie es paßt 6
	anderes 9
	ACHTUNG INTERVIEWER! Der/Die Befragte muß jetzt entweder ZDF-HEUTE oder ARD-TAGESSCHAU genannt haben! Im folgenden daher jeweils beim Wort _____Nachrichten das Wort "HEUTE" bzw. "TAGES-SCHAU" davorsetzen!
R122	Und hatten Sie heute Abend **v o r** den _____Nachrichten schon eine andere ARD- Tagesschau oder eine **andere** ZDF-HEUTE-Sendung gesehen?
	nein ....bl
	HEUTE 17.00 1
	TAGESSCHAU 17.50...2
	HEUTE-Schlagzeilen 18.00 3
	17.00 + 17.50 4
	17.50 + 18.00 5
	Aktuelle Stunde...6
	Kurznachrichten 7
	anderes 9
R123	Und wer hat heute Abend die _____Nachrichten eingeschaltet? Sagen Sie mir einfach den VORNAMEN!
R124	Und nun weiter zu den _____Nachrichten: Konnten Sie diese Sendung heute **UNGESTÖRT** sehen oder nicht?
	ja ....bl
	nein, ich wurde gestört durch 01-99
	(bitte eintragen)
R125	Haben Sie während der Nachrichtensendung noch etwas anderes gemacht, z.B. Essen, Lesen, Telefonieren oder so?
	nein, nichts anderes...bl
	ja, und zwar (bitte eintragen)....................01-99
	Haben Sie die _____Nachrichten ALLEIN gesehen oder mit anderen zusammen?
	allein...bl
	ACHTUNG INTERVIEWER!
	Wenn Nachrichten ALLEIN gesehen, gleich weiter mit R144

Codierbuch BEFRA

R126-R130	Und wer war da alles dabei? Könnten Sie wieder nur die VORNAMEN der anwesenden Personen nennen!
ITEM	Können Sie nun einmal **ERZÄHLEN**, über welche Themen und Ereignisse in den _____Nachrichten berichtet wurde. **AN WAS** können Sie sich denn noch **ERINNERN?** Erzählen Sie einfach mal! Es folgt die ITEM-Rekonstruktion (vgl. Codierbücher ITEM und NEU: (R76 - R96 und V3 - V129)

R131	Und haben Sie vorhin, während der _____Nachrichten, mit jemandem geredet, sich unterhalten?
	        nein ....bl
	ACHTUNG INTERVIEWER! Wenn "nein", gleich weiter mit Var. 131A!
	Und ging das Gespräch von den _____Nachrichten selbst aus oder hatte es einen anderen Anlaß?
	        ging von den Nachrichten aus 1
	        anderer Anlaß und zwar:
	        (bitte eintragen) 01-99

R132-R143	entfallen

R144	**REDEN** Sie bisweilen mit jemandem **über die Nachrichtensendung?**
	        nein, nie ....bl
	Und wie oft reden Sie über die Nachrichtensendung?
	Würden Sie sagen
	        immer 5
	        häufig...4
	        manchmal...3
	        selten 2
	        ganz selten, nie..1

R145-R156	entfallen
	ACHTUNG INTERVIEWER! (Nun rosa Kartenspiel übergeben!) **LESEN** Sie eine **TAGESZEITUNG**, oder **WOCHENZEITUNGEN?** Ich habe hier ein Kartenspiel mit den Namen der gängigsten Zeitungen und Zeitschriften, bitte gehen Sie dieses doch einmal durch. Die Karten, auf denen die Namen von den Zeitungen bzw. Zeitschriften stehen, die Sie lesen, legen Sie bitte zuerst auf einen Stapel. Anschließend gehen

Sie bitte den Stapel noch einmal durch und sagen mir bitte jeweils die Nummer der Karte und ob Sie die Zeitung bzw. Zeitschrift oft, regelmäßig oder selten lesen und ob Sie sie eventuell über einen Lesezirkel beziehen.

	Titel	Lesezirkel	selten	manchmal	immer
R157	Neue Westfälische	9	1	2	3
R158	Westfalenblatt	9	1	2	3
R159	Bild-Zeitung	9	1	2	3
R160	Frankf. Allgemeine	9	1	2	3
R161	Frankf.-Rundschau	9	1	2	3
R162	Die Welt	9	1	2	3
R163	Die Zeit	9	1	2	3
R164	Der Spiegel	9	1	2	3
R165	Süddeutsche Zeitung	9	1	2	3

R166-R179   entfallen

Ganz grob kann man ja die Berichterstattung der **TAGESZEITUNG** in sieben Bereiche aufteilen.
Geben Sie bitte auf der Liste 2 (7 Bereiche) an, was für Sie am wichtigsten, am zweitwichtigsten etc. ist.

R180   wichtigster Bereich 1-7
R181   zweitwichtigster Bereich 1-7
R182   drittwichtigster Bereich 1-7
R183   viertwichtigster Bereich 1-7
R184   fünftwichtigster Bereich 1-7
R185   sechstwichtigster Bereich 1-7

Können Sie die selbe Wertung für Ihr **FERNSEHPROGRAMM** in 9 Bereichen angeben? (Liste 3)

R186   wichtigster Bereich 1-9
R187   zweitwichtigster Bereich 1-9
R188   drittwichtigster Bereich 1-9
R189   viertwichtigster Bereich 1-9
R190   fünftwichtigster Bereich 1-9
R191   sechstwichtigster Bereich 1-9
R192   siebtwichtigster Bereich 1-9
R193   achtwichtigster Bereich 1-9
       (keine Angabe = bl)

R194	Haben Sie heute auch Nachrichten im **RADIO** gehört? nein ....bl wenn ja: wie oft? 1-9
R195-R200	entfallen
	Zu vielen Behauptungen kann man ja unterschiedlicher Ansicht sein. Ich möchte Ihnen einige Behauptungen vorlesen und Sie bitten, Ihre Zustimmung oder Ablehnung zu diesen Behauptungen wieder anhand der Leiter auszudrücken. Skala (10 = maximale Zustimmung, 1 = maximale Ablehnung).
R201	- Frauen sind für viele Männerberufe **nicht** geeignet. 1-10
R202	- **Ordnung** muß sein. 1-10
R203	- Durch die Einführung der **Todesstrafe** können keine Verbrechen verhindert werden. 1-10
R204	- Die Bürger der Bundesrepublik können auf ihre Leistungen **stolz** sein. 1-10
R205	- Wer **arbeiten** will, findet auch Arbeit. 1-10
R206	- Deutsche als Nachbarn sind mir lieber als **Gastarbeiter.** 1-10
R207	- Wenn jeder seine **Pflichten** erfüllt, bleibt unsere Gesellschaft intakt. 1-10
R208	- Die heutige **Jugend** ist nicht in der Lage, die Aufgaben, die die Zukunft ihr stellt, zu erfüllen.............1-10
R209	- **Abtreibung** ist Mord. 1-10
R210	- Die Aufstellung der **Raketen** trägt zur Sicherung des Friedens bei. 1-10
R211	- **Männer** können nicht so gut für Kinder sorgen wie Frauen. 1-10
R212	Und zum Schluß noch einige statistische Angaben: Wie **ALT** sind Sie? 01-99

R213	**GESCHLECHT:** weiblich ....1 männlich 2
R214	Darf ich Sie nach Ihrem **FAMILIENSTAND** fragen? ledig ....1 verheiratet ....2 lebt getrennt/geschieden ....3 mit festem Partner zusammen ....4 verwitwet ....5 k.A. ....bl
R215	Und welcher **KONFESSION** gehören Sie an? katholisch ....1 evangelisch ....2 keine Konfession ....3 andere 4
R216	Wie ist es mit Ihrem **Glauben**? Würden Sie sich als aktive(n) Gläubige(en) bezeichnen? Können Sie es wieder nach der Leiter einordnen! (10 = aktiv, 1 = passiv) 1-10
R217-R288	entfallen
R289 R289A	Welchen **SCHULABSCHLUSS** haben Sie? Haupt-,Volksschule ....1 Haupt-,Volksschule mit Lehre ....2 Realschule ....3 Realschule mit Lehre ....4 Abitur an höherer Schule/Gymnasium ...5 Studium ....6 Studium mit Abschluß 7
R290	Sind Sie z.Z. **BERUFSTÄTIG?** berufstätig ....1 arbeitslos ....2 Rentner ....3 Hausfrau/Hausmann ....4 ACHTUNG INTERVIEWER! Bei Rentner, arbeitslos, Hausfrau/-mann etc. gleich weiter mit Variable Nr. 292!
R291	Und welchen **BERUF** üben Sie z.Z. aus? 01-99

R292	Und welchen BERUF haben Sie erlernt oder welche BERUFSAUSBILDUNG haben Sie gehabt? 01-99
R293	Arbeiten Sie täglich immer zur gleichen Zeit oder arbeiten Sie in SCHICHTEN? nur vormittags .... 1 tagsüber, 6.00-14.00 .... 2 tagsüber, 7.00-16.00 o.a. .... 3 tagsüber, 9.00-18.30 .... 4 Frühschicht, Spätschicht, Nachtschicht .... 5 Früh- und Spätschicht .... 6 dauernd wechselnd, berufsbedingt .... 7 anderes .... 9 arbeite nicht (Rentner, arbeitslos) .... bl
R294	Und wieviel Stunden pro Woche arbeiten Sie so im Durchschnitt? 000-999
R295	Darf ich Sie nach Ihrem monatlichem HAUSHALTSNETTO-EINKOMMEN fragen? Gemeint ist der Betrag, der Ihrem gesamten Haushalt nach Abzug aller Steuern und Sozialabgaben zur Verfügung steht. bis 1000 .... 1 1001 - 1500 .... 2 1501 - 2000 .... 3 2001 - 2500 .... 4 2501 - 3000 .... 5 3001 - 3500 .... 6 3501 - 4000 .... 7 4001 - 5000 .... 8 5001 - 7000 .... 9 über 7000 10
R296	entfällt
R297	Und zum Abschluß: Wenn am nächsten Sonntag wieder Bundestagswahl wäre, welche Partei würden Sie dann wählen? Können Sie zunächst einmal sagen, welcher Partei Sie Ihre ERSTSTIMME geben würden? CDU/CSU .... 1 SPD .... 2 FDP .... 3 Grüne .... 4 DKP 5

	NPD ...... 6 andere ...... 7 würde nicht wählen ...... 8 weiß nicht, unentschieden ...... 9 verrate ich nicht 10
R298	Und wem würden Sie Ihre **ZWEITSTIMME** geben? CDU/CSU ...... 1 SPD ...... 2 FDP ...... 3 Grüne ...... 4 DKP ...... 5 NPD ...... 6 andere ...... 7 würde nicht wählen ...... 8 weiß nicht, unentschieden ...... 9 verrate ich nicht 10
R299	Und was glauben Sie, wenn am nächsten Sonntag **Bundestagswahl** wäre, wer die Wahl gewinnen würde? CDU/CSU ...... 1 SPD ...... 2 FDP ...... 3 Grüne ...... 4 DKP ...... 5 NPD ...... 6 andere ...... 7 würde nicht wählen ...... 8 weiß nicht, unentschieden ...... 9 verrate ich nicht 10
	================================ **ACHTUNG INTERVIEWER! Erst nach Beendigung des Interviews ausfüllen!** ================================
R300 R301 R302	**Zeitpunkt** des Interviews: Datum des Tages ...... 01-31 Datum des Monats ...... 01-12 Uhrzeit zu BEGINN des Interviews: ...... 1-4 (1 = 19.00 Uhr, 2 = 20.00 Uhr, 2 = 21.00 Uhr ...)
R303	Minutenzahl **nach** der *vollen* Stunde 01-59
R304	**Dauer** des Interviews in Minuten ...... 00-97 100-120 min ...... 98 über 120 min 99

Codierbuch BEFRA

R305-R345	entfallen
R346	Die/Der Befragte wohnt in einem sehr schönen (10) oder sehr schlechten (1) **Haus** (Lage, Bau, Umgebung) (Skala 1-10) 01-10
R347	Der/ die Befragte wohnt in einer sehr (10) oder gar nicht anheimelnden **Wohnung** (1) (Skala 1-10) 01-10
R348	Der/Die Befragte war zu dem Interview sehr gern (10) bzw. ganz ungern (1) **bereit** (Skala 1-10)...........01-10
R349	**Störungen** des Interviews durch: weitere Anwesende ....1 Telefon ....2 Haustür (Besuch) ....3 Handarbeit ....4 Fernseher/Radio ....5 Haustiere ....6 Hausarbeit ....7 Probleme mit Aufnahmegerät ....8 andere Störungen 9
R350	**Besonderheiten** (bitte eintragen)..........1-9
R351	Harmonie des Interviews (10 = sehr gut, 1 = extrem schlecht) (Skala 1-10) 01-10
R352	Gab es bei irgendwelchen Fragen Schwierigkeiten? ja, und zwar bei ....1-999 nein ....bl
R353	Konnte der/die Befragte dem Interview inhaltlich folgen? (10 = sehr gut, 1 = sehr schlecht) (Skala 1-10) 01-10
R354	Eventueller Grund: (wenn weniger als 5) (Bitte eintragen) 01-99
R355	Hat der/die Befragte ehrlich geantwortet? (10 = ja, 1 = nein) (Skala 1-10) 01-10
R356-R416	entfallen
R417	Zahl der **GESENDETEN** Items 01-20
R418	Zahl der präzise **ERINNERTEN** Items 1-9

LISTE 1

1 Ehepartner/ Partner
2 Freund(in)
3 Eltern
4 Kinder
5 andere Verwandte
6 Nachbarn
7 Arbeitskollegen
8 andere Bekannte
9 andere, und zwar
....

LISTE 2

1 Sport
2 Kultur
3 Wirtschaft
4 Anzeigen
5 Lokalteil
6 Politik (überregional)
7 Bunte Seite/ Aus aller Welt

LISTE 3

1 Werbung

2 Politische Sendungen

3 Sport

4 Kultur (klassische Musik, Theater, Tanz)

5 Nachrichten

6 Wirtschaft

7 Lustige Unterhaltung (Musical, Quiz, Shows etc.)

8 Ernste Unterhaltung (Spielfilme, Krimi etc.)

9 Wissenschaft und Technik

LISTE DER BERUFE

1 ungelernter Arbeiter/ Hilfsarbeiter

2 angelernter Arbeiter

3 Facharbeiter, nichtselbst. Handwerker

4 Land- und Forstarbeiter

5 einfacher Angestellter (z.B. Verkäuferin, Bote etc.)

6 Mittlerer Angestellter (z.B. Werkmeister, Einkäufer etc.)

7 Leitender Angestellter (z.B. Abteilungsleiter, Prokurist etc.)

8 Beamter des einfachen Dientstes

9 Mittlerer u. gehobener Dienst (z.B. Sekretär, Inspektor)

10 Höherer Beamter (Regierungsrat, Studienrat etc.)

11 Selbständiger Landwirt

12 Kleiner oder mittlerer Selbständiger in Handel und Gewerbe

13 Selbständig mit größerem Betrieb in Handel und Gewerbe

14 Freier akademischer Beruf (z.B. Arzt)

15 sonstige freie Berufe (z.B. Makler)

16 In der Ausbildung (Lehrling, Schüler, Student etc.)

17 Hausfrau

LISTE DER HANDLUNGSTRÄGER

1	Kohl		41	Rebmann
2	Genscher		42	Pöhl
3	Lambsdorff		43	Rau
4	Vogel (SPD)		44	Wilms
5	Schily		45	Weinberger
6	Brandt		46	Zhiao (Pakistan)
7	Kelly		47	Jörgensen, Anker (DK)
8	Papst		48	Schlüter
9	Walesa		49	Bachmann
10	Thatcher		50	Ehrenberg
11	Queen Elizabeth II		51	Giersch
12	v. Weizsäcker		52	Glotz
13	Reagan		53	Marquardt
14	Bush		54	Rocard
15	Hauff		55	Kiechle
16	Blüm		56	Hamm-Brücher
17	Arafat		57	Möllemann
18	Windelen		58	Bastian
19	Dregger		59	Dovmann
20	Mischnick		60	Melling-Petersen
21	Schmude		61	Bigonone
22	Fischer, Joschka		62	Herstatt
23	Schäuble		63	Focke, K.
24	Geißler		64	Wörner
25	Jaruzelsky		65	Kiesling
26	Breuel (CDU-MdB)		66	Ronneburger
27	Schnoor (SPD-NRW)		67	Weiskirch
28	Zimmermann		68	Horn (SPD-MdB)
29	Adam-Schwaetzer		69	Honecker
30	Strauß		70	Shultz (USA)
31	Waigel		71	Meyer (Vb. d. Kriegsopfer)
32	Tichonow		72	Höffner (Kardinal)
33	Boenisch		73	Riesenhuber
34	Stoltenberg		74	Merbold, Ulf
35	v. Heeremann		75	Kabinett (Bundesregierung)
36	Thorn (EG)		76	Botschafter
37	Scheel, Mildred		77	Sonstige
38	Carstens		78	Benda
39	Waffenschmidt (CDU)		79	Bangemann

80	Mitterand			
81	Schmidt, Helmut			
82	Apel			
83	Vogt			
84	Fülle			
85	Hoffmann			
86	Thiesenhausen			
87	Feldmann			
89	Tiedemann (Grüne)			

Ausländische Politiker (außer den vorgenannten Spitzen) sind ihren Ländercodes zugeordnet:

80	Mitterand
81	Schmidt, Helmut
82	Apel
83	Vogt
84	Fülle
85	Hoffmann
86	Thiesenhausen
87	Feldmann
89	Tiedemann (Grüne)
90	Baum
91	Böckmann
92	Scharping
93	Kirchner
101	CDU-Bundesebene
102	CDU-Landesebene
103	CDU-Ortsebene
109	Position nicht angebbar
111	CSU-Bundesebene
112	CSU-Landesebene
113	CSU-Ortsebene
119	Position in CSU nicht angebbar
121	FDP-Bundesebene
122	FDP-Landesebene
123	FDP-Ortsebene
129	Position in FDP nicht angebbar
131	SDP-Bundesebene
132	SDP-Landesebene
133	SDP-Ortsebene
139	Position in SPD nicht angebbar
141	Grüne-Bundesebene
142	Grüne-Landesebene
143	Grüne-Ortsebene
149	Grüne, Position nicht angebbar
199	Parteiposition/ Partei nicht angebbar

201	UdSSR
202	Volksrepublik China
203	Dänemark
204	England
205	Israel
206	DDR
207	USA
208	PLO
209	Jugoslawien
210	Vatikan
211	Frankreich
212	Argentinien
213	Belgien
214	Polen
215	Chile
216	Iran
301	Skandalperson
310	Spitzen aus der Wirtschaft
320	Andere Prominenz
330	Militär
340	Journalisten
350	Menschen wie Du und ich
401	Hansen (MdB)
402	Coppik (MdB)

Literaturverzeichnis

ADAMS, W. (1978): Network News Research in Perspective: A Bibliographic Essay. In: W. ADAMS and F. SCHREIBMAN (Eds.): Television Network News. Issues in Content Research. Washington (D.C.): George Washington University (School of Public and International Affairs), 11-46

ADDINGTON, D. (1968): The Relationship of Selected Vocal Characteristics to Personality Perception. Speech Monographs 35, 242-247

ADONI, H. and S. MANE (1984): Media and the Social Construction of Reality: Toward an Integration of Theory and Research. Communication Research 11, 223-340

ADONI, H., A.A. COHEN and S. MANE (1984): Social Reality and Television News: Perceptual Dimensions of Social Conflicts in Selected Life Areas. Journal of Broadcasting 28, 33-49

ALBRECHT, H. (1972): Sprachbarrieren vor dem Bildschirm. Rundfunk und Fernsehen 20, 287-305

ALLEN, R.L. and S. HATCHETT (1986): The Media and Social Reality Effects. Self and System Orientations of Blacks. Communication Research 13, 97-123

ALLPORT, F.H. (1955): Theories of Perception and the Concept of Structure. New York: Wiley

ALLPORT G.W. and J.M. FADEN (1940): The Psychology of Newspapers. Five Tentative Laws. Public Opinion Quarterly, 4, 687-703

ALLPORT, G.W. and L. POSTMAN (1948): The Psychology of Rumor. New York: Holt

ALLWOOD, J. and E. HJELMQUIST (Eds.): (1985): Foregrounding Background. Stockholm: Doxa

ALTHEIDE, D.L. (1976): Creating Reality. How TV News Distorts Events. Beverly Hills (Cal.): Sage

ANDEREGG, J. (1973): Fiktion und Kommunikation. Ein Beitrag zur Theorie der Prosa. Göttingen: Vandenhoek & Ruprecht

ANDEREGG, J. (1983): Das Fiktionale und das Ästhetische. In: D. HEINRICH und W. ISER (Hrsg.): Funktionen des Fiktiven. München Fink, 153-172

ANDEREGG, J. (1983a): Zum Problem der Alltagsfiktion. In: D. HEINRICH und W. ISER (Hrsg.): Funktionen des Fiktiven. München: Fink, 377-386

ANDERS, G. (1980): Die Antiquiertheit des Menschen. Band I: Über die Seele im Zeitalter der zweiten industriellen Revolution. München: Beck

ANDERSON, J.R. (1988): Kognitive Psychologie. Eine Einführung. Heidelberg: Spektrum der Wissenschaft

ANDERSON, J.R. and L.M. REDER (1979): An Elaborative Processing Explanation of Depth of Processing. In: L.S. CERMAK and F.M. CRAIK (Eds.): Levels of Processing in Human Memory. Hillsdale (N.J.): Lawrence Erlbaum, 385-404

ARBEITSGRUPPE BIELEFELDER SOZIOLOGEN (1976): Kommunikative Sozialforschung. Alltagswissen und Alltagshandeln. Gemeindemachtforschung, Polizei, Politische Erwachsenenbildung. München: Fink

ATKIN, C.K. and W. GANTZ (1978): Television News and Political Socialization. Public Opinion Quarterly 42, 183-197

ATKIN, C. and G. GARRAMONE (1984): The Role of Foreign News Coverage in Adolescent Political Socialization. Communications 10, 43-61
ATKINSON, R.C. and R.M. SHIFFRIN (1968): Human memory: A Proposed System and its Control Processes. K.W. SPENCE and T.J. SPENCE (Eds.): The Psychology of Learning and Motivation. Vol. 2. New York Academic Press, 89-195
ATKINSON, R.C. and R.M. SHIFFRIN (1971): The Control of Short-term Memory. Scientific American 225, 82-90
ATTESLANDER, P. und H.U. KNEUBÜHLER (1975): Verzerrungen im Interview. Zu einer Fehlertheorie der Befragung. Opladen: Westdeutscher Verlag
AVANT, L. and H. HELSON (1973): Theories of Perception. In: B.B. WOLMAN (Ed.): Handbook of General Psychology. Englewood Cliffs (N.J.): Prentice Hall, 419-448
AXELROD, R. (1976): The Structure of Decision: Cognitive Maps of Political Elites. Princeton: Princeton University Press

BADDELEY, A.D. (1979): Die Psychologie des Gedächtnisses. Stuttgart: Klett-Cotta
BADDELEY, A.D. (1979a): The Limitations of Human Memory: Implications for the Design of Retrospective Surveys. In: L. MOSS and H. GOLDSTEIN (Eds.): The Recall Method in Social Surveys. Darville House: NFER Publishing, 13-27
BAECKER, D. (1986): Der plötzliche Riß im Gewebe. Zur gesellschaftlichen Einschätzung und Bewältigung von Risiken. Frankfurter Allgemeine Zeitung (Geisteswissenschaften) vom 2.7.86, S.29
BAECKER, D., J. MARKOWITZ, R. STICHWEH, H. TYRELL und H. WILLKE (Hrsg.) (1987): Theorie als Passion. Niklas Luhmann zum 60. Geburtstag. Frankfurt: Suhrkamp
BAINBRIDGE, L. (1985): Inferring from Verbal Reports to Cognitive Processes. In: M. BRENNER, J. BROWN and D. CANTER (Eds.): The Research Interview. Uses and Approaches. London: Academic Press, 201-215
BALLSTAEDT, S.P., H. MANDL, W. SCHNOTZ und S.O. TERGAN (1981): Texte verstehen, Texte gestalten. München-Wien-Baltimore: Urban & Schwarzenberg
BANTZ, C.R., S. McCORKLE and R.C. BAADE (1980): The News Factory. Communication Research 7 (1), 45-68
BANTZ, C.R., S.G. PETRONIO and D.L. RARICK (1983): News Diffusion after the Reagan Shooting. The Quarterly Journal of Speech 69 (3), 317-327
BANTZ, C.R. (1985): News Organizations: Conflict as a Crafted Cultural Norm. Communications 8, 225-244
BARDELEBEN, H. (1985): CONCLUS Ein sozialwissenschaftliches Clusteranalyseprogramm, das Apriori-Informationen berücksichtigt. Gießen: Justus-Liebig-Universität, Institut für Soziologie (= Soziologisches Forum Heft 11)
BARTH, B. (1988): Fernsehnutzung und Realitätswahrnehmung: Zur Überprüfung der Kultivierungshypothese. Rundfunk und Fernsehen 36, 67-79
BARTLETT, F.C. (1932): Remembering. A Study in Experimental and Social Psychology. Cambridge: Cambridge University Press
BARTLETT, M.S. (1950): Tests for Significance in Factor Analysis. British Journal of Psychology (Statist. Section) 3, 77-85

BATESON, G. (1985): Ökologie des Geistes. Anthropologische, psychologische, biologische und epistemologische Perspektiven. Frankfurt: Suhrkamp

BATTIG, W.F. (1979): The Flexibility of Human Memory. In: L.S. CERMAK and F.I.M. CRAIK (Eds.): Levels of Processing im Human Memory. Hillsdale (N.J.): Lawrence Erlbaum, 23-44

BECK, P.A. and M.K. JENNINGS (1982): Pathways to Participation. American Political Science Review 76, 103-110

BECK, U. (1986): Risikogesellschaft. Auf dem Weg in eine andere Moderne. Frankfurt: Suhrkamp

BENNETT, W.L. (1976): The Political Mind and the Political Environment. Lexington (Mass.): Lexington Books

BENNETT, W.L. (1981): Perception and Cognition. An Information Processing Framework for Politics. In: S.L. LONG (Ed.): The Handbook of Political Behavior Vol. I. New York: Plenum Press, 69-193

BENNETT, W.L. (1983): News. The Politics of Illusion. New York: Longman

BENNETT, W.L. and M. EDELMANN (1985): Toward a New Political Narrative. Journal of Communication 35, 156-171

BENNETT, W.L., L.A. GRESSETT and W. HALTOM (1985): Repairing the News: A Case Study of the News Paradigm. Journal of Communication 35, 50-68

BENTELE, G. (1985): Die Analyse von Mediensprachen am Beispiel von Fernsehnachrichten. In: G. BENTELE und E.W.B. HESS-LÜTTICH (Hrsg.): Zeichengebrauch in Massenmedien. Zum Verhältnis von sprachlicher und nicht-sprachlicher Information in Hörfunk, Film und Fernsehen. Tübingen: Niemeyer, 95-127

BERG, K. und M.L. KIEFER (Hrsg.) (1982): Massenkommunikation II. Eine Langzeitstudie für Mediennutzung und Medienbewertung. Frankfurt: Metzner

BERGER, H. (1972): Untersuchungsmethode und soziale Wirklichkeit. Eine Kritik an Interview und Einstellungsmessung in der Sozialforschung. Frankfurt: Suhrkamp

BERGER, P.L. und T. LUCKMANN (1970): Die gesellschaftliche Konstruktion der Wirklichkeit. Eine Theorie der Wissenssoziologie. Frankfurt: Fischer

BERGMANN, J.R. (1982): Schweigephasen im Gespräch - Aspekte ihrer interaktiven Organisation. In: H.G. SOEFFNER (Hrsg.): Beiträge zu einer empirischen Sprachsoziologie. Tübingen: Narr, 143-184

BERGMANN, W. (1987): Was bewegt die soziale Bewegung? Überlegungen zur Selbstkonstitution der "neuen" sozialen Bewegungen. In: D. BAECKER, J. MARKOWITZ, R. STICHWEH, H. TYRELL und H. WILLKE (Hrsg.): Theorie als Passion. Niklas Luhmann zum 60. Geburtstag. Frankfurt: Suhrkamp, 362-393

BERGSON, H. (1910): Time and Free Will: An Essay on the Immediate Data of Consciousness. London: Allen & Urwin

BERGSON, H. (1911): Matter and Memory. London: Allen & Urwin

BERLYNE, D.E. (1951): Attention, Perception and Behavior Theory. Psychological Review 58, 137-146

BERLYNE, D.E. (1960): Conflict, Arousal and Curiosity. New York: Mc Graw-Hill

BERLYNE, D.E. (1974): Attention. In: E. CARTERETTE, M.P.FRIEDMANN (Eds.): Handbook of Perception (Vol. 1). New York: Academic Press, 126-148

BERNARD, R.M. and G.O. COLDEVIN (1985): Effects of Recap Strategies on Television News Recall and Retention. Journal of Broadcasting & Electronic Media 29, 407-419

BERRY, C., B. GUNTER und B. CLIFFORD (1980): Nachrichtenpräsentation im Fernsehen: Faktoren, die die Erinnerungsleistung der Zuschauer beeinflussen. Media Perspektiven 10/1980, 688-694

BERRY, C., B. CLIFFORD und B. GUNTER (1982): Thema, Darstellung und Zuschauer. Zur Problematik der Nachrichtenforschung im Fernsehen. Publizistik 27, 141-151

BERRY, C. (1983): Learning from Television News: A Critique of the Research. Journal of Broadcasting 27, 359-370

BERRY, C. (1988): Rundfunknachrichtenforschung. Ein Beitrag zur Klärung der Wirkung von Präsentation und Motivation. Media Perspektiven 3/1988, 166-175

BLACK, J. and G. BOWER (1979): Episodes as Chunks in Narrative Memory. Journal of Verbal Learning and Verbal Behavior 18, 309-318

BLIESNER, T. (1980): Erzählen unerwünscht. Erzählversuche von Patienten in der Visite. K. EHLICH (Hrsg.): Erzählen im Alltag. Frankfurt: Suhrkamp, 143-178

BODENSIECK, H. (1985): Gebäude-Hintergründe in Nachrichtensendungen westdeutscher Fernsehanstalten. G. BENTELE und E.W.B. HESS-LÜTTICH (Hrsg.): Zeichengebrauch in Massenmedien. Zum Verhältnis von sprachlicher und nicht-sprachlicher Information in Hörfunk, Film und Fernsehen. Tübingen. Niemeyer, 167-194

BOCK, G. (1984): The Appeal of Elder(ly): Statesmen: Preliminary Results on how Young Adults perceive Heads of Government from Television News. Paper Presented at the 14th Conference of the International Association of Mass Communication Research. Prague, Czechoslovakia, 27th August to 1st September 1984.

BOGART, L. (1980): Television News as Entertainment. In: P.H. TANNENBAUM (Ed.): The Entertainment Functions of Television. Hillsdale (N.J.): Lawrence Erlbaum, 209-249

BOHNSACK, R. (1983): Alltagsinterpretation und soziologische Rekonstruktion. Opladen: Westdeutscher Verlag

BONFIADELLI, H. (1981): Die Sozialisationsperspektive in der Massenkommunikationsforschung. Berlin: Spiess

BONFIADELLI, H. (1985): Die Wissenskluft-Konzeption: Stand und Perspektiven der Forschung. In: U. SAXER (Hrsg.): Gleichheit oder Ungleichheit durch Massenmedien. München: Ölschläger, 65-86

BOORSTIN, D. (1961): The Image: A Guide to Pseudo-Events in America. New York: Harper's Colophen

BOOTH, A. (1970): The Recall of News Items. Public Opinion Quarterly 34, 604-610

BORMANN, E.G. (1985): Symbolic Convergence Theory: A Communication Formulation. Journal of Communication 35, 128-138

BORTZ, J. (1984): Lehrbuch der empirischen Forschung für Sozialwissenschaftler. Berlin-Heidelberg-New York-Tokyo: Springer

BORTZ, J. (^{2}1985): Lehrbuch der Statistik für Sozialwissenschaftler. Berlin-Heidelberg-New York-Tokio: Springer

BOSCH, E.-M. (1986): Ältere Menschen und Fernsehen. Eine Analyse der Konstruktion von Altersdarstellungen in unterhaltenden Programmen und ihrer Rezeption durch ältere Menschen. Frankfurt-Bern-New York: Verlag Peter Lang

BOURDIEU, P. (1987): Die feinen Unterschiede. Kritik der gesellschaftlichen Urteilskraft. Frankfurt: Suhrkamp

BOWER, G.H. (1981): Mood and memory. American Psychologist 36, 129-148

BOWER, G.H. and P.R. COHEN (1982): Emotional Influence in Memory and Thinking: Data and Theory. In: M.S. CLARK and S.T. FISKE (Eds.): Affect and Cognition. The Seventeenth Annual Carnegie Symposion on Cognition. Hillsdale (N.J.): Lawrence Erlbaum, 291-331

BRÄHLER, E. (1980): Untersuchungsmethoden der klinischen Interviewforschung. Psychother. med. Psychologie 30, 206-211

BRANDER, S., A. KOMPA und U. PELTZER (1985): Denken und Problemlösen. Einführung in die kognitive Psychologie. Opladen: Westdeutscher Verlag

BRANSFORD, J.D. and J.L. FRANKS (1971): The Abstraction of Linguistic Ideas. Cognitive Psychology 2, 331-350

BRANSFORD, J.D. and M.K. JOHNSON (1972): Contextual Perequisites for Understanding: Some Investigations of Comprehension and Recall. Journal of Verbal Learning and Verbal Behavior 11, 717-720

BREED, W. (1955): Newspaper 'Opinion Leaders' and Process of Standardization. Journalism Quarterly 32, 277-284

BREED, W. (1956): Analysing News: Some Questions for Research. Journalism Quarterly 33, 467-477

BREEN, M. (1983): Television News is Drama: The Dramatic Thrust Theory of Television News. Media Information Australia 29, 42-52

BRENNER, M. (1982): Response Effects of "Role-restricted" Characteristics of the Interviewer. In: W. DIJKSTRA and J. van der ZOUWEN. London-New York: Academic Press, 131-165

BRENNER, M. (1985): Survey Interviewing. In: M. BRENNER, J. BROWN and D. CANTER (Eds.): The Research Interview. Uses and Approaches. London-New York: Academic Press, 9-36

BRENNER, M. (1985a): Intensive Interviewing. In: M. BRENNER, J. BROWN and D. CANTER (Eds.): The Research Interview. Uses and Approaches. London-New York: Academic Press, 147-162

BREWER, W.F. and J.C. TREYENS (1981): Role of Schemata in Memory for Places. Cognitive Psychology 13, 207-230

BREWER, W.F. and A.E. HAY (1984): Reconstructive Recall of Linguistic Style. Journal of Verbal Learning and Verbal Behavior 23, 237-249

BROADBENT, D. (1958): Perception and Communication. Oxford-London: Pergamon Press

BROADDASON, T. et al. (1987): News diffusion of the Palme assassination among Journalists in Iceland, Israel and the U.S. European Journal of Communication 2, 211-226

BRODY, G.H. and Z. STONEMAN (1983): The Influence of Television Viewing on Family Interactions: A Contextualist Framework. Journal of Family Issues, 4, 329-348

BROWN, E., K. DEFFENBACHER and W. STURGILL (1982): Memory for Faces and the Circumstances of Encounter. In: U. NEISSER (Ed.): Memory Observed. Remembering in Natural Contexts. San Francisco: Freeman, 130-138

BROWN, P. and C. FRASER (1979): Speech as a Marker of Situation. In: K.R. SCHERER and H. GILES (Eds.): Social Markers in Speech. Cambridge: Cambridge University Press, 33-62

BROWN, R. and KULIK (1982): Flashbulb Memories. In: U. NEISSER (Ed.): Memory Observed. Remembering in Natural Contexts. San Francisco: Freeman, 23-40

BRÜCKERHOFF, A. (1982): Vertrauen. Versuch einer phänomenologisch-idiographischen Näherung an ein Konstrukt. Dissertation. Universität Münster
BRUNER, J.S. (1948): An Approach to Social Perception. In: W. DENNIS (Ed.): Current Trends in Social Psychology. Pittsburgh: University of Pittsburgh Press, 71-118
BRUNER, J.S. (1951): Personality Dynamics and the Process of Perceiving. In: R.R. BLAKE and G.V. RAMSEY (Eds.): Perception: An Approach to Personality. New York: Ronald Press, 121-147
BRUNER, J.S., J. GOODNOW and G.H. AUSTIN (1956): A Study of Thinking. New York, London: Wiley
BRYCE, J.W. and H. LEICHTER (1983): The Family and Television: Forms of Meditation. Journal of Family Issue 4, 309-328
BUCKHOUT, R. (1982): Eyewitness Testimony. In: U. NEISSER (Ed.): Memory Observed. Remembering in Natural Contexts. San Francisco: Freeman, 116-125
BUDD, R.W., M.S. MacLEAN Jr. and A.M. BARNES (1965): Regularities in the Diffusion of Two Major News Events. Journalism Quarterly 43, 221-230
BUDE, H. (1985): Der Sozialforscher als Narrationsanimateur. Kritische Anmerkungen zu einer erzähltheoretischen Fundierung der interpretativen Sozialforschung. Kölner Zeitschrift für Soziologie und Sozialpsychologie 37, 327-336
BURCHARD, J.M., E. IRRGANG und B. ANDRESEN (1987): Die Funktion der menschlichen Ohrmuschel. Spektrum der Wissenschaft 6/1987, 66-74
BURGER, H. (1984): Sprache der Massenmedien. Berlin, New York: De Gruyter
BURKART, R. und U. VOGT (^{2}1983): Richten nach Nachrichten? Eine Rezeptionsanalyse von TV-Nachrichten. Wien-Köln-Graz: Böhlau
BUß, M., M. DARKOW, R. EHLERS, H.J. WEISS und K. ZIMMER (1984): Fernsehen und Alltag. Eine ARD/ZDF-Studie im Wahljahr 1980. Frankfurt-Berlin: Schriftenreihe Media Perspektiven Bd. 3
BYBEE, C.B. (1980): Facilitating Decision Making through News Story Organization. Journalism Quarterly 57, 624-630

CAMDEN, D.T., M.T. MONTEY and E.J. BAARS (1982): Cognitive Encoding Processes: Evidence for a Graphemically Based Short-term Memory. Human Communication Research 8, 327-337
CAREY, J. (1982): The Discovery of Objectivity. American Journal of Sociology 87, 1182-1188
CARROLL, J.B. (1969): Vectors of Prose Style. In: J.G. SNIDER and C.E. OSGOOD (Eds.): Semantic Differential Technique. A Sourcebook. Chicago: Aldine, 593-602
CARROLL, R.L. (1985): Analysis of Broadcast News Content. In: J.R. DOMINICK and J.E. FLETCHER (Eds.): Broadcasting Research Methods. Boston: Allyn and Bacon, 46-63
CASSON, R.W. (1983): Schemata in Cognitive Anthropology. Ann. Rev. Anthropol. 12, 429-462
CATTELL, R.B. (Ed.): (1966): Handbook of Multivariate Experimental Psychology. Chicago: Rand Mc Nally
CHAFFEE, S.H. and L.B. BECKER (1975): 'Young Voters' Reaction to early Watergate Issues. American Politics Quarterly 3, 360-385

CHAFFEE, S.H. and J. SCHLEUDER (1986): Measurement and Effects of Attention to Media News. Human Communication Research 13, 76-107
CHARNEY, M. and B. CHARNEY (1979): Reporting. New York: Holt
CHERRY, C. (1953): Some Experiments on the Recognition of Speech with one and with two Ears. Journal of the Acoustic Society of America 25, 975-979
CHU, L.L. (1985): An Organizational Perspective on International News Flow: Some Generalizations, Hypotheses and Questions for Research. Gazette 35, 3-18
CICOUREL, A. (1970): Methode und Messung in der Soziologie. Frankfurt: Suhrkamp
CICOUREL, A. (1974): Interviewing and Memory. In: C.CHERRY (Ed.): Pragmatic Aspects of Human Communication. Dordrecht-Holland: D. Reidel Publishing Company, 51-82
CICOUREL, A. (1977): Discourse, Autonomous Grammars, and Contextualized Processing of Information. In: D. WEGNER (Hrsg.): Gesprächsanalysen. Hamburg: Buske, 109-158
CLARK, L.F. (1985): Social Knowledge and Inference Processing in Text Comprehension. In: G. RICKHEIT and H. STROHNER (Eds.): Inferences in Text processing. Amsterdam: Elsevier (North Holland): (= Advances in Psychology 29), 95-114
CLEMENT, D.E. (1978): Perceptual Structure and Selection. In: Handbook of Perception, Vol. IX. New York: Academic Press, 49-84
COFER, C.N. (1973): Constructive Processes in Memory. American Scientist 61, 537-543
COHEN, B. (1963): The Press and Foreign Policy, Princeton: Princeton University Press
COHEN, A.A., R.T. WIGAND and R.P. HARRISON (1977): The Effects of Type of Event, Proximity and Repetition on Children's Attention to and Learning from Television News. Communications 3, 30-46
COLLINS, W.A. (1983): Cognitive Processing in Television Viewing. In: E. WARTELLA, D.C. WHITNEY, S. WINDAHL (Eds.): Mass Communication Yearbook, Vol. 4, Beverly Hills (Cal.): Sage
COMSTOCK, G. and R.E. COBBEY (1978): Watching the Watchdogs: Trends and Problems in Monitoring Network News. In: W. ADAMS and F. SCHREIBMAN (Eds.): Television Network News. Issues in Content Research. Washington: School of Public and International Affairs, George Washington University, 47-64
CONRAD, R. (1964): Acoustic Confusion in Immediate Memory. British Journal of Psychology 55, 75-84
CONVERSE, P.E. (1975): Public Opinion and Voting Behavior. In: N. POLSBY and F. GREENSTEIN (Eds.): Handbook of Political Science (Vol. 4): Leading Mass: Addison-Wesley, 90-125
CORNER, J. and J. HAWTHORN (Eds.): (1980): Communication studies. An Introductory Reader. London: Edward Arnold
COSTELLO, V.T., D. von WINTERFELDT and P. SLOVIC (1986): Risk Communication: A Review of the Literature. Risk Abstracts 1986, 3, 171-182
COX, R.R. (1978): Schutz's Theory of Relevance: A Phenomenological Critique. The Hague: Martinus Nijhoff
CRAIG, R.T. (1981): Generalization of Scott's Index of Intercoder Agreement. Public Opinion Quarterly 45, 260-264
CRAIK, F.I.M. and R.S. LOCKHART (1972): Levels of Processing: A Framework for Memory Research. Journal of Verbal Learning and Verbal Behavior 11, 671-684

CRAIK, F.I.M. and M.J. WATKINS (1973): The role of Rehearsal in Short Term Memory. Journal of Verbal Learning and Verbal Behavior 12, 599-607

DAHLGREN, P. (1983): Die Bedeutung von Fernsehnachrichten. Eine ethnographische Perspektive. Rundfunk und Fernsehen 31, 307-318

DALY, J.A., R. BELL, P.J. GLENN and S. LAWRENCE (1985): Conceptualizing Conversational Complexity. Human Communication Research 12, 30-53

DARWEIN, C.J., M.T. TURVEY and R.G. CROWDER (1972): An Auditory Analogue of the Sperling Partial Report Procedure: Evidence for Brief Auditory Storage. Cognitive Psychology 3, 255-267

DAVIS, D. and S. BARAN (1981): Mass Communication and Everyday Life. A Perspective on Theory and Effects. Belmont (Cal.): Wadsworth

DAVIS, D.K. and R. ABELMAN (1983): Families and Television. An Application of Frame Analysis. Journal of Family Issues 4 (2), 385-404

DAVIS, D.K. and J.P. ROBINSON (1986): The Social Role of Television News. Theoretical Perspectives. In: J.P. ROBINSON and M.R. LEVY (Eds.): The Main Source. Learning from Television News. Beverly Hills (Cal.): Sage, 29-54

DAVIS, D.K. and J.P. ROBINSON (1986a): News Story Attributes and Comprehension In: J.P. ROBINSON and M.R. LEVY (Eds.): The Main Source. Learning from Television News. Beverly Hills (Cal.): Sage, 179-210

DAVIS, H. and P. WALTON (1983): Death of a Premier: Consensus and Closure in International News. In: H. DAVIS and P. WALTON (Eds.): Language, Image, Media. Oxford: Basil Blackwell, 8-49

DAVITZ, H. (1985): Discourse and Media Influence. In: T.A. van DIJK (Ed.): Discourse and Communication. New Approaches to the Analysis of Mass Media Discourse and Communication. Berlin-New York: De Gruyter, 44-59

DAVITZ, J.R. (Ed.): (1964): The Communication of Emotional Meaning. New York: McGraw-Hill

DAWES, R.M. (1966): Memory and Distortion of Meaningful Written Material. In: British Journal of Psychology, 57, 77-86

DEBUS, R. (1985): "Tagesschau" im Seelenhaushalt der Fernsehzuschauer. Eine einführende Studie in die Wirkungspsychologie einer Nachrichtensendung. Zwischenschritte 4 (1), 5-14

DE FLEUR, M.D. (1987): The Growth and Decline of Research on the Diffusion of the News 1945 - 1985. Communication Research 14, 109-130

DEHM, U. (1984): Fernseh-Unterhaltung. Zeitvertreib, Flucht oder Zwang? Eine sozialpsychologische Studie zum Fernseherleben. Mainz: Hase & Koehler

DEICHSEL, G. und H.J. TRAMPISCH (1985): Clusteranalyse und Diskriminanzanalyse. Stuttgart-New York: Fischer (= Reihe Biometrie)

De LANGE, N. und D. STEINHAUSEN (1981): Programme zur automatischen Klassifikation - Verfahren zur Clusterung quantitativer und qualitativer Daten, Münster: Schriftenreihe des Rechenzentrums der Universität Münster Nr. 36

DELBRÜCK, M. (1986): Wahrheit und Wirklichkeit. Über die Evolution des Erkennens. Hamburg-Zürich: Rasch und Röhring

DENZIN, N.K. (1984): On Understanding Emotion. San Francisco: Jossey-Bass

De SOTO, C.B. (1960): Learning Social Structure. Journal of Abnormal and Social Psychology 60, 417-421

van DIJK, T.A. and W. KINTSCH (1978): Cognitive Psychology and Discourse: Recalling and Summarizing Stories. In: W.U. DRESSLER (Ed.): Current Trends of Textlinguistics. Berlin-New York: De Gruyter, 61-90

van DIJK, T.A. (1979): Relevance Assignment in Discourse Comprehension. Discourse Processes 2, 113-126

van DIJK, T.A. (1980): Textwissenschaft. Eine interdisziplinäre Einführung. München: dtv

van DIJK, T.A. and W. KINTSCH (1983): Strategies of Discourse Comprehension. New York: Academic Press

van DIJK, T.A. (1983a): Minderheden in de Media. Een Analyse van de Berichgeving over ethnische Minderheiten in de Dagbladpers. Amsterdam: SUA

van DIJK, T.A. (1983b): Discourse Analysis. Its Development and Application to the Structure of News. Journal of Communication 33, 20-43

van DIJK, T.A. (1984): Prejudice in discourse. Amsterdam-Philadelphia: Benjamins

van DIJK, T.A. (1984a): Structures of International News. A Case Study of the World's Press. Amsterdam: University of Amsterdam, Department of General Literary Studies

van DIJK, T.A. (1984b): Structures of News in the Press. Amsterdam. University of Amsterdam. Department of General Literary Studies. (Wiederabgedruckt in: T.A. van DIJK (Ed.): (1985): Discourse and Communication. New Approaches to the Analysis of Mass Media Discourse and Communication. Berlin-New York: De Gruyter, 69-93)

van DIJK, T.A. (1985): News Schemata. Amsterdam. University of Amsterdam. Department of General Literary Studies

van DIJK, T.A. (Ed.) (1985a): Handbook of Discourse Analysis, Vol. 2, Dimensions of Discourse. London-New York: Academic Press

van DIJK, T.A. (1985b): Introduction: Discourse Analysis in (Mass) Communication Research. In: T.A. van DIJK (Ed.): Discourse and Communication. New Approaches to the Analysis of Mass Media Discourse and Communication. Berlin-New York: De Gruyter, 1-9

van DIJK, T.A. (1986): News as Discourse. Amsterdam University of Amsterdam. Department of General Literary Studies. Hillsdale (N.J.): Lawrence Erlbaum

van DIJK, T.A. (1986a): Mediating Racism. The Role of the Media in the Reproduction of Racism. Amsterdam. University of Amsterdam. Department of General Literary Studies

van DIJK, T.A. (1986b): News Analysis. Case studies of international and national news in the press: Lebanon, Ethnic Minorities and Squatters. University of Amsterdam, Department of General Literary Studies. Hillsdale (N.J.): Lawrence Erlbaum

van DIJK, T.A. (1986c): How 'They' Hit the Headlines. Ethnic Minorities in the Press. (Discussion Paper): Amsterdam: University of Amsterdam, Department of Genaral Literary Studies

van DIJK, T.A. (1987): Critical News Analysis. Amsterdam: University of Amsterdam, Departement of General Literary Studies

van DIJK, T.A. (1987a): Social Cognition, Social Power, and Social Discourse. Amsterdam: University of Amsterdam, Departement of General Literary Studies

DIJKSTRA, W. and J. van der ZOUWEN (1982): Response Behaviour in the Survey-Interview. London-New York: Academic Press

DITTMAR, N. (1982): Soziolinguistik - Teil I. Theorie, Methodik und Empirie ihrer Forschungsrichtungen. Studium Linguistik 12, 20-52

DITTMAR, N. (1983): Soziolinguistik - Teil II. Soziolinguistik in der Bundesrepublik Deutschland. Studium Linguistik 14, 20-57

DOBRICK, M. (1985): Gegenseitiges Mißverstehen in der dyadischen Kommunikation. Münster: Aschendorff (= Arbeiten zur sozialwissenschaftlichen Psychologie Heft 14)

DOMINICK, J.R. and J.E. FLETCHER (Eds.) (1985): Broadcasting Research Methods. Boston: Allyn and Bacon

DOUGLAS, J.D. (1985): Creative Interviewing. Beverly Hills-London-New Delhi: Sage

DOUGLAS, M. and A. WILDAVSKY (1982): Risk and Culture. An Essay on the Selection of Technological and Environmental Dangers. Berkley and Los Angeles (Cal.): University of California Press

DOVIVAT, E. und J. WILKE (^{6}1976): Zeitungslehre I. Berlin-New York: De Gruyter

DOZIER, D., T. VALENTE and K. GIGLIO (1985): Episodic Schema, Perceived Complexity and Projected Adoption: The Comprehension/ Complexity Paradox. Paper Presented at the International Communication Association Conference. Honolulu, Hawaii, May 24, 1985

DREEBEN, R. (1980): Was wir in der Schule lernen. Frankfurt: Suhrkamp

DREW, D. and B. REEVES (1980): Learning from a Television News Story. Communication Research 7, 121-135

DRUCKMAN, D., R.M. ROZELLE and J.C. BAXTER (1982): Nonverbal Communication. Beverly Hills (Cal.): Sage

EAGLE, M.N. (1983): Emotion und Gedächtnis. In: H. MANDL und G.L. HUBER (Hrsg.): Emotion und Kognition. München-Wien-Baltimore 1983: Urban & Schwarzenberg, 85-122

EBBINGHAUS, H. (1895): Über das Gedächtnis. Leipzig: Dunker

ECCLES, J.C. (1982): Bewußte Wahrnehmung. In: K.R. POPPER und J.C. ECCLES: Das Ich und sein Gehirn. München-Zürich: Piper, 309-336

ECCLES, J.C. (1985): Die Psyche des Menschen. Die Gifford Lectures an der Universität von Edinburgh 1978-1979. München-Basel: Reinhardt

EDELMANN, M. (1976): Politik als Ritual. Frankfurt-New York: Campus

ECO, U. (1987): Lector in fabula. Die Mitarbeit der Interpretation in erzählten Texten. München-Wien: Hanser

EDWARDSON, M., K. KENT and M. McSONNELL (1985): Television News Information Gain: Videotext versus a Talking Head. Journal of Broadcasting & Electronic Media 29, 367-378

EGETH, H. and W. BEVAN (1973): Attention. In: B.B. WOLMAN (Ed.): Handbook of General Psychology. Englewood Cliffs (N.J.): Prentice Hall, 395-418

EHLICH, K. (Hrsg.) (1980): Erzählen im Alltag. Frankfurt: Suhrkamp

EKMAN, P. and W.V. FRIESEN (1969): The Repertoire of Nonverbal Behavior: Categories, Origins, Usage and Coding. Semiotica 1, 49-98

ELLGRING, H. (1987): Zur Entwicklung der Mimik als Verständigungsmittel. In: C. NIEMITZ (Hrsg.): Erbe und Umwelt. Zur Natur von Analge und Selbstbestimmung des Menschen. Frankfurt: Suhrkamp, 260-280

ELLIS, G.J., S.K. STREETER and J. ENGELBRECHT (1983): Television Characters as Significant Others and the Process of Vicarious Role Talking. Journal of Family Issues 4, 367-384

ELSTER, J. (1987): Subversion der Rationalität. Mit einer Einleitung von Helmut Wiesenthal. Frankfurt-New York: Campus

EMMERICH, A. (1984): Nachrichtenfaktoren: Die Bausteine der Sensationen. Eine empirische Studie zur Theorie der Nachrichtenauswahl in den Rundfunk- und Zeitungsredaktionen. Saarbrücken: Verlag der Reihe (= Saarländische Beiträge zur Soziologie 5)

EPSTEIN, E.J. (1973): News from Nowhere. Television and the News. New York: Vintage Books

EPSTEIN, E.J. (1974): The Selection of Reality. In: M.C.EMERY and T.C. SMYTHE (Eds.): Readings in Mass Communication. Dubuque (Iowa): Brown

EPSTEIN, E.J. (1975): Between Fact and Fiction: The Problem of Journalism. New York: Vintage Books

ERBER, R. and S.T. FISKE (1984): Outcome Dependency and Attention to Inconsistent Information. Journal of Personality and Social Psychology 47, 709-726

ERBRING, L., E.N. GOLDENBERG und A.H. MILLER (1980): Front-Page News and Real-World Cues: A New Look at Agenda Setting by the Media. American Journal of Political Science 24, 16-49

ERBSLÖH, E. (1972): Interview. Stuttgart: Teubner (= Studienskripte zur Soziologie, Techniken der Datensammlung 1)

ERBSLÖH, E. und G. WIENDIECK (1974): Der Interviewer. In: J. van KOOLWIJK und M. WIEKEN-MAYSER (Hrsg.): Techniken der empirischen Sozialforschung 4. Erhebungsmethoden: Die Befragung. München-Wien: Oldenbourg, 83-102

ESPE, H., M. SEIWERT und H.P. LANG (1985): Eine Typologie von deutschen Fernsehzuschauern nach Programmpräferenzen. Publizistik 30, 471-484

ESPENSCHIED, R. (1985): Das Ausdrucksbild der Emotionen. München-Basel: Reinhardt

ESSER, H. (1974): Der Befragte. In: J. van KOOLWIJK und M. WIEKEN-MAYSER (Hrsg.): Techniken der empirischen Sozialforschung (4): Erhebungsmethoden: Die Befragung. München: Oldenbourg, 107-145

ESSER, H. (1975): Zum Problem der Reaktivität bei Forschungskontakten. Kölner Zeitschrift für Soziologie und Sozialpsychologie 27, 257-272

ESSER, H. (1986): Können Befragte lügen? Zum Konzept des "wahren Wertes" im Rahmen der handlungstheoretischen Erklärung von Situationseinflüssen bei der Befragung. Kölner Zeitschrift u.r für Soziologie und Sozialpsychologie 38, 314-336

EVANS, H. (Ed.): (1974): Handling Newspaper Text. London: Heineman

EYAL, C.H., J.P. WINTER and W.F. DeGEORGE (1981): The Concept of Time Frame in Agenda Setting. In: G.C. WILLHOIT and H. DeBOCK (Eds.): Mass Communication Yearbook Vol. 2. Beverly Hills (Cal.): Sage, 212-218

EYSENCK, M.W. (1979): Depth, Elaboration and Distinctiveness. In: L.S. CERMAK and F.I.M. CRAIK (Eds.): Levels of Processing in Human Memory. Hillsdale (N.J.): Lawrence Erlbaum, 89-118

EYSENCK, M.W. (1982): Attention and Arousal. Cognition and Performance. Berlin-Heidelberg-New York: Springer

FÄHRMANN, R. (1982): Elemente der Stimme und Sprechweise. K.R. SCHERER (Hrsg.): Vokale Kommunikation: Nonverbale Aspekte des Sprachverhaltens. Weinheim-Basel: Beltz, 122-163

FEATHER, N.T. (Ed.) (1982): Expectancy and Action. Expectancy-Value Models in Psychology. Hillsdale (N.J.): Lawrence Erlbaum

FINDAHL, O. and B. HÖIJER (1975): Man as receiver of information. On knowledge, social privilege and the news. Stockholm: Sveriges Radio, Audience and Programme Research Department. Project Nr. 72 8 201

FINDAHL, O. and B. HÖIJER (1976): An Experiment with News and TV-Visuals. Stockholm: Swedish Broadcast Corporation

FINDAHL, O. and B. HÖIJER (1977): How Important is Presentation? A Review of Experimental Research. Stockholm: Swedish Broadcast Corporation

FINDAHL, O. and B. HÖIJER (1981): Studies of News from the Perspective of Human Comprehension. In: G.C. WILLHOIT and H. de BOCK (Eds.): Mass Communication Review Yearbook, Vol. 2. Beverly Hills-London: Sage, 393-403

FINDAHL, O. and B. HÖIJER (1981a): Media Content and Human Comprehension. In: K.E. ROSENGREN (Ed.): Advances in Content Analysis. Beverly Hills-London: Sage, 111-132

FINDAHL, O. and B. HÖIJER (1982): The Problem of Comprehension and Recall of Broadcast News. In: J.F. LENY and W. KINTSCH (Eds.): Language and Comprehension. Amsterdam: North Holland Publ. Comp., 261-272

FINDAHL, O. and B. HÖIJER (1984): Nyheter, Föstaelse och Minne. Lund: Studentlitteratur

FINDAHL, O. and B. HÖIJER (1985): Some Characteristics of News Memory and Comprehension. Journal of Broadcasting & Electronic Media, 29, 379-396

FINN, S. (1985): Unpredictability as Correlate of Readers Enjoyment of News Articles. Journalism Quarterly 62, 334-339

FISHER, W.R. (1985): The Narrative Paradigm. In the Beginning. Journal of Communication 35, 74-89

FISHMAN, M. (1980): Manufacturing the News Austin (Texas): University of Texas Press

FISKE, S.T. and P.W. LINNVILLE (1980): What Does the Schema Concept Buy Us? Personality and Social Psychology Bulletin 6, 543-557

FISKE, S.T. and D.R. KINDER (1981): Involvement, Expertise, and Schemata Use: Evidence from Political Cognition. In: N. CANTOR and J.F. KIHLSTROM (Eds.): Personality, Cognition and Social Interaction. Hillsdale (N.J.): Lawrence Erlbaum, 171-190

FISKE, S.T. (1982): Schema-triggered Affect: Application to Social Perception. In: M.S. CLARK and S.T. FISKE (Eds.): Affect and Cognition. The Seventeenth Annual Carnegie Symposon on Cognition. Hillsdale (N.J.): Lawrence Erlbaum, 55-78

FLETCHER, J.E. (1985): Physiological Responses to the Media. In: J.R. DOMINICK and J.E. FLETCHER (Eds.): Broadcasting Research Methods. Boston: Allyn and Bacon, 89-106

von FOERSTER, H. (1981): Das Konstruieren einer Wirklichkeit. In: P. WATZLAWICK (Hrsg.): Die erfundene Wirklichkeit. Wie wissen wir, was wir zu wissen glauben? Beiträge zum Konstruktivismus. München-Zürich: Piper, 39-60 von FOERSTER, H. (1985): Entdecken oder Erfinden. Wie läßt sich das Verstehen verstehen? In: Einführung in den Konstruktivismus. München: Oldenbourg (= Schriften der Carl Friedrich von Siemens-Stiftung, Bd. 10), 27-68

FRANK, B. (1975): Programm-Interessen-Typologie der Fernsehzuschauer. Rundfunk und Fernsehen 23, 39-56

FREDERIKSEN, C. (1975): Acquisition of Semantic Information from Discourse: Effects of Repeated Exposures. Journal of Verbal Learning and Verbal Behavior 14, 158-169

FREUD, S. (1900): Die Traumdeutung. Wien (hier zitiert nach: Studienausgabe Band II, Frankfurt 1975: S. Fischer (= Conditio humana):

FRIEDRICHS, J. (1973): Methoden empirischer Sozialforschung. Reinbek: Rowohlt

FRÜH, W. (1983): Der aktive Rezipient - neu besehen. Zur Konstruktion faktischer Information bei der Zeitungslektüre. Publizistik 28, 327-342

FRYE, J.K. (1980): FIND. Frye's Index to Nonverbal Data. University of Minnesota, Duluth: University of Minnesota Computer Center

FUCHS, W. (1984): Biographische Forschung. Eine Einführung in Praxis und Methoden. Opladen: Westdeutscher Verlag

FÜHLAU, I. und H. WOHLERS (1977): Tagesschauerliches aus Hamburg. Vom Gebrauchswert der Studie des Hans-Bredow-Instituts zu "Nachrichtensendungen im Fernsehen". Publizistik 22, 397-402

GALAMBOS, J.A. and J.B. BLACK (1985): Using Knowledge of Activities to Understand and Answer Questions. In: A.C. GRAESSER and J.B. BLACK (Eds.): The Psychology of Questions. Hillsdale (N.J.): Lawrence Erlbaum, 157-189

GALTUNG, J. and M.H. RUGE (1965): The Structure of Foreign News. Journal of Peace Research, 2, 64-91

GALTUNG, J. (1978): Methodologie und Ideologie. Aufsätze zur Methodologie, Band 1. Frankfurt: Suhrkamp

GANS, H.J. (1980): Deciding What's News. New York: Vintage Books

GANTZ, W. and S. TRENHOLM (1979): Why People Pass on News: Motivation for Diffusion. Journalism Quarterly 56, 365-370

GANTZ, W. (1983): The Diffusion of News About the Attempted Reagan Assassination. Journal of Communication 33, 56-66

GARFINKEL, H. (1968): Studies in Ethnomethodology. Englewood Cliffs (N.J.): Prentice Hall

GARFINKEL, H. (1973): Das Alltagswissen über soziale und innerhalb sozialer Strukturen. In: ARBEITSGRUPPE BIELEFELDER SOZIOLOGEN (Hrsg.): Alltagswissen, Interaktion und gesellschaftliche Wirklichkeit 1, Symbolischer Interaktionismus und Methnomethodologie. Reinbek: Rowohlt, 189-262

GARFINKEL, H. und H. SACKS (1976): Über formale Strukturen praktischer Handlungen. In: E. WEINGARTEN, F. SACK und J. SCHENKEIN (Hrsg.): Ethnomethodologie. Beiträge zu einer Soziologie des Alltagshandelns. Frankfurt: Suhrkamp, 130-176

GARNER, W.R. (1962): Uncertainty and Structure as Psychological Concept. New York: Wiley

GARNER, W.R. (1974): The Processing of Information and Structure. Hillsdale (N.J.): Lawrence Erlbaum

GARRAMONE, G.M. (1984): Motivation and Selective Attention to Political Information. Journalism Quarterly 61, 37-44

GAZDAR, G. und D. GOOD (1982): On a Notion of Relevance. Comments on Sperber and Wilson's Paper. In: N.V. SMITH (Ed.): Mutual Knowledge. London-New York: Academic Press, 88-110

GAZIANO, C. (1983): The Knowledge Gap. An Analytical Review of Media Effects. Communication Research 10, 447-486

GERBNER, G. and N. SIGNORIELLI (1978): The World of Television News. In: W. ADAMS and F. SCHREIBMAN (Eds.): Television Network News. Issues in Content Research. George Washington University (School of Public and International Affairs), 189-196

GERHARDT, U. (1985): Erzähldaten und Hypothesenkonstruktion. Überlegungen zum Gültigkeitsproblem der Empirischen Sozialforschung. Kölner Zeitschrift für Soziologie und Sozialpsychologie 37, 230-256

GIBSON, E.J. (1969): Principles of Perceptual Learning and Developement. New York: Appleton-Century-Crofts

GICK, M.L. and K.J. HOLOYAK (1983): Schema Induction and Analogical Transfer. Cognitive Psychology 15, 1-38

GIEBER, W. (1955): Do Newspapers Overplay 'Negative' News? Journalism Quarterly 32, 311-318

GIEGLER, H. (1982): Dimensionen und Determinanten der Freizeit. Eine Bestandsaufnahme der Sozialwissenschaftlichen Freizeitforschung. Opladen: Westdeutscher Verlag

GIEGLER, H. (1985): Gewinnung einer Typologie zur Klassifizierung von Freizeit-Aktivitäten - Eine explorative Studie. Angewandte Sozialforschung 13, 339-363

GIEGLER, H. (1988): Multivariate Analysemodelle. In: R. ASANGER und W. WENNINGER (Hrsg.): Handwörterbuch der Psychologie. München: Psychologie Verlagsunion, 467-474

GIEGLER, H. und G. RUHRMANN (1988): Remembering the News. A LISREL Model. (in print)

GIESECKE, M. (1987): Die "Grundlagen der Allgemeinen Sprachwissenschaft" und die alternativen Antworten einer systemischen Kommunikationstheorie. In: B. BAECKER, J. MARKOWITZ, R. STICHWEH, H. TYRELL und H. WILLKE (Hrsg.): Theorie als Passion. Niklas Luhmann zum 60. Geburtstag. Frankfurt: Suhrkamp, 269-297

GITTINS, D. (1979): Oral History, Reliability and Recollection. In: L. MOSS and H. GOLDSTEIN (Eds.): The Recall Method in Social Surveys. Institute of Education, Studies in Education (new series 9), 82-99

GLASER, R. (1984): Education and Thinking. The Role of Knowledge. American Psychologist 39, 93-104

von GLASERFELD, E. (1981): Einführung in den radikalen Konstruktivismus. In: P. WATZLAWICK (Hrsg.): Die erfundene Wirklichkeit. Wie wissen wir, was wir zu wissen glauben? Beiträge zum Konstruktivismus. München-Zürich: Piper, 16-08

von GLASERFELD, E. (1985): Konstruktion der Wirklichkeit und des Begriffes der Objektivität. In: Einführung in den Konstruktivismus. München: Oldenbourg (= Schriften der Carl Friedrich von Siemens-Stiftung, Bd. 10), 1-26 von GLASERFELD, E. (1987): Siegener Gespräche über Radikalen Konstruktivismus. Ernst von Glaserfeld im Gespräch mit NIKOL (1982, 1984): In: S.J. SCHMIDT (Hrsg.): Der Diskurs des Radikalen Konstruktivismus. Frankfurt: Suhrkamp, 401-440

GLASGOW UNIVERSITY MEDIA GROUP (1976): Bad News. Vol. 1. London: Routledge & Kegan

GLASS, G.V., B. McGRAW and M.L. SMITH (1981): Meta-Analysis in Social Research. Beverly Hills-London: Sage

GOFFMAN, E. (1977): Rahmen-Analyse. Ein Versuch über die Organisation von Alltagserfahrungen. Frankfurt: Suhrkamp

GOLDING, F. and P. ELLIOTT (1979): Making the News. London-New York: Longman

GOLDMAN-EISLER, F. (1968): Psycholinguistics. Experiments in Spontaneous Speech. New York: Academic Press

GOLDMAN, S.R. (1985): Inferential Reasoning in and about Narrative Texts. In: A.C. GRAESSER and J.B. BLACK (Eds.): The Psychology of Questions. Hillsdale (N.J.): Lawrence Erlbaum, 247-276

GOMULICKI, B.R. (1956): Recall as an Abstractive Process. Acta Psychologica 12, 77-94

GORTNER, E. (1985): Fernsehen als Vermittlung. Über das Entstehen von Wirklichkeit beim Fernsehen. Mit einem Vorwort von J. Matthes. Moosining: Erlanger Beiträge zur Medientheorie und Praxis Nr. 7

GRABER, D.A. (1978): Agenda Setting: Are there Women's Perspectives? In: L.K. EPSTEIN (Ed.): Women and the News. New York: Hastings House, 15-37

GRABER, D.A. (1980): Crime News and the Public. New York: Praeger

GRABER, D.A. (1984): Processing the News: How People Tame the Information Tide. New York: Longman

GRAESSER, A.C. (1985): An Introduction to the study of Questioning. In: A.C. GRAESSER and J.B. BLACK (Eds.): The Psychology of Questions. Hillsdale (N.J.): Lawrence Erlbaum, 1-14

GRAESSER, A.C. and T. MURACHVER (1985): Symbolic Procedures of Question, Answering. In: A.C. GRAESSER and J.B. BLACK (Eds.): The Psychology of Question. Hillsdale (N.J.): Lawrence Erlbaum, 15-88

GREENBERG, B.S. (1964): Person-to-Person Communication in the Diffusion of News Events. Journalism Quarterly 41, 489-494

GRICE, H.P. (1967): Logic and Conversation. The William James Lectures. Cambridge (Mass.): Harvard University Press

GROEBEN N. (1982): Leserpsychologie: Textverständnis - Textverständlichkeit. Münster: Aschendorff

GROEBEN, N. und B. SCHEELE (1984): Produktion und Rezeption von Ironie. Paralinguistische Beschreibung und psycholinguistische Erklärungshypothese. Tübingen: Narr

GÜLICH, E. and U. QUASTHOFF (1985): Narrative Analysis. In: T.A. van DIJK (Ed.): Handbook of Discourse Analysis, Vol. 2, Dimensions of Discourse. London-New York: Academic Press, 169-197

GUIARD, Y. (1980): Cerebral Hemispheres and Selective Attention. Acta Psychological 46 (1), 41-61

GUNTER, B. (1980): Remembering Television News: Effects of Picture Content. The Journal of General Psychology 102, 127-133

GUNTER, B., B. CLIFFORD and C. BERRY (1980): Release from Proactive Inference with Television News Items: Evidence for Encoding Dimensions within Televised News. Journal of Experimental Psychology: Human Learning and Memory 6, 216-223

GUNTER, B., C. BERRY and B. CLIFFORD (1982): Remembering Broadcast News: The Implications of Experimental Research for Production Technique. Human Learning 1, 13-29

GUNTER, B. (1983): Forgetting the News. In: E. WARTELLA, D.C. WHITNEY and S.W. WINDAHL (Eds.): Mass Communication Yearbook. Beverly Hills-London-New Delhi: Sage, 165-172

GUNTER, B., J. JARRETT and A. FURNHAM (1983): Time of day effects on immediate memory for television news. Human Learning 2, 1-7

GUNTER, B., A. FURNHAM and J. JARRETT (1984): Personality, Time of Day and Delayed Memory for Television News. Personality and Individual Differences 5, 35-39

GUNTER, B. (1985): News Sources and News Awareness: A British Survey. Journal of Broadcasting & Electronic Media 29, 397-406

GUNTER, B. (1988): Findings the Limit of Audience Activity. In: J.A. ANDERSON (Ed.): Communication Year Book 11. Beverly Hills-London: Sage, 108-126

GUREVITCH, M. and M.R. LEVY (1986): Information and Meaning. Audience Explanations of Social Issues. In: J.P. ROBINSON and M.R. LEVY (Eds.): The Main Source. Learning from Television News. Beverly Hills (Cal.): Sage, 159-175

GURWITCH, A. (1964): The Field of Consciousness. Pittsburgh: Duqusnesne University Press

HABERMAS, J. (1962): Strukturwandel der Öffentlichkeit. Untersuchungen zu einer Kategorie der bürgerlichen Gesellschaft. Neuwied und Berlin: Luchterhand

HACHMEISTER, L. (1987): Theoretische Publizistik. Studien zur Geschichte der Kommunikationswissenschaft in Deutschland. Berlin: Spiess

HAGENAARS J.A. and T.G. HEINEN (1982): Effects of Role-Independent Interviewer Characteristics on Responses. In: W.DIJKSTRA and J. van der ZOUWEN (Eds.): Response Behaviour in the Survey Interview. London-New York: Academic Press, 91-130

HALBWACHS, M. (1985): Das Gedächtnis und seine sozialen Bedingungen. Frankfurt: Suhrkamp

HALL, C.S. and G. LINDZEY (1968): The Relevance of Freudian Psychology and Related Viewpoints for the Social Science. In: G. LINDZEY and E. ARONSON (Eds.): The Handbook of Social Psychology Vol. 1: Historical Introduction, Systematic Positions. Reading (Mass.): Addison-Wesley, 245-319

HALL, S. (1980): A World at One with Itself. In: J. CORNER and J. HAWTHORN (Eds.): Communication Studies. An Introductory Reader. London: Edward Arnold, 208-217

HAMILTON, D.L. (1981): Cognitive Representations of Persons. In: E.T. HIGGINS, C.P. HERMAN and M.P. ZANNA (Eds.): Social Cognition. The Ontario Symposion Vol. 1. Hillsdale (N.J.): Lawrence Erlbaum 135-159

HANDEL, W. (1982): Ethnomethodology. How People Make Sense. Englewood Cliffs (N.J.): Prentice Hall

HARNEY, K. und J. MARKOWITZ (1987): Geselliger Klientismus. Zum Aufbau von Beteiligungsformen und Lernzusammenhängen in der Erwachsenenbildung. Universität Frankfurt. Manuskript, 69 gez. Seiten; (erscheint in: K. HARNEY, D. JÜTTING und B. KORING (Hrsg.): Erwachsenenbildung als Beruf. Fallstudien, Materialien, Forschungsstrategien. Bern-Frankfurt-New York: Lang

HAROLDSEN, E.O. and K. HARVEY (1979): The Diffusion of 'Shocking' Good News. Journalism Quarterly 56, 771-775

HARP, D.A., S.H. HARP and S.M. STRETCH (1985): Appeal impact on viewer responses to television news anchorwomen. Southwestern Mass Communication Journal 1, 49-60

HARPER, R.G., A.N. WIENS and J.D. MATARAZZO (1978): Nonverbal Communication: The State of the Art. New York: Wiley

HARTIGAN, J. A. (1975): Clustering Algorthmus. New York: Wiley

HARTLEY, J. and M. MONTGOMERY (1985): Representation and Relations: Ideology and Power in Press and TV News. In: T.A. van DIJK (Ed.): Discourse and Communication. New Approaches to the Analysis of Mass Media Discourse and Communication. Berlin-New York: De Gruyter, 233-269

HASKINS, J., B.M.M. MILLER and J. QUARLES (1984): Reliability of The News Direction Scale for Analysis of the Good-Bad News Dimension. Journalism Quarterly 61, 524-528

HASTIE, R. (1981): Schematic Principles in Human Memory. In: E.T. HIGGINS, C.P. HERMAN and M.P. ZANNA (Eds.): Social Cognition. The Ontario Symposion Vol. 1. Hillsdale (N.J.): Lawrence Erlbaum, 39-88

HASTIE, R. (1983): Social Inference. Ann. Rev. Psychol. 34, 511-542

HAUSER, M. (1984): Message Structure, Inference Making, and Recall. In: R.E. BOSTROM (Ed.): Communication Yearbook 8. Beverly Hills (Cal.): Sage, 378-392

HAWKINS, R.P. and S. PINGREE (1981): Using Television to Construct Social Reality. Journal of Broadcasting 25, 347-364

HEBB, D.O. (1949): The Organization of Behavior. New York: Wiley

HEBB, D.O. (1955): Drives and the CNS (Conceptual Nervous System). Psychological Review 62, 243-253

HEDINSSON, E. (1981): TV, Family and Society. The Social Origins and Effects of Adolescents TV Use. Stockholm: Almquist & Wiksell

HEIDER, F. (1958): The Psychology of Interpersonal Relations. New York: Wiley

HEINZE, T. (1987): Qualitative Sozialforschung. Erfahrungen, Probleme und Perspektiven. Opladen: Westdeutscher Verlag

HEJL, P.M. (1985): Konstruktion der sozialen Konstruktion. Grundlinien einer konstruktivistischen Sozialtheorie. In: Einführung in den Konstruktivismus. München: Oldenbourg (= Schriften der Carl Friedrich von Siemens-Stiftung, Bd. 10), 85-116

HELFRICH, H. (1979): Age markers in speech. In: K.R. SCHERER and H. GILES (Eds.): Social Markers in speech. London-New York: Cambridge University Press, 63-108

HEMPEL, C.G. (1966): Philosophy of Natural Science. Englewood Cliffs (N.J.): Prentice Hall

HENDRIKS, B. (1985): Arbeitsfeld Fernsehen. Aktuell in Bild und Ton. Uni Berufswahl Magazin 9, 35-39

HENNE, H. und H. REHBOCK (1982): Einführung in die Gesprächsanalyse. Berlin-New York: De Gruyter
HERRMANN, T. (1979): Psychologie als Problem. Stuttgart: Klett-Cotta
HERZ, U. (1979): "In der Gewalt der Medien" - Psychomanipulation gestern, heute, morgen. 6. Römerberggespräche Frankfurt: Kulturdezernat, Manuskript. 3 gez. Seiten
HERZOG, H. (1986): Dallas in Deutschland. Eine Pilotstudie. Rundfunk und Fernsehen 34, 351-367
HEUERMANN, H., P. HÜHN und B. RÖTTGER (1982): Werkstruktur und Rezeptionsverhalten. Empirische Untersuchungen über den Zusammenhang von Text-, Leser- und Kontextmerkmalen. Göttingen: Vandenhoek & Ruprecht
HICKS, R. and A. GORDON (1974): Foreign News Content in Israeli and U.S. Newspapers. Journalism Quarterly 51, 639-44
HIGGINS, T. and L. LURIE (1983): Context, Categorization and Recall. The "Change-of-Standard" Effect. Cognitive Psychology 15, 525-547
HILDENBRAND, B. und W. JAHN (1988): "Gemeinsames Erzählen" und Prozesse der Wirklichkeitsrekonstruktion in familiengeschichtlichen Gesprächen. Zeitschrift für Soziologie 17, 203-217
HILL, D.B. (1985): Viewer Characteristics and Agenda Setting by Televison News. Public Opinion Quarterly 49, 340-350
HINDLEY, C.B. (1979): Problems of Interviewing in Obtaining Retrospective Information. In: L. MOSS and H. GOLDSTEIN (Eds.): The Recall Method in Social Surveys. Darville House: NFER Publishing Company (= University of London Institute of Education, Studies ind Education (new series 9), 100-108
HIPPLER, H.J. (1986): Urteilsprozesse in Befragungssituationen. Experimentelle Studien zu Frageeffekten. Dissertation. Universität Mannheim
HIPPLER, H.J., N. SCHWARZ, S. SUDMANN (Eds.) (1987): Social Information Processing and Survey Methodology. Heidelberg New York: Springer
HIRTLE, S.C. and J. JONIDES (1985): Evidence of Hierarchies in Cognitive Maps. Memory & Cognition 13, 208-217
HOBBS, R. (1985): Media Elites Assess. Their Influence on the News. Paper Presented at the International Communication Association Conference, Honolulu, Hawaii, May 24, 1985
HOCKING, J.E. (1985): Attitude Measurement. In: J.R. DOMINICK and J.E. FLETCHER (Eds.): Broadcast Research Methods. Boston-London: Allayn and Bacon, 64-79
HÖIJER, B. and O. FINDAHL (1984): Begriplighetsanalys. En Forskningsgenomgang och en tillämpning pa nyhetsinslag i radio och TV. Lund: Studentlitteratur
HÖRMANN, H. (1977): Psychologie der Sprache. Berlin-Heidelberg-New York: Springer
HOFFMANN, J. (1983): Das aktive Gedächtnis. Psychologische Experimente und Theorien zur menschlichen Gedächtnistätigkeit. Berlin-Heidelberg-New York: Springer
HOFFMANN-RIEM, C. (1980): Die Sozialforschung einer interpretativen Soziologie. Kölner Zeitschrift für Soziologie und Sozialpsychologie 32, 339-372
HOFSTAETTER, P.R. (1951): Importance and Actuality. International Journal of Opinion and Attitude Research 5, 31-52
HOLSTI, O. (1963): The Quantitative Analysis of Content. In: R.C. NORTH et al. (Eds.): Content Analysis. Evanston (Ill.): Northwestern University Press, 37-53

HOPF, C. (1978): Die Pseudo-Exploration - Überlegungen zur Technik qualitativer Interviews in der Sozialforschung. Zeitschrift für Soziologie 7, 97-115

HOROWITZ, M.W. and J.B. NEUMANN (1964): Spoken and Written Expression: An Experimental Analysis. Journal of Abnormal and social Psychology 68, 640-647

HORTON, O. and R.R. WOHL (1956): Mass Communication and Para-Social Interaction. Psychiatry 19, 215-229

HOUSEL, T.J. (1984): Understanding and Recall of TV News. Journalism Quarterly 61, 505-508

HOYER, W.D. and J. JACOBY (1975): Miscomprehension of Public Affairs Programming. Journal of Broadcasting & Electronic Media 29, 437-443

HUBER, G.L. und H. MANDL (1978): Kognitive Komplexität - Einleitung, Übersicht und Diskussionslinien. In: H. MANDL und G.L. HUBER (Hrsg.): Kognitive Komplexität. Göttingen: Hofgreve, 9-32

HUGHES, H.M. (1940): News and the Human Interest Story. With a New Introduction by Ariene Kaplan Daniels. New Brunswick (USA): Transaction Books

HUNTER, I.M.L. (1964): Memory. Harmondsworth. Penguin

HUNTER, J.E. (1980): Factor Analysis. In: P.R. MONGE and J.N. CAPELLA (Eds.): Multivariate Technique in Human Communication Research. New York: Academic Press 229-258

HUR, K.K. (1984): A critical analysis of international news flow research. Critical Studies in Mass Communication 1 (4), 365-378.

HUSSON, W. (1982): Theoretical Issues in the Study of Childrens Attention to Television. Communication Research 9, 323-351

HUTH, L. W. JUNGST, M. KRZEMINSKI und R. SALZMANN (1977): Nachrichten sehen - Nachrichten verstehen - Nachrichten verwenden. Publizistik 22, 403-418

HUTH, L. (1985): Zur handlungstheoretischen Begründung der verbalen und visuellen Präsentation in Fernsehnachrichten. In: G. BENTELE und E.W.B. HESS-LÜTTICH (Hrsg.): Zeichengebrauch in Massenmedien. Tübingen: Niemeyer 128-136

HYMES, D.H. (1973): Die Ethnographie des Sprechens. In: ARBEITSGRUPPE BIELEFELDER SOZIOLOGEN (Hrsg.): Alltagswissen, Interaktion und gesellschaftliche Wirklichkeit 2. Ethnotheorie und Ethnographie des Sprechens. Reinbek: Rowohlt, 338-432

INKELES, A. (1966): The Socialization of Competence. Harvard Educational Review 36, 265-283

ISELER, A. (1976): Der Relevanzbegriff und die Relevanzbegriffe: Versuch einer Explikation. In: A. ISELER und M. PERREZ (Hrsg.): Relevanz der Psychologie. Zur Problematik von Relevanzbegriffen, -forderungen und -behauptungen. München-Basel: Ernst Reinhardt Verlag, 11-53

ISER, W. (1983): Akte des Fingierens. Oder: Was ist das Fiktive im fiktionalen Text? In: D. HEINRICH und W. ISER (Hrsg.): Funktionen des Fiktiven. München: Fink, 121-151

ISFORT, A. (1986): Verbalisierung und komplexes visuelles Material. Münster: Lit Verlag (= Psychologie Bd. 12)

IYENGAR, S., M. PETERS and D. KINDER (1982): Experimental demonstrations of the 'not-so-minimal' consequences of television news programs. American Political Science Review 76, 848-858
IYENGAR, S. and D.R. KINDER (1987): News That Matters. Television and American Opinion. Chicago and London: The University of Chicago Press
IZARD, C.E. (1977): Human Emotions. New York: Plenum Press
IZARD, R.S. (1985): Public Confidence in the News Media. Journalism Quarterly 62, 247-255

JACOBY, L.L. and F.I.M. CRAIK (1979): Effects of Elaboration of Processing at Encoding and Retrieval: Trace Distinctiveness and Recovery of Initial Context. In: L.S. CERMAK and F.I.M. CRAIK (Eds.): Levels of Processing in Human Memory. Hillsdale (N.J.): Lawrence Erlbaum 1-22
JACOBY, J. and W. HOYER (1982): Viewer miscomprehension of televised communication. Journal of Marketing 46, 12-26
JAIDE, W. (1983): Wertewandel? Grundfragen zur Diskussion. Opladen: Westdeutscher Verlag
JAMES, W. (1890): Principles of Psychology. New York: Henry Holt
JENSEN, K.B. (1986): Making Sense of the News. Towards a Theory and an Empirical Model of Reception for the Study of Mass Communication. Aarhus (Denmark): Aarhus University Press
JENSEN, K.B. (1987): News as Ideology: Economic Statistics and Political Ritual in Television Network News. Journal of Communication 32, 8-27
JOHNSTON, W.A. and S.P. HEINZ (1978): Flexibility and Capacity Demands of Attention. Journal of Experimental Psychology: General 107, 420-435
JOHNSTON, W.A. and V.J. DARK (1986): Selective Attention. Ann. Rev. Psychol. 37, 43-75
JONES, G. (1984): Fragment and Schema Models for Recall. Memory & Cognition 12, 250-263
JUNGERMANN, H. und P. SLOVIC (1988): Die Psychologie der Kognition und Evaluation von Risiko. Manuskript. 41 gez. Seiten. Bielefeld, Universität Bielefeld: USP Wissenschaftsforschung
JÜRGENS, U. und D. PLOOG (1982): Zur Evolution der Stimme. In: K.R. SCHERER (Hrsg.): Vokale Kommunikation: Nonverbale Aspekte des Sprachverhaltens. Weinheim-Basel: Beltz, 20-38

KÄCHELE, H., C. SCHAUMBURG und H. THOMAE (1973): Verbatim-Protokolle als Mittel der psychotherapeutischen Verlaufsforschung. Psyche 27, 902-927
KAFKA, P., J. KÖNIG und W. LIMMER (1986): Tschernobyl - Die Informationslüge München: Schneekluth
KAHNEMANN, D. (1973): Attention and Effort. Englewood Cliffs (N.J.): Prentice Hall
KAHNEMANN, D., P. SLOVIC and A. TVERSKY (Eds.) (1982): Judgement under Uncertainty, Heuristics and biases. Cambridge: Cambridge University Press

KAHNEMANN, D. and A. TVERSKY (1982): Subjective prohability: A judgement of representativness. In: D. KAHNEMANN, P. SLOVIC and A. TVERSKY (Eds.): Judgement under Uncertainty: Heuristics and biases. Cambridge: Cambridge University Press, 32-47

KAIL, R. und J.W. PELLEGRINO (1988): Menschliche Intelligenz. Heidelberg: Spektrum der Wissenschaft

KAISER, H.F. (1974): An Index of Factorial Simplicity. Psychometrica 39, 31-36

KALLMEYER, W. und F. SCHÜTZE (1976): Konversationsanalyse. Studium Linguistik 1, 1-28

KALLMEYER, W. und F. SCHÜTZE (1977): Zur Konstitution von Kommunikationsschemata der Sachverhaltsdarstellung. In: D. WEGNER (Hrsg.): Gesprächsanalysen. Hamburg: Buske, 159-271

KANT, I. (1787): Kritik der reinen Vernunft, 2. Aufl. (Nachdruck, hrsg. von B. ERDMANN, Leipzig: Verlag von Leopold Voss, 1878)

KARIEL, H.G. and L.A. ROSENVALL (1984): Factors Influencing International News Flow. Journalism Quarterly 61, 509-516, 666

KATZ, B.A. und W. SHARROCK (1976): Eine Darstellung des Kodierens. In: E. WEINGARTEN, F. SACK und J. SCHENKEIN (Hrsg.): Ethnomethodologie, Beiträge zu einer Soziologie des Alltagshandelns. Frankfurt: Suhrkamp, 244-271

KATZ, E., H. ADONI and P. PARNESS (1977): Remembering the News. What the Pictures Add to Recall. Journalism Quarterly 54, 231-239

KATZ, J. (1987): What makes crime 'news'? Media, Culture and Society 9, 47-75

KEBECK, G. (1982): Emotion und Vergessen. Aspekte einer Neuorientierung psychologischer Gedächtnisforschung. Münster: Aschendorff

KEBECK, G. (1983): Prägnanzaspekte in Erinnerungsberichten. Gestalt Theory 5, 167-182

KEBECK, G. (1985): Brief vom 4.10.85. Münster: Universität Münster, Institut für Psychologie. 4 gez. Seiten mit Literaturangaben

KEENAN, J.M., B. MacWHINNEY and D. MAYHEW (1982): Pragmatics in Memory. In: U. NEISSER (Ed.): Memory Observed. Remembering in Natural Contexts. San Francisco: Freeman, 315-324

KEENEY, R.L. and D. von WINTERFELDT (1986): Improving Risk Communication. Risk Analysis 6, 417-425

KEGEL, G., T. ARNHOLD und K. DAHLMEIER (1985): Sprachwirkung. Psychophysische Forschungsgrundlagen und ausgewählte Experimente. Opladen: Westdeutscher Verlag

KELLERMANN, K. (1985): Memory Processes in Media Effects. In: Communication Research 12, 83-131

KELLERMANN, K. (1986): Anticipation of Future Interaction and Information Exchange in Initial Interaction. Human Communication Research 13, 41-75

KELLY, J.E. (1977): Information Theory and the Ethnography of Television News. Ann Arbor (Mich.): Xerox University Microfilms

KEMPER, S., R. ESTILL, N. OTALVARO and M. SCHADLER (1985): Questions of Facts and Questions of Inferences. In: A.C. GRAESSER and J.B. BLACK (Eds.): The Psychology of Questions. Hillsdale (N.J.): Lawrence Erlbaum, 227-246

KEPPLER, A. (1985): Die massenmediale Konstruktion der Wirklichkeit am Beispiel von Korrespondentenfilmen im Fernsehen. Medium 15 (8), 17-22

KEPPLER, A. (1985a): Präsentation und Information. Zur politischen Berichterstattung im Fernsehen. Tübingen: Narr
KEY, M.R. (1977): Nonverbal Communication. A Research Guide & Bibliography. Metuchen (N.J.): The Scarecrow Press
KIERAS, D.E. (1982): A Model of Reader Strategy for Abstracting Main Ideas Simple Technical Prose. Text 2, 47-81
KIHLSTROM, J.F. and M. CANTOR (1984): Mental Representation of the Self. In: L. BERKOWITZ (Ed.): Advances in Experimental Social Psychology, Vol. 17. New York: Academic Press, 2-47
KIM, J.O. (1975): Factor Analysis. In: N. NIE, C.H. HULL, J.G. JENKINS, K. STEINBRENNER and D.H. BENT (Eds.): SPSS, Statistical Package for the Social Science. New York: McGRAW Hill, 468-514
KINTSCH, W. (1974): The Representation of Meaning in Memory. Hillsdale (N.J.): Lawrence Erlbaum
KINTSCH, W. (1977): On Comprehending Stories. In: M. JUST and P. CARPENTER (Eds.): Cognitive Processes in Comprehension. Hillsdale (N.J.): Lawrence Erlbaum, 33-62
KINTSCH, W. (1982): Gedächtnis und Kognition. Berlin-Heidelberg-New York: Springer
KLAPP, O.E. (1978): Opening and Closing. Strategies of Information Adaption in Society. Cambridge University Press
KLEIN, W. (1985): Ellipse, Fokusgliederung und thematischer Stand. In: R. MEYER-HERMANN und H. RIESER (Hrsg.): Ellipsen und fragmentarische Ausdrücke. Tübingen: Niemeyer, 1-24
KLINGEMANN, H. (1987): Alltagswissen über soziale Probleme. Strukturmerkmale und Bestimmungsgründe am Beispiel von Laienkonzepten. Zeitschrift für Soziologie 16 (2), 106-126
KNAPP, M.L. (1980): Essentials of Nonverbal Communication. New York: Holt, Rinehart and Winston
KOCH, R. (1987): AIDS. Vom Molekül zur Pandemie. Heidelberg: Spektrum der Wissenschaft
KÖHLER, W. (1947): Gestalt Psychology. New York: Liveright
KOHLI, M. (1976): Die Bedeutung der Rezeptionssituation für das Verständnis einer Fernsehsendung durch Kinder. Zeitschrift für Soziologie 5, 38-51
KOHLI, M. (1977): Fernsehen und Alltagswelt. Ein Modell des Rezeptionsprozesses. Rundfunk und Fernsehen 25, 1977, 70-85
KOHLI, M. und G. ROBERT (Hrsg.) (1984): Biographie und soziale Wirklichkeit. Stuttgart: Metzler
KORZENNY, F., W. del TORO and J. GAUDINO (1987): International News Exposuer, Knowledge, and Attitudes. Journal of Broadcasting & Electronic Media 31, 73-87
KOSSYLIN, S.M. (1981): The Medium and the Message in Mental Imagery: A Theory. Psychological Review 88, 46-66
KOSZYK, K. und K.H. PRUYS (1981): Handbuch der Massenkommunikation. München: dtv
KRÄMER, R. (1986): Massenmedien und Wirklichkeit. Zur Soziologie publizistischer Produkte. Bochum: Studienverlag Dr. N. Brockmeyer

KRENDL, K.A. and B. WATKINS (1983): Understanding Television: An Exploratory Inquiry into the Reconstruction of Narrative Content. Educational Communication and Technology 31 (4), 201-212

KRIPPENDORFF, K. (1980): Clustering. In: P.R. MONGE and J.N. CAPELLA (Eds.): Multivariate Techniques in Human Communication Research. New York: Academic Press, 259-308

KRIPPENDORFF, K. (1980a): Content Analysis. An Introduction to its Methodology. Beverly Hills-London: Sage

KROEBER-RIEL, W. (^{3}1984): Konsumentenverhalten. München: Vahlen

KROHN, W. und P. WEINGART (1986): 'Tschernobyl' - das größte anzunehmende Experiment. Kursbuch 85, 1-25

KRONER, B. (1981): Politische Sozialisation durch Alltagskultur: Exemplarisch Kriegsspielzeug. In: H.D. KLINGEMANN und M. KAASE (Hrsg.): Politische Psychologie. Politische Vierteljahresschrift 22, Sonderheft 12, 101-114

KÜLPE, O. (1893): Grundriß der Psychologie. Leipzig: Engelmann

KUEHNEMANN, R. and J.E. WRIGHT (1975): News Policies of Broadcast Stations for Disturbances and Disasters. Journalism Quarterly 52, 671-677

KÜPPERS, B.O. (1986): Wissenschaftsphilosophische Aspekte der Lebensentstehung. In: A. DREES, H. HENDRICHS und G. KÜPPERS (Hrsg.): Selbstorganisation. Die Entstehung von Ordnung in Natur und Gesellschaft. München, Zürich: Piper, 81-101

KUHL, J. (1983): Motivation Konflikt und Handlungskontrolle. Berlin-Heidelberg-New York: Springer

KUHN, T.S. (1962): The Structure of Scientific Revolution. Chicago: University of Chicago Press

KURTH, K. (1942): Vom Wesen und Wirken der Nachricht. Leipzig-Wien: Ringbuchhandlung A. Sexl

LABOV, W. and J. WALETZKY (1967): Narrative Analysis. Oral Versions of Personal Experience. In: J. HELM (Ed.): Essays on the Verbal and Visual Arts. Seattle: University of Washington Press, 12-44

LACHMANN, R., J.L. LACHMANN and E.C. BUTTERFIELD (1979): Cognitive Psychology and Information Processing: An Introduction. Hillsdale (N.J.): Lawrence Erlbaum

LANDMAN, J. and M. MANIS (1983): Social Cognition: Some Historical and Theoretical Perspectives. In: L. BERKOWITZ (Ed.): Advances in Experimental Social Psychology, Vol. 16. New York: Academic Press, 49-123

LAKATOS, I. (1970): Falsification and the Methodology of Scientific Research Programmes. In: I. LAKATOS and A.E. MUSGRAVE (Eds.): Criticism and the Growth of Knowledge. Cambridge: Cambridge University Press, 91-196

De LAMATER, J. (1982): Response-effects of Question Content. In: W. DIJKSTRA and J. van der ZOUWEN (Eds.): Response Behaviour in the Survey-Interview. London-New York: Academic Press, 13-48

LANE, R.E. (1962): Political Ideology: Why the American Common Man Believes What He Does. New York: Free Press

LANE, R.E. and D.O. SEARS (1964): Political Opinion. Englewood Cliffs (N.J.): Prentice Hall

LANGE, K. (1981): Das Bild der Politik im Fernsehen. Die filmische Konstruktion einer politischen Realität in den Fernsehnachrichten. Frankfurt: Haag + Herchen

LANGE, K. (1982): Logistik politischer Nachrichtenproduktion - am Beispiel Fernsehnachrichtenfilme. In: H. SCHATZ und K. LANGE (Hrsg.): Massenkommunikation und Politik. Aktuelle Probleme und Entwicklungen im Massenkommunikationssystem der Bundesrepublik Deutschland. Frankfurt: Haag + Herchen, 81-98

LANZETTA, J.T. et al. (1985): Emotional and cognitive responses to televised images of political leaders. In: S. KRAUS and R.M. PERLOFF (Eds.): Mass media and political thought. Beverly Hills (Cal.): Sage, 85-116

LaROCHE, W. von (^{10}1987): Einführung in den praktischen Journalismus. München: List

LARSEN, S.F. (1982): Knowledge Updating in Text Processing. In: A. FLAMMER and W. KINTSCH (Eds.): Discourse Processing. Amsterdam-New York-Oxford: North Holland Publishing Company, 205-218

LARSEN, S.F. (1983): Text Processing and Knowledge Updating in Memory for Radio News. Discourse Processes 6, 21-38

LARSEN, S.F. (1985): Specific Background Knowledge and Knowledge Updating. In: J. ALLWOOD and E. HJELMQUIST (Eds.): Foregrounding Background. Stockholm: Doxa, 25-36

LARSON, J.F. (1984): Television's Window on the World: International Affairs Coverage on the U.S. Networks. Norwood (N.J.): Ablex Publishing Corporation

LAZARUS, R.S. (1984): Thought on the Relations between Emotion and Cognition. In: K.R. SCHERER and P. EKMAN (Eds.): Approaches to Emotion. Hillsdale (N.J.): Lawrence Erlbaum, 247-258

LAZALRUS, R.S., J. COYNE and S. FOLKMAN (1984): Cognition, Emotion and Motivation: The Doctoring of Humpty-Dumpty. In: K. SCHERER and P. EKMAN (Eds.): Approaches to Emotion. Hillsdale (N.J.): Lawrence Erlbaum, 221-238

LEE, S.H. (1976): A Factor Analytical Study of the Credibility of Newspaper and TV News. Ann Arbor (Mich.): Xerox University Microfilms

LEITER, K. (1980): A Primer on Ethnomethodology. New York-Oxford: Oxford University Press

LERG, W.B. (1970): Das Gespräch. Theorie und Praxis der unvermittelten Kommunikation. Düsseldorf: Bertelsmann Universitätsverlag

LERMAN, C.L. (1983): Dominant Discourse: The Institutional Voice and Control of Topic. In: H. DAVIS and P. WALTON (Eds.): Language, Image, Media. Oxford: Basil Blackwell, 75-103

LERMAN, C.L. (1985): Media Analysis of a Presidential Speech: Impersonal Identity Forms in Discourse, In: T.A. van DIJK (Ed.): Discourse and Communication. New Approaches to the Analysis of Mass Media Discourse and Communication. Berlin-New York: De Gruyter, 185-215

LEVENTHAL, H. (1980): Toward A Comprehensive Theory of Emotion In: L. BERKOWITZ (Ed.): Advances in Experimental Social Psychology. Vol. 13. New York: Academic Press, 140-207

LEVENTHAL, H. (1984): A Perceptual-Motor Theory of Emotion. In: L. BERKOWITZ (Ed.): Advances in Experimental Social Psychology. Vol. 17. New York: Academic Press, 118-183

LEVENTHAL, H. and A.J. TOMARKEN (1986): Emotion: Today's Problem. Ann. Rev. Psychol. 37, 565-610

LESTER, M. (1980): Generating newsworthiness: The Interpretive Construction of Public Events. American Sociological Review 45, 984-994

LEVY, M.R. (1977): The Uses and Gratifications of Television News. Ann Arbor (Mich.): University Microfilms International

LICHTY, L. and G.A. BAILEY (1978): Reflections on Content Analysis of Broadcast News. In: W. ADAMS and F. SCHREIBMAN (Eds.): Television Network News. Issues in Content Research. Washington: George Washington University (School of Public and International Affairs), 111-137

LINDSAY, P.H. and D.A. NORMAN (1981): Einführung in die Psychologie. Informationsaufnahme und -verarbeitung beim Menschen. Berlin-Heidelberg-New York: Springer

LINNE, O. and K. VEIRUP (1974): Radio Producers and Their Audience: A Confrontation. Kopenhagen: Danish Radio Training Dept.

LINTON, M. (1982): Transformations of Memory in Everyday Life. In: U. NEISSER (Ed.): Memory Observed, Remembering in Natural Contexts. San Francisco: Freeman, 77-91

LIPPMANN, W. (1964): Öffentliche Meinung, München 1964: Rütten u. Loening

LODGE, M. and J.C. WAHLKE (1982): Politicos, Apoliticals and the Processing of Political Information. International Political Science Review 3, 131-150

LOFTUS, E.F. and J.C. PALMER (1974): Reconstruction of Automobile Destruction: An Example of the Interaction between Language and Memory. Journal of Verbal Learning and Verbal Behavior 13, 585-589

LOFTUS, E.F. (1979): Eyewitness Testimony. Cambridge (Mass.): Harvard University Press

LOFTUS, E.F. and W. MARBURGER (1983): Since the eruption of Mt. St. Helens, has anyone beaten you up? Improving the Accuracy of Retrospective Reports with Landmark Events. Memory & Cognition 11, 114-120

LORR, M. (1983): Cluster Analysis for Social Scientists. San Francisco: Jossey Bass

LUCAITES, J.L. and C.M. CONDIT (1985): Re-Constructing Narrative Theory: A Functional Perspective. Journal of Communication 35, 90-108

LUCKMANN, T. (1986): Grundformen der gesellschaftlichen Vermittlung des Wissens: Kommunikative Gattungen. Kölner Zeitschrift für Soziologie und Sozialpsychologie. Sonderheft 27: Kultur und Gesellschaft, 191-211

LUCKMANN, T. (1986a): Soziologische Grenzen des Stilbegriffes. In: H.U. GUMBRECHT und K.L. PFEIFFER (Hrsg.): Stil. Geschichten und Funktionen eines kulturwissenschaftlichen Diskurselements. Frankfurt: Suhrkamp, 612-619

LUHMANN, N. (1971): Sinn als Grundbegriff der Soziologie. In: J. HABERMAS und N. LUHMANN: Theorie der Gesellschaft oder Sozialtechnologie - Was leistet die Systemforschung. Frankfurt: Suhrkamp, 25-100

LUHMANN, N. (1971a): Öffentliche Meinung. In: N. LUHMANN: Politische Planung. Aufsätze zur Soziologie von Politik und Verwaltung. Opladen: Westdeutscher Verlag, 9-34

LUHMANN, N. (1971b): Lob der Routine. In: N. LUHMANN: Politische Planung. Aufsätze zur Soziologie von Politik und Verwaltung. Opladen: Westdeutscher Verlag, 113-142

LUHMANN, N. (1973): Vertrauen. Ein Mechanismus der Reduktion sozialer Komplexität. Stuttgart: Enke

LUHMANN, N. und K.E. SCHORR (1979): Reflexionsprobleme im Erziehungssystem. Stuttgart: Klett-Cotta

LUHMANN, N. (1980): Gesellschaftliche Struktur und semantische Tradition. In: N. LUHMANN: Gesellschaftsstruktur und Semantik. Studien zur Wissenssoziologie der modernen Gesellschaft. Band 1. Frankfurt: Suhrkamp, 9-71

LUHMANN, N. (1981): Soziologische Aufklärung 3. Soziales System, Gesellschaft, Organisation. Opladen: Westdeutscher Verlag

LUHMANN, N. (1981a): Politische Theorie im Wohlfahrtsstaat. München-Wien: Olzog

LUHMANN, N. (1984): Soziale Systeme. Grundriß einer allgemeinen Theorie. Frankfurt: Suhrkamp

LUHMANN, N. (1986): Ökologische Kommunikation. Kann die moderne Gesellschaft sich auf ökologische Gefährdungen einstellen? Opladen: Westdeutscher Verlag

LUHMANN, N. (1986a): Alternative ohne Alternative. Die Paradoxie der "neuen sozialen Bewegungen". Frankfurter Allgemeine Zeitung vom 2.7.86, S. 29 (Geisteswissenschaften)

LUHMANN, N. (1986b): Das Kunstwerk und die Selbstreproduktion der Kunst. In: H.U. GUMBRECHT und K.L. PFEIFFER (Hrsg.): Stil. Geschichten und Funktionen eines kulturwissenschaftlichen Diskurselementes. Frankfurt: Suhrkamp, 620-672

LUHMANN, N. (1986c): "Distinctions directrices". Über Codierung von Semantiken und Systemen. Kölner Zeitschrift für Soziologie und Sozialpsychologie. Sonderheft 27: Kultur und Gesellschaft, 145-161

LUHMANN, N. (1987): Die Autopoesis des Bewußtsein. In: A. HAHN und V. KAPP (Hrsg.): Selbstthematisierung und Selbstzeugnis: Bekenntnis und Geständnis. Frankfurt: Suhrkamp, 25-94

LUHMANN, N. (1987a): Autopoesis als soziologischer Begriff. In: H. HAFERKANP und M. SCHMID (Hrsg.): Sinn, Kommunikation und soziale Differenzierung. Beiträge zu Luhmanns Theorie sozialer Systeme. Frankfurt: Suhrkamp, 307-324

LUHMANN, N. (1988): Brauchen wir einen neuen Mythos? In: N. LUHMANN: Soziologische Aufklärung 4. Beiträge zur funktionalen Differenzierung der Gesellschaft. Opladen: Westdeutscher Verlag, 245-274

LUHMANN, N. (1988a): Die Moral des Risikos und das Risiko der Moral. Manuskript. 12. gez. Seiten. Bielefeld, Universität Bielefeld: Fakultät für Soziologie und USP Wissenschaftsforschung

LUPKER, S.J. (1979): On the Nature of Perceptual Information during Letter Perception. Perception and Psychophysics 25, 303-312

LUTZ, B. (1985): Eine gewaltige Mure. Bemerkungen zum Verstehen österreichischer Hörfunknachrichten. In: Instituto Universitario Orientale-Napoli: Studi Tedeschi XXVIII, 1-3, 269-299

LUTZ, B. und R. WODAK (1987): Information für Informierte. Linguistische Studien zur Verständlichkeit und Verstehen von Hörfunknachrichten. Endbericht des Forschungsprojektes "Sprachbarrieren im Hörfunk". Wien: Verlag der Österreichischen Akademie der Wissenschaften (= Veröff. d. Komm. f. Linguistik und Kommunikationsforschung, Heft 17)

LUTZ, B. (1988): Strategien des Textverstehens oder Plädoyer für einen soziopsychologischen Ansatz linguistischer Verstehensforschung. Dissertation. Wien: Universität Wien

MacKAY, D.M. (1969): Information, Mechanism and Meaning. Cambridge (Mass.)

MacNEIL, R. (1983): Is Television Shortening our Attention Span? New York University Education Quarterly 14, 2-5

MAHL, G.F. (1959): Exploring Emotional States by Content Analysis. In: I. de Sola POOL (Ed.): Trends in Content Analysis. Urbana (Ill.): 1959: University of Illinois Press, 89-130

MAHL, G.F. and G. SCHULZE (1969): Psychological Research in the Extralinguistic Area. In: N. MARKEL (Ed.): Psycholinguistics. An Introduction to the Study of Speech and Personality. Homewood: Dorsey Press, 318-352

MANCINI, P. (1988)): Simulated Interaction: How the Television Journalist speaks. European Journal of Communication 3, 151-166

MANDLER, G. (1982): The Structure of Value: Accounting for Taste. In: M.S. CLARK and S.T. FISKE (Eds.): Affect and Cognition. The Seventeenth Annual Carnegie Symposion on Cognition. Hillsdale (N.J.), 3-37

MANDLER, J. and N. JOHNSON (1977): Remembrance of Things parsed: Story Structure and Recall. Cognitive Psychology 9, 111-151

MANOFF, R.K. and M. SCHUDSON (Eds.) (1987): Reading the News. New York: Pantheon Books

MARKOWITZ, J. (1982): Relevanz im Unterricht - eine Modellskizze In: N. LUHMANN und K. E. SCHORR (Hrsg.): Zwischen Technologie und Selbstreferenz. Fragen an die Pädagogik. Frankfurt: Suhrkamp, 87-115

MARKOWITZ, J. (1986): Verhalten im Systemkontext. Zum Begriff des sozialen Epigramms. Diskutiert am Beispiel des Schulunterrichtes. Frankfurt: Suhrkamp

MARKOWITZ, J. (1987): Konstellationen psychischer Selbstreferenz. Vorstudien zu einem Begriff der Partizipation. Unveröffentlichtes Manuskript. 37 gez. Seiten

MARKOWITZ, J. (1987a): Beobachten, Begreifen, Verstehen: Über die Beziehung zwischen Nachricht und Vermittlungskontext. Vortrag im Colloquium Communicationis vom 27.4.1987 an der Universität Münster

MARKUS, H. (1977): Self-Schemata and Processing Information about the Self. Journal of Personality and Social Psychology 35, 63-78

MARRADI, A. (1981): Factor Analysis as an Aid in the Formation and Refinement of Empirically Useful Concepts. In: D.J. JACKSON and E.F. BORGATTA (Eds.): Factor Analysis and Measurement in Sociological Research. A Multidimensional Perspective. Beverly Hills (Cal.): Sage, 11-49

MASON, M. (1975): Reading Ability and Letter Search Time Effects of Orthographic Structure Defined by Single-letter Positional Frequency. Journal of Experimental Psychology: General, 104, 146-166

MATTHES, J. und F. SCHÜTZE (1973): Zur Einführung: Alltagswissen, Interaktion und Gesellschaftliche Wirklichkeit. In: ARBEITSGRUPPE BIELEFELDER SOZIOLOGEN (Hrsg.): Alltagswissen, Interaktion und gesellschaftliche Wirklichkeit 1. Symbolischer Interaktionismus und Ethnomethodologie. Reinbek: Rowohlt, 11-53

MATTHES, J. (1985): Zur transkulturellen Relativität erzähl-analytischer Verfahren in der empirischen Sozialforschung. Kölner Zeitschrift für Soziologie und Sozialpsychologie 37, 310-326

MATURANA, H.R. (1982): Erkennen: Die Organisation und Verkörperung von Wirklichkeit, Ausgewählte Arbeiten zur biologischen Epistemologie. Braunschweig-Wiesbaden: Vierweg

MATURANA, H.R. und F.J. VARELA (1987): Der Baum der Erkenntnis. Wie wir die Welt durch unsere Wahrnehmung erschaffen - die biologischen Wurzeln des menschlichen Erkennens. Bern-München-Wien: Scherz

MAYER, R.E. (1983): Thinking, Problem Solving, Cognition. San Francisco (Cal.): Freeman

McCAIN, T. and M.G. ROSS (1979): Cognitive Switching. A Behavioral Trace of Human Information Processing for Television Newcasts. Human Communication Research 5, 121-129

McCLENEGHAN, J.S. (1985): Nonverbal cues and television news revisited. Southwestern Mass Communication Journal 1, 41-48

McCOMBS, M.E. (1978): Public Response to the Daily News. In: L.K. EPSTEIN (Ed.): Women and the News. New York: Hastings House, 1-14

McDANIEL, M.A. (1984): The Role of Elaborative and Schema Processes in Story Memory. Memory & Cognition 12, 46-51

McHUGO, G.J. et al. (1985): Emotional reactions to a political leader's expressive displays. Journal of Personality and Social Psychology 46, 1513-1529

McLEAN, M.S. and L. PINNA (1958): Distance and News Interest. Scaperia, Italy. Journalism Quarterly 35, 36-48

McLEOD, J. and S.H. CHAFFEE (1972): The Construction of Social Reality. In: J.T. TEDESCHI (Ed.): The Social Influence Processes. Chicago-New York: Aldine Atherton, 50-99

McQUAIL, D. (1983): Mass Communication Theory. An Introduction. London-Beverly Hills-New Delhi: Sage

MEHAN, H. and H. WOOD (1975): The Reality of Ethnomethodology. New York: Wiley

MEHRABIAN, A. (1972): Nonverbal Communication. Chicago: Aldine Atherton

MEHRABIAN, A. (1981): Silent Messages. Implicit Communication of Emotions and Attitudes. Belmont, C.A.: Wadsworth Publishing Company

MELDMAN, N.J. (1970): Diseases of Attention and Perception. Oxford-London: Pergamon Press

MENCHER, M. (^{2}1986): Basic News Writing. Dubuque (Iowa): Wm. C. Brown Publishers

MERLEAU-PONTY, M. (1965): Phänomenologie der Wahrnehmung. Berlin: De Gruyter

MERTEN, K. (1971): Informationsüberlastung und Selektion durch Aufmerksamkeit in Politischen Systemen. Diplomarbeit. Bielefeld, Universität Bielefeld

MERTEN, K. (1973): Aktualität und Publizität. Zur Kritik der Publizistikwissenschaft. Publizistik 18, 216-235

MERTEN, K. (1977): Nachrichtenrezeption als komplexer Kommunikationsprozeß. Ein Beitrag zur Theorie der Nachricht. Publizistik 22, 450-463

MERTEN, K. (1977a): Kommunikation. Eine Begriffs- und Prozeßanalyse. Opladen: Westdeutscher Verlag

MERTEN, K. (1978): Kommunikationsmodell und Gesellschaftstheorie. Kölner Zeitschrift für Soziologie und Sozialpsychologie 30, 548-571

MERTEN, K. und G. RUHRMANN (1982): Die Entwicklung der Inhaltsanalytischen Methode. Kölner Zeitschrift für Soziologie und Sozialpsychologie 34, 696-716

MERTEN, K. (1983): Inhaltsanalyse. Einführung in Theorie, Methode und Praxis. Opladen: Westdeutscher Verlag

MERTEN, K. (1984): Vom Nutzen des "Uses and Gratifications Approach" Anmerkungen zu Palmgreen. Rundfunk und Fernsehen 32, 66-72

MERTEN, K. (1985): Faktoren der Rezeption von Nachrichtensendungen. Ergebnisbericht zum Projekt der ARD/ZDF-Medienkommission. Münster: Universität Münster, Institut für Publizistik.

MERTEN, K. (1985a): Re-Rekonstruktion von Wirklichkeit durch Zuschauer von Fernsehnachrichten. Media Perspektiven 10/1985, 753-763

MERTEN, K. (1985b): Zur Struktur nonverbaler Texte. In: G. BENTELE und E.W.B. HESS-LÜTTICH (Hrsg.): Zeichengebrauch in Massenmedien. Zum Verhältnis von sprachlicher und nicht-sprachlicher Information in Hörfunk, Film und Fernsehen. Tübingen: Niemeyer, 25-37

MERTEN, K. (1985c): Gesellschaftliche Differenzierung und gesellschaftliche Integration: Zur Struktur und Funktion kommunikativer Evolution. In: U. SAXER (Hrsg.): Gleichheit oder Ungleichheit durch Massenmedien? München: Ölschläger, 49-60

MERTEN, K. (1986): Aufstieg und Fall des "Two-Step Flow of Communication". Kritik einer sozialwissenschaftlichen Hypothese. Manuskript. 41 gez. Seiten. Münster: Universität Münster, Institut für Publizistik

MERTEN, K. (1987): Methoden der Wirkungsforschung. In: DFG-Medienwirkungsforschung in der Bundesrepublik Deutschland (Studienausgabe) Weinheim: Acta humaniora, VCH, 101-109

MERTEN, K. (1988): Abschlußbericht zum Projekt 'Vergleichende Nachrichtenanalyse' der Medienkommission des Bundes und der Länder. 88 gez. Seiten. Münster: Universität Münster, Institut für Publizistik

MERTON, R.K. and P.L. KENDALL (1979): Das fokussierte Interview. In: C. HOPF und E. WEINGARTEN (Hrsg.): Qualitative Sozialforschung. Stuttgart: Klett-Cotta, 171-204 (ursprünglich: American Journal of Sociology 51 (1945/46), 541-557):

METALLINOS, N. (1985): Empirical Studies of Television Composition. In: J.R. DOMINICK and J.E. FLETCHER (Eds.): Broadcasting Research Methods. Boston: Allyn and Bacon, 297-311

MEYER, D.E. and R.W. SCHVANEVELDT (1976): Meaning, Memory Structure, and Mental Processes. Science 192, 27-33

METZ, W. (1979): Newswriting: From Lead to "30". Englewood Cliffs. (N.J.): Prentice Hall

MILLER, G.A., E. GALANTER and K. PRIBAM (1960): Plans and the Structure of Behavior. New York: Holt, Rinehart and Winston

MILLER, G.A. and S. ISARD (1963): Some Perceptual Consequences of Linguistic Rules. Journal of Verbal Learning and Verbal Behavior 2, 217-228

MILLER, M. and R. ZIMMERMANN (1964): Immediate and Subsequent Reactions in Manhattan. In: B.S. GREENBERG and E.P. PARKER (Eds.): The Kennedy Assassination and the American Public. Social Communication in Crisis. Stanford: Stanford University Press, 269-272

MINSKY, M. (1975): A Framework of Representing Knowledge. In: P. WINSTON (Ed.): The Psychology of Computer Vision. New York: McGraw Hill, 211-277

MISHLER, E.G. (1986): Research Interviewing. Context and Narrative. Cambridge (Mass.): Harvard University Press

MITTENECKER, E. (1973): Informationstheorie für Psychologen. Eine Einführung in Methoden und Anwendungen. Göttingen: Verlag für Psychologie (Hofgreve)

MOLENAAR, N.J. (1982): Response-effects of "Formal" Characteristics of Questions. In: W. DIJKSTRA and J. van der ZOUWEN (Eds.): Response Behaviour in the Survey Interview. London-New York: Academic Press, 49-89

MOLOTCH, H. and M. LESTER (1974): News as Purposive Behavior: On the Strategic Use of Routine Events, Accidents and Scandals. American Sociological Review 39, 101-112

MORAY, N. (1959): Attention and Dichotic Listening. Affective Cues and the Influence of Instructions. Quarterly Journal of Experimental Psychology 11, 56-60

MORAY, N. (1979): Models and Measures of Mental Workload. In: N. MORAY (Ed.): Mental Workload. Its Theory and Measurement. New York and London: Plenum Press (= NATO Conferences Series), 13-21

MORLEY, D. (1983): Cultural transformations: the politics of resistance. In: H. DAVIS and P. WALTON (Eds.): Language, Image, Media. Oxford: Basil Blackwell, 104-119

MORROW, D.G. (1985): Prominent Characters and Events Organize Narrative Understanding. Journal of Memory and Language 24, 304-319

MOSS, P. (1988): Words, Words, Words: Radio News Discourse and How They Work. European Journal of Communication 3, 207-230

MOSS, L. and H. GOLDSTEIN (Eds.): (1979): The Recall Method in Social Surveys. Darville House: NFER Publishing Company (= University of London Institute of Education, Studies in Education (new series) 9)

MOTT, F.L. (1952): The News in America. Cambridge (Mass.): Oxford University Press

MULLEN, B. et al. (1986): Newscasters' Facial Expressions and Voting Behaviors of Viewers: Can a Smile Elect a President? Journal of Personality and Social Psychology 51, 291-295

MUMBY, D.K. and C. SPITZACK (1983): Ideology and Television News: A Metaphoric Analysis of Political Stories. The Central States Speech Journal 34 (3), 162-171

NAKAMURA, G.V., A.C. GRAESSER and J.A. ZIMMERMANN (1985): Script Processing in a Natural Situation. Memory & Cognition 13, 140-144

NAROWSKI, C. (1974): Vertrauen. Begriffsanalyse und Operationalisierungsversuch. Prolegomena zu einer empirischen psychologischen Untersuchung der zwischenmenschlichen Einstellung: Vertrauen. Dissertation. Tübingen: Universität Tübingen

NEAL, J.M. and S.S. BROWN (1976): Newswriting and Reporting. Ames (Iowa): The Iowa State University Press

NEGT, O. und A. KLUGE (1972): Öffentlichkeit und Erfahrung. Frankfurt: Suhrkamp

NEISSER, U. (1974): Kognitive Psychologie. Stuttgart: Klett-Cotta

NEISSER, U. and R. BECKLEN (1975): Selective Looking: Attending to Visually Specified Events. Cognitive Psychology 7, 480-494

NEISSER, U. (1979): Kognition und Wirklichkeit. Prinzipien und Implikationen der kognitiven Psychologie. Stuttgart: Klett-Cotta

NEISSER, U. (1982): Memory: What are the important Questions? In: U. NEISSER (Ed.): Memory Observed. Remembering in Natural. San Francisco: Freeman, 3-19

NEISSER, U. (1982a): Snapshots or Benchmarks? In: U. NEISSER (Ed.): Memory Observed. Remembering in Natural Contexts. San Francisco: Freeman, 43-48

NEISSER, U. (1982b): John Dean's Memory. A Case Study. In: U. NEISSER (Ed.): Memory Observed. Remembering in Natural Contexts. San Francisco: Freeman, 139-159

NEUMANN, O. (1983): Über den Zusammenhang zwischen Enge und Selektivität der Aufmerksamkeit. Bochum: Ruhr Universität Bochum, Psychologisches Institut, Arbeitseinheit Kognitionspsychologie, Bericht Nr. 19/1983

NEUMANN, O. (1985): Die Hypothese begrenzter Kapazität und die Funktionen der Aufmerksamkeit. In: O. NEUMANN (Hrsg.): Perspektiven der Kognitionspsychologie. Berlin-Heidelberg-New York-Tokyo: Springer, 185-230

NEUMANN, W.R. (1976): Patterns of Recall among Television News Viewers. Public Opinion Quarterly 40, 115-123

NEUMANN, W.R. (1982): Television and American Culture. Public Opinion Quarterly 46, 471-487

NICKERSON, R.S. (1965): Short Term Memory for Complex Meaningful Visual Configuration: A Demonstration of Capacity. Canadian Journal of Psychology 19, 155-160

NIEPOLD, W. ([8]1981): Sprache und soziale Schicht. Darstellung und Kritik der Forschungsliteratur seit Bernstein. Berlin: Spiess

NIE, N.N., C.H. HULL, J.G. JENKINS, K. STEINBRENNER and D.H. BENT (1975): SPSS. Statistical Package for the Social Sciences. New York: McGraw-Hill

NIGRO, G. and U. NEISSER (1983): Point of View in Personal Memories. Cognitive Psychology 15, 467-482

NISBETT, R. and L. ROSS (1980): Human Inference. Strategies and Shortcomings of Social Judgement. Englewood Cliffs (N.J.): Prentice-Hall

NOELLE-NEUMANN, E. (1963): Umfragen in der Massengesellschaft. Reinbek: Rowohlt

NOELLE-NEUMANN, E. und W. SCHULZ (Hrsg.) (1971): Publizistik. Frankfurt: Fischer (= Fischer-Lexikon)

NOELLE-NEUMANN, E. (1980): Die Schweigespirale. Öffentliche Meinung - unsere Soziale Haut. München: Piper

NOELLE-NEUMANN, E. (1987): Blockierte Kommunikation und die Chancengleichheit in der Demokratie. In: E. NOELLE-NEUMANN und H. MAIER-LEIBNITZ: Zweifel am Verstand. Das Irrationale als die neue Moral. Zürich: Edition Interfrom, 37-50

NOELLE-NEUMANN, E. (1987a): Zweifel am Verstand. In: E. NOELLE-NEUMANN und H. MAIER-LEIBNITZ: Zweifel am Verstand. Das Irrationale als die neue Moral. Zürich: Edition Interfrom, 9-20

NORDENSTRENG, K. und Mitarbeiter (1972): Grundsätze der Nachrichtenvermittlung. In: G. MALETZKE (Hrsg.): Einführung in die Massenkommunikationsforschung. Berlin: Spiess, 109-123

NORMAN, D.A. (^{2}1976): Memory and Attention. An Introduction to Human Information Processing. New York-London: Wiley

NORMAN, D.A. und D. RUMELHART (1978): Strukturen des Wissens. Wege der Kognitionsforschung. Stuttgart: Klett-Cotta

NORUSIS, M.J. (1985): Advanced Statistics Guide - SPSS X. New York: McGraw-Hill

OEVERMANN, U. (1972): Sprache und soziale Herkunft. Ein Beitrag zur Analyse schichtenspezifischer Sozialisationsprozesse und ihrer Bedeutung für den Schulerfolg. Frankfurt: Suhrkamp

OFFE, C. (1985): New Social Movements. Challenging the Boundaries of Institutional Politics. Social Research 52, 817-868

OLDFIELD, R.C. (1954): Memory Mechanism and the Theory of Schemata. British Journal of Psychology 45, 14-23

OOMEN, U. (1985): Bildfunktionen und Kommunikationsstrategien in Fernsehnachrichten. In: G. BENTELE und E.W.B. HESS-LÜTTICH (Hrsg.): Zeichengebrauch in Massenmedien. Zum Verhältnis von sprachlicher und nicht-sprachlicher Information in Hörfunk, Film und Fernsehen. Tübingen: Niemeyer, 155-165

ORC London (1972): News and Current Affairs, ORC 1074, London (Opinion Research Centre)

ORTONY, A. (1978): Remembering, Understanding and Representation. Cognitive Science 2, 53-69

OSGOOD, C.E. (1952): The Nature and Measure of Meaning. Psychological Bulletin 49, 197-237

OSTROM, T.M., J.B. PRYOR and D.D. SIMPSON (1981): The Organization of Social Information. In: E.T. HIGGINS et al. (Eds.): Social Cognition: The Ontario Symposion, Vol. 1. Hillsdale (N.J.): Lawrence Erlbaum, 3-38

PAIVIO, A. and K. CSAPE (1973): Picture Superiority in Free Recall? Imagery or dual Coding? Cognitive Psychology 5, 176-206

PAIVIO, A. and I. BEGG (1981): Psychology of Language. Englewood Cliffs (N.J.): Prentice Hall

PALMER, E.L., A.B. HOCKETT and W. DEAN (1983): The Television Family. Children's Fright Reaction. Journal of Family Issue 4, 279-292

PALMER, S.E. (1975): Visual Perception and World Knowledge. Notes on a Model of Sensory-Cognitive Interaction. In: D.A. NORMAN and D.E. RUMELHART (Eds.): Explorations in Cognition. San Francisco: Freeman, 279-307
PALMGREEN. P. L.A. WENNER and J.D. RAYBURN (1981): Gratification Discrepancies and News Program Choice. Communication Research 8, 451-478
PARK, R.E. (1940): News as a Form of Knowledge. A Chapter in the Sociology of Knowledge. American Journal of Sociology 45, 669-686
PARSONS, T. and G.M. PLATT (1973): The American University. Cambridge (Mass.): Harvard University Press
PATTERSON. T.E. (1978): Assessing Television Newscasts: Future Directions in Content Research. In: W. ADAMS and F. SCHREIBMAN (Eds.): Television Network News. Issues in Content Research. Washington: George Washington University (School of Public and International Affairs), 177-187
PAUL, I.H. (1959): Studies in Remembering. The Reproduction of Connected and Extended Verbal Material. Psychological Issues 1 (2)
PERLOFF, R.M., E.A. WARTELLA, L.B. BECKER (1982): Increasing Learning from TV-News. Journalism Quarterly 59, 83-86
PERROW, C. (1987): Normale Katastrophen. Die unvermeidbaren Risiken der Großtechnik. Frankfurt-New York: Campus
PETERS, H.P., G. ALBRECHT, L. HENNEN und H.U. STEGEMANN (1987): Die Reaktionen der Bevölkerung auf die Ereignisse in Tschernobyl. Ergebnisse einer Befragung. Jülich: Spezielle Berichte der Kernforschungsanlage Jülich-Nr. 400
PETERS, H.P., G. ALBRECHT, L. HENNEN und H.U. STEGEMANN (1987a): Die Reaktionen der Bevölkerung auf die Ereignisse in Tschernobyl. Kölner Zeitschrift für Soziologie und Sozialpsychologie 39, 746-782
PETERSON, S. (1981): International News Selection by the Elite Press. A Case Study. Public Opinion Quarterly 45, 143-163
PETÖFI, J.S. (1976): A Frame for Frames. In: Proceedings of the Second Annual Meeting of the Berkeley Linguistic Society. Berkeley: University of California Press
PETTY, R.E. and J.T. CACIOPPO (1986): Elaboration Likelihood Model of Persuasion. In: L. BERKOWITZ (Ed.): Advances in Experimental Social Psychology. Vol. 19. New York: Academic Press, 124-205
PFEIFFER, K.L. (1986): Produktive Labilität. Funktionen des Stilbegriffs. In: H.U. GUMBRECHT und K.L. PFEIFFER (Hrsg.): Stil. Geschichten und Funktionen eines kulturwissenschaftlichen Diskurselements. Frankfurt: Suhrkamp, 685-725
PLANALP, S. (1985): Relational Schemata: A Test of Alternative Forms of Relational Knowledge as Guides to Communication. Human Communication Research 12, 3-29
PLUTCHIK, R. (1984): Emotions: A General Psychoevolutionary Theory. In: K. SCHERER and P. EKMAN (Eds.): Approaches to Emotion. Hillsdale (N.J.): Lawrence Erlbaum, 197-219
POGGIO, T. und C. KOCH (1987): Wie Synapsen Bewegung verrechnen. Spektrum der Wissenschaft 7/1987, 78-84
POPPER, K.R. (^{3}1969): Logik der Forschung. Tübingen: Mohr
POPPER, K.R. und J.C. ECCLES (1982): Das Ich und sein Gehirn. München-Zürich: Piper

POSTMAN, L. (1951): Toward a General Theory of Cognition. In: J.H. ROHRER and M. SHERIF (Eds.): Social Psychology at the Crossroads. New York: Harper, 242-272
POSTMAN, N. (1983): Das Verschwinden der Kindheit. Frankfurt: Fischer
POSTMAN, N. (1985): Wir amüsieren uns zu Tode. Urteilsbildung im Zeitalter der Unterhaltungsindustrie. Frankfurt: Fischer
PRATT, M.W. (1982): Thinking about Stories: The Story Schema in Metacognition. Journal of Verbal Learning and Verbal Behavior 21, 493-505
POTTER, W.J. (1988): Perceived Reality in Televison Effects Research. Journal of Broadcasting & Electronic Media 32, 23-41
PRINCE, G. (1982): Narratology. The Form and Functioning of Narrative. Berlin-New York-Amsterdam: Mouton
PRINZ, W. (1983): Wahrnehmungs- und Tätigkeitssteuerung. Berlin-Heidelberg-New York: Springer
PROKOP, D. (1981): Das Fernsehen im Lebenszusammenhang von Arbeitern. In: D. PROKOP Medien-Wirkungen. Frankfurt: Suhrkamp, 69-91
PROBST, G.J.B. (1987): Selbstorganisation. Ordnungsprozesse in sozialen Systemen aus ganzheitlicher Sicht. Berlin-Hamburg: Paul Parey
PROTT, J. (1986): Die Bedeutung des Fernsehens im Alltag von Arbeitslosen. Media Perspektiven 6/1986, 403-411
PUTNAM, R.D. (1973): The Beliefs of Politicans. Ideology Conflict, and Democracy in Britain and Italy. New Haven: Yale University Press
PYLSHYN, Z.W. (1973): What the Mind's Eye Tells the Mind's Brain. A Critique of Mental Imagery. Psychological Bulletin 80, 1-24

QUASTHOFF, U. (1979): Eine intakte Funktion von Erzählungen. In: H.G. SOEFFNER (Hrsg.): Interpretative Verfahren in den Sozial- und Textwissenschaften. Stuttgart: Metzlersche Verlagsbuchhandlung, 104-126
QUASTHOFF, U. (1980): Erzählen in Gesprächen. Tübingen: Narr

RÄDER, H.G. (1981): Thematisierung von Politik im kommunikativen politischen Verhalten von potentiellen Erstwählern. In: H.D. KLINGEMANN und M. KAASE (Hrsg.): Politische Psychologie, Politische Vierteljahresschrift, Sonderheft 12, 263-277
RAMMSTEDT, O. (1981): Betroffenheit - was heißt das? In: H.D. KLINGEMANN und M. KAASE (Hrsg.): Politische Psychologie, Politische Vierteljahresschrift, Sonderheft 12, 452-463
RANNEY, A. (1983): Channels of Power. The Impact of Television on American Politics. New York: Basic Books
RATLIFF, F. (1965): Mach bands: Quantitative Studies on Neutral Networks in the Retina. San Francisco: Holden-Day
REDER, L.M. (1982): Elaborations: When do they Help and When do they Hurt? Text 2, 211-224
REED, S.K. (1978): Schemes and Theories of Pattern Recognition. In: E.C. CARTERETTE and M.P. FRIEDMAN (Eds.): Handbook of Perception, Vol. IX. New York: Academic Press, 137-162

REED, S.K. (1982): Cognitive Psychology and its Implications. San Francisco: Freeman

REESE, S.R. (1984): Visual-Verbal Redundancy Effects on Television New Learning. Journal of Broadcasting 28, 79-87

REEVES, B., S.H. CHAFFEE and A. TIMS (1982): Social Cognition and Mass Communication. Beverly Hills (Cal.): Sage, 287-326

REINERT, G. (1985): Schemata als Grundlage der Steuerung von Blickbewegungen bei der Bildverarbeitung. In: O. NEUMANN (Hrsg.): Perspektiven der Kognitionspsychologie. Berlin-Heidelberg-New York: Springer, 113-145

REITMANN, J.S. (1974): Without Surrepetitious Rehearsal Information in Shortterm Memory Decays. Journal of Verbal Learning and Verbal Behavior 13, 365-377

RENCKSTORF, K. (1977): Nachrichtensendungen im Fernsehen. Eine empirische Studie zur Wirkung unterschiedlicher Darstellungsformen von Fernsehnachrichten. Publizistik 22, 384-396

RENCKSTORF, K. (1980): Nachrichtensendungen im Fernsehen (1). Berlin: Spiess

RESCHKA, W. (1971): Das Interview als ein verbaler Interaktionsprozeß. Kölner Zeitschrift für Soziologie und Sozialpsychologie 23, 745-760

RICHARDS, J. und E. von GLASERFELD (1987): Die Kontrolle der Wahrnehmung und die Konstruktion von Realität. Erkenntnistheoretische Aspekte des Rückkoppelungs-Kontroll-Systems. In: S.J. SCHMIDT (Hrsg.): Der Diskurs des Radikalen Konstruktivismus. Frankfurt: Suhrkamp, 192-228

RICHSTAD, J. and M.H. ANDERSON (1981): Crisis in International News. Policies and Prospects. New York: Columbia University Press

RICHTER, H. (1981): Über die Vorläufigkeit phonetischer Notationen. In: P. WINKLER (Hrsg.): Methoden der Analyse von Face-to-Face Situationen. Stuttgart: Metzler, 47-55

RICKHEIT, G., W. SCHNOTZ and H. STROHNER (1985): The Concept of Inference in Discourse Comprehension. In: G. RICKHEIT and H. STOHNER (Eds.): Inferences in Text Processing. Amsterdam: Elsevier (= Advances in Psychology), 3-50

RIEDEL, H. (1966): Untersuchungen zum Auffälligkeitswert. Grundlagenstudien aus Kybernetik und Geisteswissenschaften 7, 39-49

RIEDL, R. (1985): Die Spaltung des Weltbildes. Biologische Grundlagen des Erklärens und Verstehens. Berlin und Hamburg: Parey

RIESER, H. (1985): Ellipsen und Fragmente. Eine Einleitung zu den vorliegenden Bänden. In: R. MEYER-HERMANN und H. RIESER (Hrsg.): Ellipsen und fragmentarische Ausdrücke. Tübingen: Niemeyer

RIMMER, T. (1986): Visual Form Complexity and TV-News. Communication Research 13, 211-238

RITSCHER, H. und H. SCHELZ (1981): Fernsehen - genau betrachtet. Sequenzanalysen von Auslandsberichten. Methoden zur Analyse der politischen Berichterstattung von ARD und ZDF über die Krisenregion Südafrika, Namibia, Zimbabwe 1976/77. Opladen: Leske + Budrich

ROBERTS, J. (1981): The Individual and the Nature of Mass Events. Englewood Cliffs (N.J.): Prentice Hall

ROBINSON, G.J. (1978): Woman, Media Access and Social Control. In: L.K. EPSTEIN (Ed.): Women and the News. New York: Hasting House, 7-108

ROBINSON, J.P., D. DAVIS, H. SAHIN and R.O. TOOLE (1980): Comprehension of Television News. How alert is the Audience? Paper Presented at the Annual Meeting of the International Communication Association. Acapulco, Mexico

ROBINSON, J.P. and D.K. DAVIS (1986): Comprehension of a Single Evening News. In: J.P. ROBINSON and M.R. LEVY (Eds.): The Main Source. Learning from Television News. Beverly Hills-London-New Delhi: Sage, 107-132

ROBINSON, J.P. and M.R. LEVY (Eds.): (1986): The Main Source. Learning from Television News. Beverly Hills-London-New Delhi: Sage

ROBINSON, J.P. and M.R. LEVY (1986a): Comprehension of a Week's News. In: J.P. ROBINSON and M.R. LEVY (Eds.): The Main Source. Learning from Television News. Beverly Hills-London-New Delhi: Sage, 87-105

ROBINSON, J.P. and M.R. LEVY (1986b): Interpersonal Communication and News Comprehension. Public Opinion Quarterly 50, 160-175

ROBINSON, W.P. (1979): Speech markers and social class. In: K. SCHERER and H. GILES (Eds.): Social Markers in Speech. London-New York: Cambridge University Press, 211-250

ROCK, I. and P. ENGELSTEIN (1959): A Study of Memory for Visual Form. American Journal of Psychology 72, 221-229

ROCK, I. (1975): An Introduction to Perception. New York: Macmillan

ROSHCO, B. (1975): Newsmaking. Chicago-London: The University of Chikago Press

ROSNOW, R.L. and G.A. FINE (1976): Rumor and Gossip. The Social Psychology of Hearsay. New York-Oxford-Amsterdam: Elsevier

ROTH, G. (1987): Die Entwicklung kognitiver Selbstreferentialität im menschlichen Gehirn. In: D. BAECKER, J. MARKOWITZ, R. STICHWEH, H. TYRELL und H. WILLKE (Hrsg.): Theorie als Passion. Niklas Luhmann zum 60. Geburtstag. Frankfurt: Suhrkamp, 394-422

ROWE, J.W. and R.L. KAHN (1987): Human Aging: Usual and Successful. Science 10, 143-145

RUBIN, A.M., E.M. PERSE and R. POWEL (1985): Loneliness, Parasocial Interaction and Local Television News Viewing. Human Communication Research 12, 155-180

RUDOLPH, E. (1985): Kann asyndetische Koordination gelegentlich als elliptischer Ausdruck einer Kausalitäts-Verknüpfung aufgefaßt werden? In: R. MEYER-HERMANN und H. RIESER (Hrsg.): Ellipsen und fragmentarische Ausdrücke. Tübingen: Niemeyer, 55-84

RÜTZEL, E. (1977): Aufmerksamkeit. In: T. HERMANN, P.R. HOFSTAETTER, H.P. HUBER und F.E. WEINERT (Hrsg.): Handbuch psychologischer Grundbegriffe. München: Kösel, 49-58

RUHRMANN, G. und J. KOLLMER (1987): Ausländerberichterstattung in der Kommune. Inhaltsanalyse Bielefelder Tageszeitungen unter Berücksichtigung 'ausländerfeindlicher' Alltagstheorien. Opladen: Westdeutscher Verlag (= Forschungsberichte des Landes Nordrhein-Westfalen Nr. 3222)

RUMELHART, D.E. and P. SIPLE (1974): Process of Recognizing Tachistopically Presented Words. Psychological Review 81, 99-188

RUMELHART, D.E. (1977): Introduction to Human Information Processing. New York: Wiley

RUMELHART, D.E. and D.A. NORMAN (1980): Analogic Processes in Learning. In: J.R. ANDERSON (Ed.): Cognitive Skills and their Acquisition. Hillsdale (N.J.): Lawrence Erlbaum, 357-377

RUSCH, G. (1986): Verstehen verstehen. Ein Versuch aus konstruktivistischer Sicht. In: N. LUHMANN und K.E. SCHORR (Hrsg.): Zwischen Intransparenz und Verstehen. Fragen an die Pädagogik. Frankfurt: Suhrkamp, 40-71

RUSCH, G. (1987): Autopoesis, Literatur, Wissenschaft. Was die Kognitionstheorie für die Literaturwissenschaft besagt. In: S.J. SCHMIDT (Hrsg.): Der Diskurs des Radikalen Konstruktivismus. Frankfurt: Suhrkamp, 374-400

RYAN, M. and W. TANKARD (1977): Basic News Reporting. Palo Alto (Cal.): Mayfield

SACHS, J.D.S. (1967): Recognition Memory for Syntactic and Semantic Aspects of Connected Discourse. Perception 2, 437-442

SAHIN, H., D.K. DAVIS and J.P. ROBINSON (1981): Improving the TV-News. Irish Broadcasting Review 11, 50-55

SALMORE, S.A. and F.F. BUTLER (1978): Distortion in Newspaper Coverage of Foreign Policy: Testing Some Common Assumptions. In: D. MUNTON (Ed.): Measuring International Behaviour: Public Sources, Events and Validity. Halifax (Can.): Dalhouse University, Centre for Foreign Policy Studies

SALOMON, G. and A.A. COHEN (1977): Television Formats, Mastery of Mental Skills, and the Acquisition of Knowledge. Journal of Educational Psychology 69, 612-619

SANDE, O. (1971): The Perception of Foreign News. Journal of Peace Research 8, 221-237

SANDELL, R. (1977): Linguistic Style and Persuasion. London-New York-San Francisco: Academic Press

SANDERS, A.F. (1979): Some Remarks on Mental Load. In: N. MORAY (Ed.): Mental Workload. Its Theory and Measurement. New York-London: Plenum Press (= NATO Conferences Series), 41-71

SANDIG, B. (1986): Stilistik der deutschen Sprache. Berlin-New York: De Gruyter

SANDRI, G. (1969): On the Logic of Classification. Quality and Quantity 3, 80-124

SCHANK, R.C. and R.P. ABELSON (1977): Scripts, Plans, Goals and Understanding. An Inquiry into Human Knowledge Structures. New York: Wiley

SCHENK, B. (1987): Die Struktur des internationalen Nachrichtenflusses: Analyse empirischer Studien. Rundfunk und Fernsehen 35, 36-54

SCHENK, M. (1987): Medienwirkungsforschung. Tübingen: Mohr

SCHENKEIN, J. (1979): The Radio Raiders Story. In: G. PSATHAS (Ed.): Everyday Language. Studies in Ethnomethodology. New York: Irvingston, 187-202

SCHERER, K.R. (1979): Personality Markers in Speech. In: K. SCHERER and H. GILES (Eds.): Social Markers in Speech. Cambridge (Mass.): Cambridge University Press, 147-209

SCHERER, K.R. (1982): Methods of Research on Vocal Communication: Paradigms and Parameters. In: SCHERER, K. and P. EKMAN (Eds.): Handbook of Methods in Nonverbal Behavior Research. Cambridge (Mass.): Cambridge University Press, 136-198

SCHERER, K.R. (Hrsg.): (1982a): Vokale Kommunikation. Nonverbale Aspekte des Sprachverhaltens. Weinheim-Basel: Beltz

SCHERER, K.R. und P. EKMAN (1982): Methodological issues in studying nonverbal behavior. In: K.R. SCHERER and P. EKMAN (Eds.): Handbook of Methods on Nonverbal Behavior Research. Cambridge (Mass.): Cambridge University Press, 1-44

SCHERER, K.R. und J.S. OSHINSKY (1982): Zur emotionalen Eindruckswirkung akustischer Reizparameter. In: K.R. SCHERER (Hrsg.): Vokale Kommunikation: Nonverbale Aspekte des Sprachverhaltens. Weinheim-Basel: Beltz, 326-342

SCHERER, K.R. (1984): On the Nature and Function of Emotion. A. Component Process Approach. In: K.R. SCHERER and P. EKMAN (Eds.): Approaches to Emotion. Hillsdale (N.J.): Lawrence Erlbaum, 293-343

SCHERER, K. and H.G. WALLBOTT (1985): Analysis of Nonverbal Behavior. In: T.A. van DIJK (Ed.): Handbook of Discourse Analysis, Vol. 2, Dimensions of Discourse. London New York: Academic Press, 199-230

SCHIEFELE, H. und M. PRENZEL (1983): Interessengeleitetes Handeln - Emotionale Präferenz und kognitive Unterscheidung. In: H. MANDL und G.L. HUBER (Hrsg.): Emotion und Kognition. München-Wien-Baltimore: Urban & Schwarzenberg, 217-247

SCHLESINGER, P. (1978): Putting 'Reality' Together. BBC News. London: Constable

SCHLOSSER, O. (1976): Einführung in die sozialwissenschaftliche Zusammenhangsanalyse. Mit einem Vorwort von H. KLAGES. Reinbek: Rowohlt

SCHMIDT, D.F. and R.C. SHERMAN (1984): Memory for Persuasive Messages. A Test of a Schema-Copy-Plus-Tag Model. Journal of Personality and Social Psychology 47, 17-25

SCHMIDT, S.J. (1980): Grundriß der empirischen Literaturwissenschaft. Teilband I: Der gesellschaftliche Handlungsbereich Literatur. Braunschweig-Wiesbaden: Vieweg

SCHMIDT, S.J. (1985): Vom Text zum Literatursystem. Skizze einer konstruktivistischen (empirischen): Literaturwissenschaft. In: Einführung in den Konstruktivismus. München: Oldenbourg (= Schriften der Carl Friedrich von Siemens-Stiftung, Bd. 10), 117-134

SCHMIDT, S.J. (1987): Der Radikale Konstruktivismus: Ein neues Paradigma im interdisziplinären Diskurs. In: S.J. SCHMIDT (Hrsg.): Der Diskurs des Radikalen Konstruktivismus. Frankfurt: Suhrkamp, 11-88

SCHMITZ, U. (1985): Kein Licht ins Dunkel - der Text zum Bild der Tagesschau. In: G. BENTELE und E.W.B. HESS-LÜTTICH (Hrsg.): Zeichengebrauch in Massenmedien. Zum Verhältnis von sprachlicher und nicht-sprachlicher Information in Hörfunk, Film und Fernsehen. Tübingen: Niemeyer, 137-154

SCHNAPF, J.L. und D.K. BAYLOR (1987): Die Reaktion von Photorezeptoren auf Licht. Spektrum der Wissenschaft 6/1987, 116-123

SCHOLTEN, O. (1985): Selectivity in Political Communication. Gazette 35, 157-172

SCHRAMM, W. (1949): The Nature of News. Journalism Quarterly 26, 259-269

SCHRAMM, W. (1964): Introduction. Communication in Crisis. In: B.S. GREENBERG and E.B. PARKER (Eds.): The Kennedy Assassination and the American Public. Social Communication in Crisis. Stanford (Cal.): Stanford University Press, 1-28

SCHUBÖ, W. und H.M. UEHLINGER (1984): SPSS-X. Handbuch der Programmversion 2. Stuttgart-New York: Fischer

SCHÜTZ, A. (1964): Collected Paper II. Studies in Social Theory. The Hague: Martinus Nijhoff

SCHÜTZ, A. (1971): Das Problem der Relevanz. Einleitung von Thomas Luckmann. Frankfurt: Suhrkamp

SCHÜTZ, A. (1971a): Gesammelte Aufsätze I. Das Problem der sozialen Wirklichkeit. Den Haag: Martinus Nijhoff

SCHÜTZ, A. (1974): Der sinnhafte Aufbau der sozialen Welt. Eine Einleitung in die verstehende Soziologie. Frankfurt: Suhrkamp

SCHÜTZ, A. (1977): Parsons' Theorie Sozialen Handelns. In: W.M. SPRONDEL (Hrsg.): Alfred Schütz - Talcott Parsons. Zur Theorie sozialen Handelns. Ein Briefwechsel. Frankfurt: Suhrkamp, 25-76

SCHÜTZ, A. und T. LUCKMANN (1979): Strukturen der Lebenswelt. Band 1. Frankfurt: Suhrkamp

SCHÜTZ, A. und T. LUCKMANN (1984): Strukturen der Lebenswelt. Band 2. Frankfurt: Suhrkamp

SCHÜTZE, F. (1976): Zur soziologischen und linguistschen Analyse von Erzählungen. Internationales Jahrbuch für Wissens- und Religionssoziologie, Bd. 10, 7-41

SCHÜTZE, F. (1976a): Zur Hervorlockung und Analyse von Erzählungen thematisch relevanter Geschichten im Rahmen soziologischer Feldforschung. In: ARBEITSGRUPPE BIELEFELDER SOZIOLOGEN (Hrsg.): Kommunikative Sozialforschung. München: Fink, 159-260

SCHÜTZE, F. (1977): Die Technik des narrativen Interviews in Interaktionsfeldstudien - dargestellt an einem Projekt zur Erforschung von kommunalen Machtstrukturen. Manuskript. 62 gez. Seiten. Bielefeld: Universität Bielefeld, Fakultät für Soziologie

SCHÜTZE, F. (1984): Kognitive Figuren des autobiographischen Stegreiferzählens. In: M. KOHLI und G. ROBERT (Hrsg.): Biographie und soziale Wirklichkeit. Neue Beiträge und Forschungsperspektiven. Stuttgart: Metzler, 78-117

SCHUMAN, H. and S. PRESSER (1981): Questions and Answers in Attitude Surveys. Experiments on Question Form, Wording and Context. New York: Academic Press

SCHULZ, W. (1976): Die Konstruktion von Realität in den Nachrichtenmedien. Analyse der aktuellen Berichterstattung. Freiburg-München: Alber

SCHULZ, W. (1982): News Structure and People's Awareness of Political Events. Gazette 30, 139-153

SCHWARZ, N. (1985): Theorien konzeptgesteuerter Informationsverarbeitung in der Sozialpsychologie. In: D. FREY und M. IRLE (Hrsg.): Theorien der Sozialpsychologie III. Motivations- und Informationsverarbeitungstheorien. Bern-Stuttgart: Huber, 269-291

SCHWARZER, R. (1983): Angst. In: H. MANDL und G.L. HUBER (Hrsg.): Emotion und Kognition. München-Wien-Baltimore: Urban & Schwarzenberg, 123-147

SCOTT, W.A. (1955): Reliability of Content Analysis: The Case of Nominal Scaling. Public Opinion Quarterly 19, 321-325

SEARLE, J.R. (1969): Speech Acts. London: Cambridge University Press

SEARLE, J.R. (1974): Was ist ein Sprechakt? In: S.J. SCHMIDT (Hrsg.): Pragmatik I, Interdisziplinäre Beiträge zur Erforschung der sprachlichen Kommunikation. München: Fink, 84-102

SEARLE, J.R. (1986): Geist, Hirn und Wissenschaft. Die Reith Lectures 1984. Frankfurt: Suhrkamp
SELFRIDGE, O.G. (1956): Pattern Recognition and Learning. Methoden 8, 163-176
SELFRIDGE, O.G. (1959): Pandaemonium. A Paradigm for Learning. In: Mechanism of Thought Processes. London: H.M. Stationary Office
SELFRIDGE, O.G. and U. NEISSER (1960): Pattern Recognition by Machine. Scientific American 203, 60-68
SELZ, O. (1922): Zur Psychologie des produktiven Denkens und Irrtums. Bonn: Cohen
von SENGBUSCH, P. (1977): Einführung in die allgemeine Biologie. Berlin-Heidelberg-New York: Springer
SHEATSLEY, P.B. and J.J. FELDSTEIN (1964): A National Survey of Public Reactions and Behavior. In: B.S. GREENBERG and E.B. PARKER (Eds.): The Kennedy Assassination and the Amercan Public. Social Communication in Crisis. Stanford (Cal.): Stanford University Press, 149-177
SHEPARD, R.N. (1967): Recognition Memory for Words, Sentences and Pictures. Journal of Verbal Learning and Verbal Behavior 6, 156-163
SHIFFRIN, R.M. (1976): Capacity Limitations in Information Processing, Attention and Memory. In: W.K. ESTES (Ed.): Handbook of Learning and Cognitive Processes, Vol. 4. Hillsdale (N.J.): Lawrence Erlbaum, 177-236
SHIBUTANI, T. (1966): Improvised News. A Sociological Study of Rumor. Indianapolis-New York: Bobbs-Merrill
SIEGMAN, A.W. (1978): The Telltale Voice. Nonverbal Message of Verbal Communication. In: A.W. SIEGMAN and S. FELDSTEIN (Eds.): Nonverbal Communication. Hillsdale (N.J.): Lawrence Erlbaum, 183-243
SIEGMAN, A.W. and S. FELDSTEIN (Eds.) (1978): Nonverbal Behavior and Communication. Hillsdale (N.J.): Lawrence Erlbaum
SIMON, F.B. und H. STIERLIN (1987): Schizophrenie und Familie. Spektrum der Wissenschaft 5/1987, 38-48
SINGER, M. (1985): Mental Processs of Question Answering. In: A.C. GRAESSER and J.B. BLACK (Eds.): The Psychology of Questions. Hillsdale (N.J.): Lawrence Erlbaum, 121-156
SLOVIC, P. (1986): Informing and Educating the Public about Risk. Risk Analysis 6, 403-415
SLOVIC, P. (1987): Perception of Risk. Science 236, 280-285
SMITH, E.J. (1980): The Normative Characteristics of the Cumulative News Story. Journalism Quarterly 57, 292-296
SMITH, N.V. (Ed.): (1982): Mutual Knowledge. London-Paris: Academic Press
SMITH, P.M. (1979): Sex markers in speech. In: SCHERER and H. GILES (Eds.): Social Markers in Speech. London-New York: Cambridge University Press, 109-146
SODEUR, W. (1974): Empirische Verfahren zur Klassifikation. Stuttgart: Teubner (= Studienskripte zur Soziologie 42)
SPERBER, D. and D. WILSON (1982): Mutual Knowledge and Relevance in Theories of Comprehension. In: N.V. SMITH (Ed.): Mutual Knowledge. London-New York: Academic Press, 61-85
SPERBER, D. and D. WILSON (1986): Relevance. Communication and Cognition. Oxford: Basil Blackwell

SPERLING, G. (1963): A Model for Visual Memory Task. Human Factors 19-30
SPILLNER, B. (Hrsg.) (1984): Methoden der Stilanalyse. Tübingen: Narr
SPIRO, R.J. (1980): Accomodative Reconstruction in Prose Recall. Journal of Verbal Learning and Verbal Behavior 19, 84-95
SPIRO, R.J. (1980a): Prior Knowledge and Story Processing. Integration, Selection and Variation. Poetics 9, 313-327
SPRINGER, S.P. und D. DEUTSCH (1987): Linkes Rechtes Gehirn. Funktionelle Asymmetrien. Heidelberg: Spektrum der Wissenschaft
STAFFORD, L. and J.A. DALY (1984): The Effects of Recall Mode and Memory Expectancies on Remembrances of Natural Conversations. Human Communication Research 10, 379-402
STALNAKER, R.C. (1974): Pragmatik. In: S.J. SCHMIDT (Hrsg.): Pragmatik I. Interdisziplinäre Beiträge zur Erforschung der sprachlichen Kommunikation. München: Fink, 148-165
STANDING, L., J. CONEZIO and R.N. HABER (1970): Perception and Memory for Pictures. Single Trial Learning of 2650 Visual Stimuli. Psychonomic Science 19, 73-74
STATISTISCHES BUNDESAMT (Hrsg.) (1984): Statistisches Jahrbuch 1984. Wiesbaden
STAUFFER, J., R. FROST and W. RYBOLT (1978): Literacy, Illiteracy and Learning from Television News. Communication Research 5, 221-232
STAUFFER, J., R. FROST and W. RYBOLT (1980): Recall and Comprehension of Radio News in Kenya. Journalism Quarterly 57, 612-617
STAUFFER, J., R. FROST and W. RYBOLT (1981): Recall and Learning from Broadcast News. Is Print Better? Journal of Broadcasting 25, 53-262
STAUFFER, J., R. FROST and W. RYBOLT (1983): The Attention Factor in Recalling Network Television News. Journal of Communication 33, 29-37
STEINERT, H. (1984): Das Interview als soziale Interaktion. In: H. MEULEMANN und K.H. REUBAND (Hrsg.): Soziale Realität im Interview. Empirische Analysen methodischer Probleme. Frankfurt-New York: Campus, 17-59
STEINHAUSEN, D. und K. LANGER (1977): Clusterananlyse. Einführung in Methoden und Verfahren der automatischen Klassifikation. Berlin-New York: De Gruyter
STEINHAUSEN, D. und S. ZÖRKENDÖRFER (1984): Statistische Datenanalyse mit dem Programmsystem SPSS-X. Herausgegeben nach Vorlesungen am Rechenzentrum der Westfälischen Wilhelms-Universität unter Mitwirkung von Christine Hülsbusch. Münster, Rechenzentrum der WWU Münster, Software-Information 13
STEMPEL, W.-D. (1980): Alltagsfiktion. In: K. EHLICH (Hrsg.): Erzählen im Alltag. Frankfurt: Suhrkamp, 385-402
STEMPEL, W.-D. (1983): Fiktion in konversationellen Erzählungen. In: D. HEINRICH und W. ISER (Hrsg.): Funktionen des Fiktiven. München: Fink, 331-356
STERN, A. (1973): A Study for the National Association for Broadcasting. New York: Thomas Y. Cromwell
STERN, W. (1902): Zur Psychologie der Aussage. Zeitschrift für die gesamte Strafrechtswissenschaft 22, 2-3, 315-370
STIERLE, K. (1983): Die Fiktion als Vorstellung, als Werk und als Schema - eine Problemskizze. In: D. HEINRICH und W. ISER (Hrsg.): Funktionen des Fiktiven. München: Fink, 173-182

STOFFER, T.H. (1985): Modelle der kognitiven Verarbeitung und Repräsentation musikalischer Strukturen. In: O. NEUMANN (Hrsg.): Perspektiven der Kognitionspsychologie. Berlin-Heidelberg-New York: Springer, 147-183
STONE, G. and E. GRUSIN (1984): Network TV as the Bad News Bearer. Journalism Quarterly 61, 517-523; 590
STRASSNER, E. (1982): Fernsehnachrichten. Eine Produktions- Produkt- und Rezeptionsanalyse. Tübingen: Niemeyer
SUTHERLAND, N. (1959): Stimulus Analyzing Mechanisms. In: Proceedings of a Symposion for the Mechanization of Thought Processes, Vol. II. London: Stationary Office, 575-609
SWANSON, D.L. (1981): A Constructivist Approach. In: D. NIMMO and K.R. SANDERS (Eds.): Handbook of Political Communication. Beverly Hills (Cal.): Sage 169-191
SYPHER, H.E. and J.L. APPLEGATE (1984): Organizing Communication Behavior: The Role of Schemas and Constructs. In: R.E. BOSTROM (Ed.): Communication Yearbook 8. Beverly Hills (Cal.): Sage, 310-329

TAGG, S.K. (1985): Life Story Interviews and Their Interpretation. In: M. BRENNER, J. BROWN and D. CANTER (Eds.): The Research Interview. Uses and Approaches. London-New York: Academic Press, 163-199
TANKARD, J.W., J.S. McGLENEGHAN, V. GANJU, E.B. LEE, C. OLKES and D. DuBOSE (1977): Nonverbal Cues and Television News. Journal of Communication 27, 106-111
TANNENBAUM, P. (1954): The Effect of Serial Positions on Recall of Radio News Stories. Journalism Quarterly 31, 319-323
TAYLOR, S.E. and S.T. FISKE (1978): Salience, Attention, and Attribution. Top of the Head Phenomena. In: L. BERKOWITZ (Ed.): Advances in Experimental Social Psychology. Vol. 11. New York: Academic Press, 250-289
TAYLOR, S.E. and J. CROCKER (1981): Schematic Bases of Social Information Processing. In: E.T. HIGGINS, C.P. HERMAN and M.P. ZANNA (Eds.): Social Cognition. The Ontario Symposion, Vol. 1. Hillsdale (N.J.): Lawrence Erlbaum, 89-134
TEICHERT, W. (1987): Die ausdruckslosen Bilder müssen für jeden Text verwendbar sein. Frankfurter Rundschau 27.4.1987, S. 10
TESSER, A. (1978): Self-Generated Attitude Change. In: L. BERKOWITZ (Ed.): Advances in Experimental Social Psychology. Vol. 1. New York: Academic Press, 289-338
TEUBNER, G. (1987): Episodenverknüpfung. Zur Steigerung von Selbstreferenz im Recht. In: D. BAECKER et al. (Hrsg.): Theorie als Passion. Niklas Luhmann zum 60. Geburtstag, 423-446
TICHENOR, P.J., G.A. DONOHUE and C.N. OLIEN (1980): Community Conflict & the Press. Beverly Hills-London: Sage
TILLMANN, H.G. (1981): Über den Gegenstand der phonetischen Transkription. In: P. WINKLER (Hrsg.): Methoden der Analyse von Face-to-Face-Situationen. Stuttgart: Metzler, 56-62

THORNDYKE, P.W. (1977): Cognitive Structures in Comprehension and Memory of Narrative Discourse. Cognitive Psychology 9, 77-110
THORNDYKE, P.W. (1979): Knowledge Acquisition from Newspaper Stories. Discourse Processes 2, 95-112
THORNDYKE, P.W. and F.R. YEKOVICH (1980): A Critique of Schema-Based Theories of Human Story Memory. Poetics 9, 23-49
THORSON, E., B. REEVERS and J. SCHLEUDER (1985): Message Complexity and Attention to Television. Communication Research 2, 427-454
TITCHENER, E.B. (1910): A Textbook of Psychology. New York: Macmillan
TRABANT, J. (1986): Der Totaleindruck. Stil der Texte und Charakter der Sprachen. In: H.U. GRUMBRECHT und K.L. PFEIFFER (Hrsg.): Stil. Geschichten und Funktionen eines kulturwissenschaftlichen Diskurselementes. Frankfurt: Suhrkamp, 169-188
TRABASSO, T. and L.L. SPERRY (1985): Causal Relatedness and Importance of Story Events. Journal of Memory and Language 24, 95-611
TRABASSO, T. and P. van den BROEK (1985): Causal Thinking and the Representation of Narrative Events. Journal of Memory and Language 24, 612-630
TREISMAN, A. (1987): Merkmale und Gegenstände in der visuellen Verarbeitung. Spektrum der Wissenschaft 1/1987, 72-82
TUCHMAN, G. (1973): Making News by Doing Work. Routinizing the Unexpected. American Journal of Sociology 79, 110-131
TUCHMAN, G. (1978): Making News. A Study in the Construction of Reality. New York: The Free Press
TULVING, E. (1972): Episodic and Semantic Memory. In: E. TULVING and W. DONALDSON (Eds.): Organization of Memory. New York: Academic Press, 381-403
TULVING, E. (1983): Elements of Episodic Memory. Oxford: Oxford University Press
TVERSKY, A. and D. KAHNEMANN (1982): Judgement under uncertainty: Heuristics and biases. In: D. KAHNEMANN, P. SLOVIC and A. TVERSKY (Eds.): Judgement under uncertainty: Heuristics and biases. Cambridge (Mass.): Cambridge University Press, 3-22

ÜBERLA, K. (^{2}1971): Faktorenanalyse. Eine systematische Einführung für Psychologen, Mediziner, Wirtschafts- und Sozialwissenschaftler. Berlin-Heidelberg-New York: Springer
UHR, L. (1963): "Pattern Recognition" Computers as Models for Form Perception. Psychological Bulletin 60, 40-73
ULMER, B. (1988): Konversationserzählungen als rekonstruktive Gattung. Zeitschrift für Soziologie 17, 19-33

VAIHINGER, H. (1911): Die Philosophie des Als Ob. System der theoretischen, praktischen und religiösen Fiktionen der Menschheit auf Grund eines idealistischen Positivismus. Berlin: Reuther & Reichard
VINCENT, P., B.C. CROW and D.K. DAVIS (1985): When Technology fails: The Drama of Airline Crashes in Network Television News. A Paper Presented to the Mass

Communication Division of the International Communication Association 35th Annual Conference, Honolulu Hawaii, 24 May 1985

VITOUCH, P. (1987): Realitätsdarstellung im Fernsehen - Abbildung oder Konstruktion? In: M. GREWE-PARTSCH und J. GROEBEL (Hrsg.): Mensch und Medien. Zum Stand von Wissenschaft und Praxis in nationaler und internationaler Perspektive. Zu Ehren von Hertha Sturm. München: Saur, 95-109

VOEGELIN, E. (1952): The New Science of Politics. An Introduction. Chicago: University of Chicago Press

WAGNER, H.R. (1983): Alfred Schutz. An Intellectual Biography. Chicago-London: The University of Chicago Press

WALDROP, M.M. (1987): The Workings of Working Memory. Science 25, 1564-1567

WALTON, D.N. (1982): Topical Relevance in Argumentation. Amsterdam, Philadelphia: Benjamins

WARREN, C. (1954): ABC des Reporters. Einführung in den Praktischen Journalismus. München: Süddeutscher Verlag

WARRINGTON, E.K. and C. ACKROYD (1975): The Effect of Orienting Tasks on Recognition Memory. Memory and Cognition 3, 140-142

WARSHAW, Paul R. (1978): Application of Selective Attention Theory to Television Advertising Displays. Journal of Applied Psychology 63, 366-372

WATZLAWICK, P., J.H. BEAVIN und D.D. JACKSON (1969): Menschliche Kommunikation. Formen, Störungen, Paradoxien. Bern-Stuttgart-Wien: Huber

WATZLAWICK, P. (1976): Wie wirklich ist die Wirklichkeit? Wahn Täuschung Verstehen. München-Zürich: Piper

WATZLAWICK, P. (1981): Bausteine ideologischer "Wirklichkeiten". In: P. WATZLAWICK (Hrsg.): Die erfundene Wirklichkeit. Wie wissen wir, was wir zu wissen glauben? Beiträge zum Konstruktivismus. München-Zürich: Piper, 192-228

WATZLAWICK, P. (1985): Wirklichkeitsanpassung oder angepaßte "Wirklichkeit"? Konstruktivismus und Psychotherapie. In: Einführung in den Konstruktivismus. München: Oldenbourg (= Schriften der Carl Friedrich von Siemens-Stiftung, Bd. 10), 69-84

WATZLAWICK, P. (1986): Vom Schlechten des Guten oder Hekates Lösungen. München-Zürich: Piper

WEIDMANN, A. (1974): Die Feldbeobachtung. In: J.KOOLWIJK und M. WIEKEN-MAYSER (Hrsg.): Techniken der empirischen Sozialforschung 3. Erhebungsmethoden: Beobachtung und Analyse von Kommunikation. München-Wien: Oldenbourg, 9-26

WEINBERGER, M.G., C.T. ALLEN and W.R. DILLON (1984): The Impact of Negative Network News. Journalism Quarterly 61, 287-294

WEINGARTEN, E., F. SACK und J. SCHENKEIN (Hrsg.) (1976): Ethnomethodologie. Beiträge zu einer Soziologie des Altagshandelns. Frankfurt: Suhrkamp

WEISBERG, R.W. (1980): Memory, Thought and Behavior. New York: Oxford University Press

WEISCHENBERG, S. (1985): Marktplatz der Elektronen. Reuters auf dem Weg zurück in die Zukunft. Eine Fallstudie zum Profil zukünftiger "Massenkommunikation". Publizistik 30, 485-508

WEISCHENBERG, S. (1986): Nachrichtenschreiben. Ein 20-Punkte-Programm zum Selbststudium journalistischer Vermittlungsformen. Unveröffentlichtes Manuskript. 153 gez. Seiten, Münster: Universität Münster, Institut für Publizistik

WENNER, L. (1985): Media News Gratifications. Towards Theoretical Integration. Paper Presented to the International Communication Association Honolulu Hawaii, May 1985

WERTHEIMER, M. (1984): The Problem of Perceptual Structure. In: E.C. CARTERETTE and M.P. FRIEDMAN (Eds.): Handbook of perception, Vol. 1. New York: Academic Press, 75-91

WESSELS, M.G. (1984): Kognitive Psychologie. New York: Harper & Row (UTB Große Reihe):

WEST, C. and D.H. ZIMMERMANN (1982): Conversation analysis. In: K.R. SCHERER and P. EKMAN (Eds.): Handbook of Methods on Nonverbal Behavior Research. Cambridge (Mass.): Cambridge University Press, 506-541

WESTHOFF, K. (1985): Erwartung und Entscheidung. Berlin-New York-Tokyo: Springer

WHITEHEAD, N. (1949): The Organization of Thought. New York: Mentor Books

WHITFIELD, I.C. (1967): The Auditory Pathway. London: Arnold

WHITNEY, C. (1981): Information Overload in the Newsroom. Journalism Quarterly 58, 69-79

WICKELGREN, W.A. (1979): Cognitive Psychology. Englewood Cliffs (N.J.): Prentice Hall

WIEDEMANN, P.M. (1986): Erzählte Wirklichkeit. Zur Theorie und Auswertung narrativer Interviews. Weinheim München: Psychologie Verlags Union

WIENER, N. (1952): Mensch und Menschmaschine. Kybernetik und Gesellschaft. Frankfurt: Metzner

WILKE, J. (1984): Nachrichtenauswahl und Medienrealität in vier Jahrhunderten. Eine Modellstudie zur Verbindung von historischer und empirischer Publizistikwissenschaft. Berlin-New York: de Gruyter

WILKE, J. (1986): Auslandsberichterstattung und internationaler Nachrichtenfluß im Wandel. Publizistik 31, 53-90

WILKINS, L. and P. PATTERSON (1987): Risk Analysis and the Construction of News. Journal of Communication 37, 80-92

WILSON, C.E. (1974): The Effect of Medium on Loss of Information. Journalism Quarterly 51, 111-154

WINGFIELD, A. and D.L. BYRNES (1981): The Psychology of Human Memory. New York: Academic Press

WINKLER, P. (1981): Anwendungen phonetischer Methoden für die Analyse von Face-to-Face-Situationen. In: P. WINKLER (Hrsg.): Methoden der Analyse von Face-to-Face-Situationen. Stuttgart: Metzlersche Verlagsbuchhandlung, 9-46

WINTERHOFF-SPURK, P. (1983): Fiktionen in der Fernsehnachrichtenforschung von der Text-Bild-Schere, der Überlegenheit des Fernsehens und vom ungestörten Zuschauer. Media Perspektiven 10/1983, 722-727

WIPPICH, W. (1985): Lehrbuch der angewandten Gedächtnispsychologie, Band 2. Stuttgart-Berlin-Köln-Mainz: Kohlhammer

WOLF, M.A., T.P. MEYER and C. WHITE (1982): A Rules-Based Study of Televisions Role in the Construction of Social Reality. Journal of Broadcasting 26, 813-829

WOLF, C. (1983): Vernünftige Gedanken von Gott, der Welt und der Seele des Menschen, auch allen Dingen überhaupt. Gesammelte Werke, Bd. 2. Hildesheim: Olms

WOODALL, W.G., D.K. DAVIS and H. SAHIN (1983): From the Boob Tube to the Black Box. Television News Comprehension from an Information Processing Perspective. Journal of Broadcasting 27, 1-23

WOODALL, W.G. (1986): Information-Processing Theory and Television News. In: J.P. ROBINSON and M.R. LEVY (Eds.): The Main Source. Learning from Television. Beverly Hills-London-New Delhi: Sage, 133-158

WOODWORTH, R.S. (1947): Reinforcement of Perception. American Journal of Psychology 60, 119-124

WULFF, F. (1922): Über die Veränderung von Vorstellungen (Gedächtnis und Gestalt). Psychologische Forschung 1, 333-373

WUNDT, W. (1905): Grundriß der Psychologie. Leipzig: Engelmann

WURTZEL, A. (1985): Review of Procedures Used in Content Analysis. In: J.R. DOMINICK and J.E. FLETCHER (Eds.): Broadcast Research Methods. Boston-London: Allyn and Bacon, 7-15

YEKOVICH, F.R. and P.W. THORNDYKE (1981): An Evaluation of Alternative Functional Models of Narrative Schemata. Journal of Verbal Learning and Verbal Behavior 20, 454-469

YULLIE, J.C. (Ed.) (1983): Imagery, Memory and Cognition. Essays in Honor of Allan Paivio. Hillsdale (N.J.): Lawrence Erlbaum

ZAJONC, R.B. (1980): Feeling and Thinking. Preferences Need no Inferences. American Psychologist 35, 151-175

ZAJONC, R.B. (1984): The Interaction of Affect and Cognition. In: K.R. SCHERER and P. EKMAN (Eds.): Approaches to Emotion. Hillsdale (N.J.): Lawrence Erlbaum, 239-246

ZAJONC, R.B. (1984a): On Primacy of Affect. In: K.R. SCHERER and P. EKMAN (Eds.): Approaches to Emotion. Hillsdale (N.J.): Lawrence Erlbaum, 259-270

ZANGWILL, O.L. (1972): Remembering revisited. Quarterly Journal of Experimental Psychology 24, 123-138

ZIEGLER, R. (1973): Typologie und Klassifikation. In: G. ALBRECHT, H. DAHLEIM und F. SACK (Hrsg.): Soziologie. Sprache, Bezug zur Praxis, Verhältnis zu anderen Wissenschaften. René König zum 65. Geburtstag. Opladen: Westdeutscher Verlag, 11-47

ZIMMER, A. (1985): Schemata in Everyday Reasoning. Gestalt Theory 7, 155-169

ZIMMERMANN, D.H. und M. POLLNER (1976): Die Alltagswelt als Phänomen. In: E. WEINGARTEN, F. SACK und J. SCHENKEIN (Hrsg.): Ethnomethodologie. Beiträge zu einer Soziologie des Alltagsghandelns. Frankfurt: Suhrkamp, 64-104

ZIMMERMANN, E. (1972): Das Experiment in den Sozialwissenschaften. Stuttgart: Taubner (= Studienskripte zur Soziologie 37)

ZIPF, G.K. (1946): Some Determinants of the Circulation of Information. American Journal of Psychology 59, 402-409

ZUMA: (1983): ZUMA-Handbuch Sozialwissenschaftlicher Skalen: Teil 1 - 3, Mannheim: Zentrum für Umfragen, Methoden und Analysen. Bonn: Informationszentrum Sozialwissenschaften

Sachregister

A

Additivität 17
Aktualisierungsrelevanz 39
Aktualität 14, 18, 26
Alltagswissen 28, 43, 46, 50, 51, 60, 87, 151
Alter 98, 119, 129
Angst 17, 150
Antwort 87
Aufmerksamkeit 18, 28, 33, 36, 37, 95, 139, 145, 146, 147, 149
    erzwungene A. 36, 37
    freiwillige A. 37
    Funktion der A. 33
    Struktur der A. 33
Auslandsmeldung 127
Auslassungen 60, 63, 127
Außergewöhnlichkeit 15
Autopoesis 156

B

Befragte 77, 86
Befragung s. Interview 77
Berichterstattung
    politische B. 124, 126
Beruf 74
Betroffene 19
Betroffenheit 19, 129
Bewertung 20
    emotionale B. 116
    kognitive B. 116
    nonverbale B. 84
Bildung 53, 74
Bildungsniveau 129

C

Clusteranalyse 118, 166
    nichthierarchische C. 119
    Verfahren der C. 119
    Vorarbeiten zur C. 119
    Vorteil der C. 118
Clusterzentrum 119, 167
Clusterzugehörigkeit 129
Codierer 83
Codierung 79
controlled news 141

D

Daten
    -organisation 88
    demographische D. 88
    personale D. 88
    situationale D. 88
Dauer 19, 119, 153
Distanz
    politische D. 20
    räumliche D. 20
dominante Einzelheit 61

E

Eindeutigkeit 15
Einstellung 129
Elite
 politische E. 55
Elitenationen 16
Elitepersonen 16
Emotion 40, 41, 52, 151
Entscheidungsträger
 politische E. 52
Ereignisentwicklung 14
Erinnerung 76
 -bericht 106
 -hilfe 85
 -leistung 85
 freie E. 79, 85
 Korrektheit der E. 76
 Typus der E. 85
Erwartung 24
Erwartungstreue 15
Erzählen 65
Erzählfähigkeit 162
Erzählforschung 163
Erzählpläne 165
Erzählung 106
Evaluation 22
Exposition 68

F

Faktorenanalyse 113, 164, 165
Fehler
 nicht plausible F. 64
 plausible F. 64
Fernsehprogramm
 politisches F. 102, 103
 unterhaltendes F. 102, 103

Fernsehsendung
 politische F. 125
Fiktion 56, 68, 141, 160
fiktive Aussagen 63
fiktive Inhalte 68, 76
fiktive Texte 28
fiktives Ereignis 65
fiktives Material 61, 62
Filmschnitte 84
Filtermodell 145
Flächenstichprobe 77, 80
Folgen 20, 119
Frage
 -kategorie 86
 Interpretation der F. 86
 Psychologie von F. 86
Frame 43, 44
Freizeitverhalten 154

G

Gedächtnis
 Kurzzeitgedächtnis 30
 Langzeitgedächtnis 31
 sensorisches G. 30
Gehirnforschung 138, 146
Gesamtverständnis 129
Geschlecht 119
Glaubwürdigkeit 24
Gruppe 62, 133

H

Hintergrundwissen 49, 56, 76, 104, 125
Hinzufügung 63
Hypothese 73, 105, 127
 deduktive H. 73

induktive H.   73, 105
Profilhypothese   127

I

Importations   60
Informationsfunktion   18
Informationstheorie   18, 138, 139
   biologische I.   138
   mathematische I.   138, 139
Informationsüberlastung   138
Informationsverarbeitung   30, 43, 54, 56, 65
   politische I.   65
Informationswert   19
Inhaltsanalyse   77, 79, 82, 88, 162
Inlandsmeldung   123, 124, 127
Intercoderreliabilität   82, 83
Interesse   15, 76
   politisches   127
Interferenz
   proaktive I.   93, 144
Interview   77, 162
Interviewer   77, 84, 85, 86, 162, 163
   -ausbildung   162
   -leitfaden   162

K

Knowledge updating   104, 148
Kommunikation
   nonverbale K.   65, 160
   verbale K.   65
   vokale K.   160
Kommunikator   13

Kompetenz
   Erläuterungskompetenz   159
   Erzählkompetenz   159
   Grundlagenkompetenz   159
   linguistische K.   159
Komplementarität   17
Komplikation   22, 68
Konflikt   119, 124, 125, 128, 138
Konflikthaftigkeit   20, 129
Konfliktorientierung   129
Konfliktwahrnehmung   96
Konstruktion   59
Konstruktivismus   58, 156
Kontext   145
   Anfangskontext   66
   der Alltagswelt   160
   der erinnerten Information   145
   der Nachrichtenwiedergabe   65
   der öffentlichen Sphäre   160
   der übrigen
    Fernsehprogramme   160
   des Abrufes   145
   Endkontext   66
   Produktionskontext   24
Kontrastwirkung   19
Konversationspostulat   159
Korrelationsmatrix   165
Kultur
   politische K.   51

L

Langzeitgedächtnis   31, 41
   episodische L.   31
   semantische L   31
Lesen   28
LISREL   161

M

Mehrmethodendesign 78, 162
Meldung
    Länge einer M. 74
Metagedächtnis 158
Mittelschicht 99
    obere M. 99, 123
    untere M. 99
Multiple-Choice-Frage 85

N

Nachfrage 79
Nachrichten
    -erzeugung 14
    -faktoren 14, 26
    -fluß 140
    -schemata 14, 21, 23, 24, 26, 97
    -theorie 14
    formale Gestaltung der N. 167
    harte N. 139
    weiche N. 139
Nachrichtenwiedergabe
    konstruktive N. 60
    Korrektheit der N. 76
    rekonstruktive N. 60
    reproduktive N. 60
Negativität 16
Netzwerk 133
News
    continuing N. 139
    developing N. 139
    for the Initiated 153
    spot N. 139
Normen 51

O

Oberschicht 98, 99, 126
Oberschichtrezipient 125
Orte 119, 124

P

Partikularisierung 63
Permutation 63
Personen 119, 124
Personenbezug 16
Plan 24, 44
Politik 51, 153
    Abziehbilder von P. 153
    Moralisierung von P. 153
Prestigezeitung 123, 126
Produktionsschemata 23
Prominenz 20, 124, 126
    politische P. 96
Proposition 86

R

Rahmen 44
Rang 119
Rangfolge 74
Rationalisierung 61, 127
Re-Kombination 63
Re-Rekonstruktion 57
Realitätsbezug 65
Reflexivität
    sachliche R. 20
    soziale R. 20
    zeitliche R. 20
Regeln 158
Rekonstruktion 58

Relevanz 18, 19, 27, 74, 84, 95,
100, 119, 140
   -einschätzung 100
   -erzeugung 160
   -festlegungszwang 159
   allgemeine R. 36, 38, 76, 101,
   119
   emotionale R. 41
   hypothetische R. 37
   Interpretationsrelevanz 38
   kognitive R. 41
   Motivationsrelevanz 38
   persönliche R. 36, 38, 76, 101,
   119
Reliabilität 82
Reliabilitätskoeffizient 83, 163
Reliabilitätsprüfung 84
Replikation 17
Repräsentation 28
Repräsentativität 80
Resolution 22, 68
Ressourcenmodell 146
Rezeptionsgewohnheit 119
Rezeptionssituation 77, 78, 119
Risikoforschung 142
Risikokommunikation 96

S

Schema 43, 46
   hierarchische Strukturierung 46
   Instantiation 47
   Konzept-Abstraktion 46
   Schema-Aktivierung 43
Schema-Theorie 28, 34, 43, 44, 53
Schemata 147
   emotionale S. 41, 45
   Ereignisschemata 154
   Evaluationsfunktion 46

   formale S. 45
   kognitive S. 128
   Nachrichtenschemata 87
   Problemlösungsfunktion 46
   Prozeßschemata 24
   Relational S. 154
   Relevanzfunktion 46
   Selektionsfunktion 46
   semantische S. 45
   Social Balance-S. 154
   Social ordering-S. 154
   Strukturschemata 24
   Verstehensfunktion 46
Schicht, soziale 53, 74, 75, 98, 119,
154
Schnitt 74
Selektionsleistung 88
Selektionsmodell 90
Selektionsstufe 90
Selektivität 17, 30
Sendezeit 84
Situationsmodell 24
Skript 44
soziale Wirklichkeit 57
Sprache
   gesprochene S. 161
Sprachwahrnehmung 143
Sprechakt 87
Symbolik
   politische S. 53

T

Textverarbeitung 44
Thema 119
Themenkarriere 16
Themenvarianz 16
Transformation
   akustische T. 143

der Reihenfolge 61
neuronale T. 30
visuelle T. 143
von Einzelheiten 61
Transkription 79

U

Überraschung 15, 19, 27, 84, 139, 140
Überraschungswert 74
Unausgewogenheit 153
Unterhaltung 149
Unterschicht 99, 125, 126
Ursache 119

V

Validität
 -prüfung 82
 externe V. 82
 interne V. 82
Variable
 formale V. 83, 84
 paralinguistische V. 113
 pragmatische V. 83, 84
 semantische V. 83, 84
 stilistische V. 113
Varianz 19
Vergessensleistung 86
Verständlichkeit 76
Verständnis 77, 85, 119
Verstehen 28, 63

Vertrauen 36, 40
Vertrautheit 36, 39, 40, 76, 101
Verweigerung 77
Verzerrung 17

W

Wahrnehmung 28
Weltbild 77, 125
Wiedererkennung 144
Wiedergabe 63, 76
Wiedergabekontext 129
Wiedergabemerkmale
 nonverbale W. 119
 stilistische W. 119
Wirklichkeitsbezug 68, 76
Wirklichkeitsmodell 57
Wissen
 episodisches W. 49, 51
 semantisches W. 49, 51
Wissenschaftstheorie 54
Wissensstruktur 36, 85, 87
 emotionale W. 36
 fiktive W. 54
 kognitive W. 36
 relevante W. 87
Wissenstypen 153

Z

Ziel 24, 44
Zoom 84